Bernd Heyder

Gewalt
Das Dilemma mit dem Selbstwert

Die Klientzentrierte-Gewalt-Analyse
als neue Methode im
Anti-Aggressivitäts-Training

Bernd Heyder

GEWALT
DAS DILEMMA MIT DEM SELBSTWERT

Die Klientzentrierte-Gewalt-Analyse
als neue Methode im Anti-Aggressivitäts-Training

ibidem-Verlag
Stuttgart

Bibliografische Information der Deutschen Nationalbibliothek
Die Deutsche Nationalbibliothek verzeichnet diese Publikation in der Deutschen Nationalbibliografie; detaillierte bibliografische Daten sind im Internet über http://dnb.d-nb.de abrufbar.

Bibliographic information published by the Deutsche Nationalbibliothek
Die Deutsche Nationalbibliothek lists this publication in the Deutsche Nationalbibliografie; detailed bibliographic data are available in the Internet at http://dnb.d-nb.de.

Covergestaltung: André Roppert

∞

Gedruckt auf alterungsbeständigem, säurefreien Papier
Printed on acid-free paper

ISBN-13: 978-3-8382-0922-7

© *ibidem*-Verlag
Stuttgart 2016

Printed in the EU

INHALTSVERZEICHNIS

VORWORT

Dieses Buch ist keine weitere theoretische Abhandlung über das Thema Gewalt. Es ist kein weiterer Versuch, das Phänomen Gewalt anhand von anonymen Statistiken oder Evaluationen zu erklären. Es ist aus der Praxis entstanden und für die Praxis geschrieben. Es beschränkt sich deshalb auch nicht darauf, die allgemein bekannten Risikofaktoren wie geringer Bildungsstatus, geringer ökonomischer Status oder innerfamiliäre Gewalterfahrung aufzuzählen.

Dieses Buch geht einen Schritt weiter. Es beantwortet die Fragen nach dem Warum. Es fasst die Realitäten der Täter, die Ursachen, die Auslöser, die Zielsetzung und die Konsequenzen ihrer Taten in einem schlüssigen Konzept zusammen. Damit wird das Phänomen Gewalt nachvollziehbar. Es zeigt am Beispiel realer Geschehnisse auf, wie und warum Gewalt entsteht. Es erklärt das Dilemma der Täter, das dabei sichtbar wird, und es erklärt die therapeutischen Methoden, die als wirksame Antwort auf dieses Dilemma entwickelt wurden.

Dass sich diese Schlussfolgerungen mit den neuesten neurobiologischen Erkenntnissen der Aggressionsforschung decken, bestätigt zum einen, dass die in der Praxis des realen Lebens beobachteten Zusammenhänge neurobiologisch nachweisbar sind, und zum anderen, dass die unter Laborbedingungen erzielten Forschungsergebnisse auf reale Lebensbedingungen übertragbar sind.

Die hier vorgestellten Erkenntnisse basieren auf den Daten von über 600 jugendlichen und erwachsenen Gewalttätern, die alle bei mir gewaltpräventive Maßnahmen, wie z.B. Anti-Aggressivitäts-Training, Soziale Trainingskurse, Klientzentrierte-Gewalt-Analyse etc., absolviert haben. Sie alle haben ihre Biographien, ihre Taten, ihre Gedanken, ihre Gefühle, ihre Ziele und Sehnsüchte dokumentiert und reflektiert, sodass ich Gemeinsamkeiten, Muster und Tendenzen in ihrem Denken, Fühlen und Handeln erkennen konnte. Die Behandlungsmethoden konnten so auf die spezifischen Probleme und Persönlichkeitsstrukturen dieser Klientel ausgerichtet werden. Sie wurden in der Praxis entwickelt, erprobt und immer weiter optimiert. Sie werden vom pädagogischen und psychologischen Fachpersonal geschätzt, und sie werden von den Teilnehmern wohlwollend angenommen und rückblickend als eine lebensverändernde Erkenntnis und Erfahrung bewertet. Sie haben sich bereits über Jahre hinweg in der praktischen Arbeit der Gewaltprävention bewährt.

Deshalb sind die Methoden, um die es hier geht, auch nicht neu. Neu ist aber, dass sie zu einer einzelnen Maßnahme gebündelt und unter dem eigenständigen Namen Klientzentrierte-Gewalt-Analyse (KGA®) vorgestellt werden.

Anmerkung:
Gewalt hat viele Facetten und kennt viele unterschiedliche Formen. Wir beschränken uns in diesem Buch auf die individuelle Gewalt, weil letzten Endes jede Form der Gewalt von einem Individuum ausgelöst oder ausgeübt werden muss. Gesellschaftliche, ideologische, religiöse oder kulturelle Hintergründe kommen zur Sprache, stehen aber nicht im Mittelpunkt, denn Gesellschaften, Ideologien, Religionen oder Kulturen können keine Verantwortung übernehmen und lassen sich auch nur schwer verändern – Individuen allerdings schon.

EINLEITUNG

„Kaum etwas anderes dürfte eine solche Plage sein wie der Minderwertigkeitskomplex von Menschen, die um ihre Achtung fürchten und deren mangelnde Selbstachtung sie zum Äußersten verleitet. Viel mehr als jeder schnöde Egoismus tyrannisiert er die Menschheit."[1]

Mit dieser Aussage liefert Precht die zutreffendste Beschreibung eines Gewalttäters, die ich je gelesen habe. Unsere Geschichtsbücher sind voll mit ruhmreichen Königen, Feldherren, Diktatoren, Revolutionsführern oder Präsidenten, auf die diese Definition zweifellos zutrifft. Unzählige namenlose getötete Männer, geschändete Frauen, verschleppte Kinder und gebrandschatzte Städte zeugen von dem großen Leid, das diese Gewalttäter einzig und allein zur Steigerung ihres persönlichen Ansehens seit Jahrtausenden über die Menschheit gebracht haben. Auch heute befinden sich etliche solcher Persönlichkeiten in Amt und Würden und wir können täglich in den Medien beobachten, wie sie zur Festigung und Steigerung ihres persönlichen Ansehens Angst und Schrecken in ihrem Machtbereich verbreiten. Erst Mitte des letzten Jahrhunderts, nach tausenden von Jahren der geduldeten Tyrannei und des Machtmissbrauchs, wurden die ersten gewalttätigen Führungspersönlichkeiten durch den internationalen Gerichtshof verfolgt, öffentlich angeklagt und als Kriegsverbrecher verurteilt.

Aber nicht gewalttätige Könige, Diktatoren oder Präsidenten aus fernen Ländern sind unser Thema, sondern gewaltbereite junge Männer in Deutschland, auf die die Beschreibung von Precht ebenso zutrifft, weil auch sie sich auf Grund mangelnden Selbstwertempfindens zum Äußersten verleiten lassen.

Sie alle, ob Präsident oder Jugendlicher, haben aus den unterschiedlichsten Gründen diesen Mangel an Selbstwert entwickelt. Vielleicht waren es traumatische Kindheitserlebnisse, vielleicht war es eine Erziehung, die von Gleichgültigkeit und Lieblosigkeit geprägt war, vielleicht waren es Diskriminierungen auf Grund ihres Status (z.B. soziale oder ethnische Zugehörigkeit),

---

[1] Richard David Precht (2010): „Die Kunst kein Egoist zu sein". S. 171.

ihrer seelischen Verfassung (z.B. Schüchternheit, Ängstlichkeit) oder eines körperlichen Merkmals (z.B. kleiner Wuchs, Übergewicht, Hautfarbe), vielleicht waren es auch einfach nur Misserfolgserlebnisse in der Schule, im Freundeskreis oder bei Mädchen. Es könnte auch eine einzige Niederlage gewesen sein, die sich als traumatische Schmach im Selbstwertempfinden manifestiert hat. Was es auch gewesen sein mag, sie alle fühlten sich durch ihre Erlebnisse zutiefst gedemütigt und dadurch mit einem Makel behaftet, der ihr Selbstwertempfinden erheblich herabgesetzt hat. Sie alle haben sich irgendwann in ihrem Leben dazu entschlossen, diese ständig schmerzende Wunde auszumerzen, die Demütigungen rückgängig zu machen und solche Erlebnisse nie mehr geschehen zu lassen. Sie alle wurden in ihrem Sinne erfolgreich, und zwar um jeden Preis, und konnten damit sich selbst und dem Rest der Welt beweisen, dass sie nicht klein, sondern groß sind.

Die erfahrenen Demütigungen allerdings lassen sich nicht rückgängig machen. Mit dem Anhäufen von persönlichen Erfolgen kann man lediglich zeitweise vom eigentlichen Makel ablenken und bestenfalls kurzfristig das Verlangen nach Wiedergutmachung der Selbstwertverletzungen befriedigen. Eine Auflösung des Minderwertigkeitsproblems erreicht man dadurch nicht. Diese lässt sich nur über Erkenntnis bewerkstelligen – die Erkenntnis, dass es eine persönliche Schwäche gibt, und die Erkenntnis über Ursache und Wirkung dieser Schwäche. Aber genau an diesem Punkt beißt sich die Katze in den Schwanz, denn eine von mangelnder Selbstachtung geplagte Persönlichkeit wird alles meiden, was auf persönlichen Misserfolg, Mangel oder Makel hindeutet. Und so ist dieser Mensch nicht nur gezwungen, seine Schwäche immer weiter zu leugnen, sondern im Gegenzug auch getrieben, durch immer neuere und größere Erfolge auf anderen Ebenen die ersehnte Aufwertung der eigenen Persönlichkeit zu erlangen.

Selbstwertverletzungen und die Sehnsucht, diese durch erfolgreiches Handeln zu kompensieren, muss aber nicht zwangsläufig negative und destruktive Auswirkungen haben. Ob im alltäglichen Leben, im Sport, in der Kultur, in der Politik oder in der Wissenschaft: In allen Bereichen des Lebens können Niederlagen immer wieder Ansporn und Triebfeder für Höchstleistung sein. Die Erde wäre heute noch eine Scheibe, wenn nicht mutige Wissenschaftler und Philosophen trotz Hohn, Spott, Demütigung und Verfolgung, also trotz massiver Selbstwertverletzungen, das angestammte Wissen in Frage gestellt hätten. Wenn allerdings das eigene Ansehen nicht durch eine herausragende persönliche Leistung, sondern nur auf Kosten seelischer und körperlicher Unversehrtheit Anderer gesteigert werden kann, dann haben wir es mit Gewalt zu tun. Dieses Handeln entspricht nicht unserem moralischen Wertekodex. Häufen sich solche Fälle oder wird solches Verhalten alltäglich oder sogar üblich, dann ist das eine gefährliche Entwicklung, die unsere demokratischen und freiheitlichen Grundwerte erschüttern kann.

Dank flächendeckender Überwachungskameras können wir in den Medien immer häufiger Bilder brutaler tätlicher Übergriffe auf unschuldige Bürger sehen. So z.B., als im Jahr 2009 zwei junge Männer in der Münchener U-Bahn hemmungslos auf einen wehrlosen, alten Mann einschlugen und eintraten, obwohl er bereits bewusstlos am Boden lag. Auslöser für diese Brutalität war eine Rüge des alten Mannes, mit der er die rauchenden jungen Männer auf das Rauchverbot in der U-Bahn hinweisen wollte. Als Reaktion auf diesen brutalen Überfall ging zu Recht ein Aufschrei der Entrüstung durch die Medien, die Politik und die Bevölkerung. Diese öffentliche Aufmerksamkeit und die darauf folgende Diskussion über die zunehmende Gewaltbereitschaft junger Menschen haben wir allerdings nicht der Einsicht zu verdanken, dass wir hier mit einer ernst zu nehmenden Fehlentwicklung konfrontiert sind, sondern wohl eher der Sensationsabhängigkeit der Medien, die Live-Bilder von diesem Geschehen liefern konnten.

Sensationen sind kurzlebig, wen kümmert die Zeitung von gestern. Dementsprechend war das Thema schnell wieder aus dem öffentlichen Interesse verschwunden. Doch das Problem blieb uns erhalten und wurde uns durch die nächste massive Attacke in der Münchner S-Bahn schmerzlich ins Gedächtnis gerufen. Diesmal wurde ein 50-jähriger Unternehmer von aggressiven Jugendlichen zu Tode geprügelt, weil er sich schützend vor eine Gruppe Kinder stellte, die von diesen Jugendlichen bedrängt wurde.

Jetzt war das Thema wieder aktuell. Man sah in den TV-Talkshows die gleichen Politiker, Wissenschaftler und Publizisten und hörte die gleichen Argumente zu Ursachen, Hintergründen und Lösungsmöglichkeiten. Auf der einen Seite wurden härtere Strafen gefordert, weil es der breiten Wählermasse angesichts solcher Brutalität nach Rache dürstet. Auf der anderen Seite wurden gebetsmühlenartig die anonymen Statistiken der Wissenschaft bemüht, die eindeutig aufzeigen, dass es solche Gewalttaten schon immer gegeben habe. Es handele sich hierbei lediglich um ein von den Medien künstlich aufgebautes, subjektives Empfinden. Der Mangel an Bildung wurde einstimmig als Hauptursache für die Gewaltbereitschaft junger Menschen verantwortlich gemacht.

An der Basis, dort wo Pädagogen und Psychologen in der Gewaltprävention arbeiten, veränderten sich die Bedingungen wenig. Im Gegenteil, die Arbeit wird immer schwieriger. Zum einen werden die eigentlichen Ursachen für Gewalttaten nicht gesehen – gewollt oder ungewollt – und zum anderen wird mit den finanziellen Mitteln gegeizt. Den professionellen Helfern gehen die Argumente aus angesichts einer galoppierenden Inflation unserer moralischen Grundwerte. Wie soll man glaubhaft moralische Integrität von Straftätern einfordern, wenn in den Führungsetagen unserer Gesellschaft hemmungsloser, antisozialer Egoismus vorgelebt wird. Und wie soll man die eigene Arbeitsmoral hoch halten, wenn man um jeden notwendigen Cent aus öffentlichen Geldern feilschen muss, aber gleichzeitig Milliardenbeträge aus dem gleichen Topf in zwielichtige Geschäfte unserer Bankenelite fließen.

Diese Ignoranz ist fatal. Die Realität der Täter, abseits von Medien, Politik, Wissenschaft und Talkshows, ist anderen Gesetzen unterworfen. Wer mit den unzähligen Gewaltattacken, die tagtäglich irgendwo in unserem Land passieren, zu tun hat, wer sich für die Täter, deren Motive und vor allem für die Ursachen, die zu diesen Motiven führen, interessiert, der weiß, dass wir es mit einer bedrohlichen Entwicklung zu tun haben, der man mehr ernsthafte Aufmerksamkeit entgegenbringen sollte.

Härtere Strafen sind keine Lösung, weil der Gewalttäter im Augenblick der Tat nicht von der Sorge um die Konsequenzen seiner Tat geleitet wird, sondern einzig und alleine von der Sorge um sein Selbstwertgefühl, das er subjektiv derart verletzt sieht, dass er es nur noch mit Gewalt wieder herstellen kann. Zudem hat die USA, obwohl die Todesstrafe existiert, eine zehn Mal höhere Mordrate als Deutschland[2]. Das ist Beweis dafür, dass härteste Strafen brutale Gewalt nicht verhindern. Drakonische Strafen dienen also nicht der Gewaltprävention, sondern lediglich der Befriedigung des Rachegefühls.

Auch die Statistiken der Wissenschaft geben keine ausreichenden Antworten. Kann die Statistik das Ausmaß der Gewalt auf der Straße überhaupt erfassen, wo doch die meisten Gewaltattacken gar nicht zur Anzeige, geschweige denn zur Aufklärung kommen, und ist die Zunahme der Brutalität nicht auch eine Zunahme der Gewalt?

Die empirische Forschung nennt uns drei grundsätzliche Risikofaktoren für Gewalt:

- Innerfamiliäre Gewalterfahrung
- Geringer Bildungsstatus
- Geringer ökonomischer Status

Aus diesen Erkenntnissen können wir herleiten, dass die meisten Gewalttäter eines oder mehrere dieser Kriterien erfüllen, nicht aber, warum sie häufiger als andere zur Gewalttätigkeit neigen. Wenn ich Gewalttäter erfolgreich behandeln will, dann stellt sich die Frage nach der Ursache:

Was, bitteschön, hat z.B. fehlende Bildung damit zu tun, dass einer gerne einem anderen die Fresse eintritt?

Die Antwort finden wir, indem wir die Auswirkungen betrachten, die diese Risikofaktoren für den Einzelnen zur Folge haben. Alle drei genannten Faktoren verursachen Gefühle der Erniedrigung und Demütigung, wodurch die Entwicklung eines tragfähigen Selbstwertgefühls verhindert oder zumindest gestört wird. Der so entstandene Mangel an Selbstwert erhöht die Sensibilität für Herabsetzungen erheblich. Dadurch entsteht bei unserer Klientel

---

[2] Vgl. Flora Lim, Michael Harris Bond und Mieko Kuchar Bond (2005): „Linking Societal and Psychological Factors to Homicide Rates Across Nations", in: Journal of Cross-Cultural Psychology 36. S. 515-536.

häufiger als bei anderen (Menschen mit gesundem Selbstwert) das Gefühl, den Wert der eigenen Person verteidigen oder wiederherstellen zu müssen. Zu diesem Zweck ist Gewalt ein probates Mittel. Einerseits stellt sich mit der Erniedrigung des Opfers gleichzeitig die Aufwertung für den Täter unmittelbar und sichtbar ein und andererseits genießt er die Aufmerksamkeit und die Anerkennung der Gleichgesinnten innerhalb seiner Subkultur. Ein junger, erfolgloser Deutscher, der freiwillig in den Irak gegangen ist, um sich den radikalen Kämpfern des Islamischen Staats anzuschließen, brachte dies in einem Interview auf den Punkt. Auf die Frage nach dem „Warum" antwortete er: „Dort bin ich wer."

So funktioniert Gewalt. Allerdings werden bei der Ausübung von Gewalt stets die moralischen Grundwerte missachtet, die auch alle Gewalttäter für sich selbst einfordern, nämlich faires, respektvolles und wohlwollendes Verhalten. Damit ist Gewalt gegen die eigene moralische Integrität gerichtet und schwächt so den inneren Selbstwert. Das ist ein Dilemma.

- Einerseits wird Gewalt benutzt, um den angeschlagenen Selbstwert wiederherzustellen.
- Andererseits schwächt Gewalt den inneren Selbstwert, weil sie unmoralisch ist.

Die Antwort auf dieses Dilemma ist die Klientzentrierte-Gewalt-Analyse (KGA®). Eine therapeutische Methode der tertiären Gewaltprävention, die in der ständigen Arbeit mit dieser Klientel entwickelt wurde und die durch neuere neurobiologischer Erkenntnisse ihre Bestätigung findet. In drei Schritten visualisiert sie die verdrängten Realitäten der Täter und stellt sie damit unumkehrbar in ihr Bewusstsein. Dieser schonungslose und ehrliche Umgang mit sich selbst bringt den Protagonisten nicht nur Einsicht und Erkenntnis, sondern auch die Achtung und den Respekt aller Beteiligten. Diese Erfahrungen stärken den inneren Selbstwert.

TEIL 1: BEGRIFFSERKLÄRUNGEN

Die Begriffe Gewalt, Selbstwert und Moral spielen, wie bereits angedeutet, in diesem Buch eine tragende Rolle. Will man das Phänomen Gewalt verstehen und nachvollziehen, dann müssen diese Begriffe erklärt und definiert werden. Die folgenden Ausführungen beziehen sich vorwiegend auf Straftaten und Biographie-Daten strafrechtlich verurteilter Gewalttäter und sind deshalb nicht unbedingt allgemein gültig. Aber gerade deswegen eignen sie sich hervorragend für die selbstkritische Reflexionsarbeit, die diese Klientel auf dem zwingend notwendigen Weg der Selbsterkenntnis leisten muss.

Gewalt

Bevor wir uns dem Thema Gewalt widmen, sollten wir den übergeordneten Begriff der Aggression kurz beleuchten. Schließlich ist Gewalt auch eine Form der Aggression.

1. Aggression

In der praktischen Arbeit der Gewaltprävention haben sich etliche Programme etabliert, die sich ganz allgemein gegen Aggression wenden. Das wohl bekannteste ist das Anti-Aggressivitäts-Training, kurz AAT®. Diese Bezeichnung ist allerdings irreführend, denn sie vermittelt, dass Aggression an sich ein nicht wünschenswertes, destruktives Verhalten sei, dem man entgegensteuern müsste. So finden sich an vielen Schulen allerlei präventive Methoden und Projekte, die jegliche Form der Aggression bei den Schülern verhindern oder unterbinden wollen.

Aggression ist aber nicht zwangsläufig negativ oder destruktiv. Die neuesten neurobiologischen Forschungen erkennen in der Aggression ein soziales Regulativ. Der Neurobiologe, Arzt und Psychotherapeut Prof. Dr. med. Joachim Bauer beschrieb dies in seinem 2011 erschienenen Buch „Schmerzgrenze" eindrucksvoll.

„Aggression ist ein evolutionär entstandenes, neurobiologisch verankertes Verhaltensprogramm, welches den Menschen in die Lage versetzen soll, seine körperliche Unversehrtheit zu bewahren und Schmerz abzuwehren. Die neurobiologischen Schmerzzentren des menschlichen Gehirns reagieren jedoch nicht nur auf körperlichen Schmerz, sondern werden auch aktiv, wenn Menschen ausgegrenzt oder gedemütigt werden. Nach dem Gesetz der Schmerzgrenze wird Aggression nicht nur durch willkürlich zugefügten Schmerz, sondern auch durch soziale Ausgrenzung hervorgerufen. Nicht ausgegrenzt zu sein, sondern befriedigende Bedingungen zu pflegen, zählt zu den menschlichen Grundmotivationen. Wer Menschen von Beziehungen abschneidet, indem er sie ausgrenzt und demütigt, tangiert die physische und psychische Schmerzgrenze und wird Aggression ernten."[3]

Der Aggressionsapparat des Menschen ist somit ein neurobiologisches Hilfssystem, das in seiner biologischen Grundkonzeption im Dienst des sozialen Zusammenhalts steht.

„Aggression hat die Funktion, Störungen, die im sozialen Zusammenleben unvermeidlich immer wieder auftreten, zu regulieren. Dies kann jedoch nur gelingen, wenn die Aggression als ein Signal verstanden werden kann, d.h. wenn sie eine kommunikative Funktion erfüllt."[4]

Für die übereifrigen Aggressionsbekämpfer ist es wichtig zu wissen, dass das Unterbinden von Aggressionen nur die aktuelle Situation entschärft, nicht aber das eigentliche Problem.

„Wenn Aggression, aus welchen Gründen auch immer, nicht kommuniziert werden kann oder darf, dann bleiben die Komponenten des Aggressionsapparates, insbesondere die Angstzentren, neurobiologisch geladen."[5]

D.h., diese Aggression wird nicht aufgelöst, sondern lediglich an einen anderen Ort und in eine andere Zeit verschoben und dort in der Regel unverhältnismäßig ausgelebt.

Bleibt die Frage: Wann ist Aggression in Ordnung, also kommunikativ, und ab wann ist sie das nicht mehr?

Bauer definiert Aggression folgendermaßen:

„Aggression ist jede physische oder verbale Handlung, die darauf angelegt ist, andere Personen zu konfrontieren, anzugreifen, zu schädigen oder zu töten. Dabei wird vorausgesetzt, dass es sich um eine Ak-

---

[3]   Joachim Bauer (2011): „Schmerzgrenze". S. 192.
[4]   Ebd.: S. 111.
[5]   Ebd.: S. 64.

tion handelt, die von der geschädigten Person abgelehnt wird oder der sie auszuweichen trachtet."[6]

Er fasst im ersten Teil seiner Definition die Erkenntnisse verschiedener neuerer Forschungen zusammen und zeigt damit ein aktuelles und umfassendes Bild, das die ganze Bandbreite aggressiver Handlungen beinhaltet. Im nächsten Satz allerdings, wenn er von den Voraussetzungen für aggressives Verhalten spricht, schränkt er dieses umfassende Bild wieder ein, indem er lediglich von einer geschädigten, nicht aber von einer konfrontierten oder angegriffenen Person spricht. Dieser kleine, aber entscheidende Unterschied markiert die Grenze zwischen kommunikativer und gewalttätiger Aggression. Denn Konfrontationen und zum Teil auch verbale Angriffe sind aggressive Handlungen, die in einer Auseinandersetzung sich streitender Parteien, im Sinne einer Klärung, durchaus konstruktiven Charakter haben können. Auf Schädigungen und Tötungen trifft das nicht zu.

Damit verlassen wir den kurzen theoretischen Diskurs über Aggression und kommen wieder zu unserem Thema Gewalt (althochdeutsch waltan: stark sein, beherrschen). Wenn wir in der realen Arbeit mit Gewalttätern diesen Begriff therapeutisch sinnvoll definieren wollen, dann müssen wir allgemein verständliche und logisch nachvollziehbare Kriterien benennen.

2. Bin ich ein Gewalttäter?

Im Therapieraum einer Justizvollzugsanstalt, ein Gefängnis der höchsten Sicherheitsstufe, beginnt heute ein neues „Anti-Aggressivitäts-Training". Die Kursteilnehmer sind alle wegen schwerer Gewaltdelikte zu mehrjährigen Haftstrafen verurteilt und nehmen freiwillig an dieser Maßnahme teil. Sie haben alle die Indikationsvoraussetzungen erfüllt, denn sie haben sich in einem intensiven Anamnesegespräch einsichtig gezeigt und die Verantwortung für ihre Gewalttaten übernommen. Auf den ersten Blick optimale Therapievoraussetzungen: Einsichtige Täter, die freiwillig gekommen sind, um sich zu verändern.

Aber der Schein trügt, denn die Motivation für diese Maßnahme kommt weniger aus der Einsicht über ihr gewalttätiges

---

[6] Ebd.: S. 46.

Fehlverhalten als vielmehr durch die Aussicht auf persönliche Vorteile, wie z.B. Hafturlaub, offener Vollzug oder vorzeitige Entlassung. Auf diese Vollzugslockerungen könnten sie nicht hoffen, würden sie die Therapie ablehnen. Außerdem bietet die Therapie eine willkommene Abwechslung im langweiligen Gefängnisalltag.

So sitze ich zusammen mit meinem Kollegen und sechs Gewalttätern zum Warm-up (gegenseitiges Kennenlernen) in einem Stuhlkreis und stelle wie immer die eigentlich überflüssige Frage: „Wer denkt von sich selbst, dass er ein Gewalttäter ist?" Und ich erhalte, bis auf wenige Ausnahmen, auch immer die gleiche Antwort:

Ich bin doch kein Gewalttäter.

Dieser Widerspruch, nämlich auf der einen Seite massive Gewalt ausgeübt zu haben, aber auf der anderen Seite kein Gewalttäter sein zu wollen, macht deutlich,

- dass gewalttätiges Verhalten durch Verdrängungsmechanismen verharmlost oder geleugnet wird,
- dass Gewalt ein dehnbarer Begriff ist, den man zum eigenen Vorteil unterschiedlich auslegen kann und
- dass Gewalttäter zu sein nicht zu den eigenen moralischen Wertvorstellungen passt und deswegen keine Identifikation hergestellt werden kann.

Damit sind die Klienten gleich zu Beginn bei der wichtigsten Frage in der KGA angelangt.

Bin ich ein Gewalttäter oder bin ich kein Gewalttäter?

Die Antwort auf diese Frage ist für den Erfolg oder das Scheitern dieser Maßnahme von entscheidender Bedeutung. Sehe ich mich nicht als Gewalttäter, dann funktionieren meine Rechtfertigungs- und Verdrängungsmechanismen. Ich habe im Grunde nichts Unrechtes getan und sehe mich als moralisch integren Menschen. Dementsprechend sehe ich auch keine Notwendigkeit, mich zu verändern. Diese Einstellung macht eine Therapie überflüssig. Sehe ich mich allerdings als Gewalttäter, dann ist mir mein gewalttätiges Verhalten als Unrecht bewusst. Wenn ich zukünftig nicht mehr so sein will und vor allem nicht mehr ins Gefängnis kommen möchte, muss ich mich verändern. Diese Einstellung macht eine Therapie erst möglich.

Wenn diese Maßnahme Erfolg haben soll, müssen die Teilnehmer ihre Taten als Fehlverhalten erkennen und damit auch die Notwendigkeit zur Veränderung einsehen. Zu diesem Zweck werden wir in der Folge drei Kriterien benennen, die den Begriff Gewalt so eindeutig und unmissverständlich definieren, dass

- jeder Einzelne sich selbst und die anderen in Hinblick auf die begangenen Straftaten zielsicher einordnen kann und
- Täter keine Möglichkeiten mehr haben, sich mittels Verdrängungsmechanismen aus ihrer Verantwortung zu stehlen.

Der Sitzkreis wird aufgelöst. Es beginnt Frontalunterricht über Gewalt. An der Wand hängt die Frage: „Was ist Gewalt?"

Gleich zu Beginn stelle ich folgende provozierende Frage in den Raum: „Könnt ihr euch eine Situation vorstellen, in der einer so lange mit voller Kraft auf einen anderen einschlägt, bis dieser kampfunfähig zu Boden geht, und es ist trotzdem keine Gewalt." Unverständnis macht sich über diese absurde Frage breit und die Teilnehmer fühlen sich von mir „verarscht". Alle sind sich einig, dass es sich bei einem solchen Verhalten natürlich um Gewalt, sogar um massive Gewalt handelt, denn alle kennen solche Situationen zu genüge aus eigener Erfahrung.

Vermutlich fragen Sie als Leser genauso, was diese blöde Frage soll. Im besten Fall vermuten Sie dahinter einen Gag oder eine therapeutische List. Aber dem ist nicht so. Diese Frage ist absolut ernst gemeint und sie ist berechtigt, denn die Antwort heißt „ja". Es gibt solche Situationen und sie markieren das erste Kriterium unserer Gewaltdefinition.

Sie alle kennen solche Auseinandersetzungen, denn sie haben sie selbst schon im TV gesehen oder zumindest darüber gehört oder gelesen. Ich spreche von einem Boxkampf. Zwei Kämpfer steigen in den Ring und schlagen aufeinander ein, mit der eindeutigen und gewollten Absicht, den Gegner möglichst schnell kampfunfähig zu Boden zu bringen. Sie fügen sich Verletzungen zu, die zum Teil ärztlich behandelt werden müssen, einen statio-nären Krankenhausaufenthalt erfordern oder in Einzelfällen so-gar schon zum Tod geführt haben. Trotzdem wird keiner wegen Körperverletzung oder Totschlag verhaftet, angeklagt oder gar verurteilt. Warum? Was unterscheidet die Boxer von unseren Kli-enten?

Im Kampfsport gibt es keinen Zwang und damit auch keine Täter und keine Opfer. Die Kämpfer sind Sportler, die sich ge-genseitig respektieren. Sie gehen freiwillig in den Ring, um ihre Kräfte zu messen. Sie wissen genau, was auf sie zukommt, und sie wollen das, was auf sie zukommt. Es gibt niemand, dem Ge-walt aufgezwungen wird. Zudem gibt es im Kampfsport einen Schiedsrichter, der zu jedem Zeitpunkt der Auseinandersetzung die Regeln einfordert und den Kampf beendet, sobald einer der Kontrahenten nicht mehr wehrfähig ist. Dadurch verhindert er, dass einer der Kämpfer zum Opfer und der andere zum Täter wird. Es gibt also keine Opfer und keine Täter.

3. Gewalt hat einen Täter und ein Opfer

Täter ist derjenige, der einem anderen körperliche und/oder see-lische Verletzungen aufzwingt, und Opfer ist im Gegenzug derje-nige, dem diese Verletzungen aufgezwungen werden.

Stellen Sie sich eine andere Situation vor, die Sie, sollten Sie männlich sein, vielleicht auch schon selbst einmal erlebt ha-ben.

Zwei pubertierende Schüler geraten wegen eines rüden Foulspiels im Sportunterricht aneinander. Ihr pubertätsbedingter Testosteronschub verhindert eine vernünftige Auseinanderset-zung und die Angelegenheit eskaliert derart, dass der Lehrer die Streithähne trennen muss. Immer noch wutentbrannt verabreden sie sich nach Schulschluss zum Kräftemessen.

Nach dem Schulschluss ist schon einige Zeit vergangen und die Wut ist längst verraucht. Die lächerliche Sache wäre damit eigentlich erledigt, wären da nicht die Mitschüler, die nun mora-lischen Druck ausüben und sensationslüstern auf den Kampf drängen. Keiner will als Feigling abgestempelt sein, also zieht keiner seine Kampfansage zurück. Ihrer emotionalen Stimmung entsprechend gehen sie zunächst recht zaghaft aufeinander los.

Doch die Anfeuerungen der Zuschauer und die ersten gegenseiti-
gen Schubsereien und Beleidigungen bringen die alte Wut sehr
schnell zurück und der Kampf entbrennt erneut mit voller Wucht.

Wie bei fast jeder ungehemmten körperlichen Auseinandersetzung lassen die Kräfte rasch nach und es gibt ziemlich schnell
einen überlegenen und einen unterlegenen Kontrahenten. Wird
die Lage des unterlegenen Jungen aussichtslos, dann signalisiert
er seine Aufgabe. Der Überlegene beendet daraufhin den Kampf
und wir haben einen Gewinner und einen Verlierer. Jeder weiß
nun, wo er steht, und damit ist die Sache erledigt. In diesem Fall
sprechen wir nicht von Gewalt, denn wir haben keine Täter und
keine Opfer. Wir haben es mit einer fairen Auseinandersetzung
zu tun, die pubertierenden Jungs im Zuge ihrer Rangordnungsrituale zugestanden werden sollte.

Ignoriert der Sieger allerdings das Aufgeben seines Kontrahenten und traktiert ihn weiter, weil er in seiner Überlegenheit
vielleicht die einmalige Chance wittert, seinen verhassten Gegner
einmal so richtig fertig zu machen, dann sprechen wir von Gewalt. Ab diesem Zeitpunkt haben wir einen Täter, der einem anderen Gewalt aufzwingt, und wir haben ein Opfer, dem diese
Gewalt aufgezwungen wird.

In dieser Phase der Auseinandersetzung kann der Täter
seiner Wut ungebremst freien Lauf lassen, denn die Wehrfähig-
keit seines Opfers ist stark eingeschränkt oder sogar komplett
außer Kraft gesetzt. Die Gefahr für Verletzungen ist nun besonders groß. Wenn Täter und Opfer die Kontrolle über ihr Handeln
verlieren, sind häufig schwerere oder gar lebensgefährliche Verletzungen die Folge.

4. Gewalt verletzt Körper und Seele

Was Verletzungen des Körpers sind, wissen unsere Klienten ganz
genau, denn diese Verletzungen sind nach außen hin gut sichtbar. Typische Folgen körperlicher Gewalt sind z.B. das geschwol-
lene Auge (Blinker oder Veilchen) nach dem Faustschlag, die gebrochene Nase nach dem Kopfstoß, die klaffende Platzwunde
nach dem Schlag mit dem Totschläger, das zerschnittene Gesicht
nach einem Schlag mit einer Flasche oder einem Maßkrug, der
gebrochene Kiefer nach einem Fußtritt ins Gesicht, das viele Blut,

das aus den offenen Wunden tritt, der Krankenwagen, der das Opfer abholen musste, oder der stationäre Krankenhausaufenthalt, der wegen der Schwere der Verletzungen notwendig wurde. Diese Folgeschäden sind Siegestrophäen oder Tapferkeitsorden für die Täter und werden mit unterschwelligem Stolz vor Gleichgesinnten als Beweis ihrer Kampfkraft, Entschlossenheit und Gefährlichkeit ausgebreitet und ausgeschmückt.

Dagegen bleibt die Verletzung der Seele dem Täter verborgen. Flehendes Bitten, ängstliches Jammern oder die schmerzerfüllten Schreie der Opfer dringen zwar an sein Ohr, aber nicht an seine Emotionen, denn um das Leiden seiner Opfer zu erkennen bräuchte der Täter an dieser Stelle Sensibilität und Einfühlungsvermögen. Sensibilität und Einfühlungsvermögen aber sind unter gewaltbereiten Menschen wenig gefragt. Wer sich hier durchsetzen will, muss konsequente Härte zeigen, alles andere ist uncool, es macht verletzlich und damit schwach. In der Regel verlieren Gewalttäter ihre Sensibilität und ihr Einfühlungsvermögen schon in früher Kindheit. Sie waren in ihrem sozialen Umfeld häufig selbst Opfer von Demütigung, Gleichgültigkeit und Lieblosigkeit. Eine solche Behandlung kann man über die Jahre nur überstehen und ertragen, wenn man mit entsprechender Härte gegen sich selbst seine Sensibilität und sein Einfühlungsvermögen in der Abstellkammer des Unterbewussten verschließt und damit aus seinem bewussten Leben verbannt. Seelische Verletzungen werden deswegen von Gewalttätern erst gar nicht erkannt und finden somit auch nicht satt.

Ich hatte im Jugendstrafvollzug einen AAT-Teilnehmer, der zusammen mit drei anderen Gefangenen eine Vier-Mann Zelle teilen musste. Der Schwächste in der Gruppe war schnell ausfindig gemacht und wurde von den anderen Zellengenossen aus Langeweile, sozusagen zur Unterhaltung, über Wochen hinweg auf übelste Art und Weise gedemütigt und misshandelt. Die ganze Sache begann mit einer Wette, in deren Rahmen sie ihn zwangen, eine Tube Zahnpasta zu essen. Nachdem er sich übergeben hatte, musste er sein Erbrochenes wieder aufessen. Der Junge geriet durch diesen Übergriff zunehmend in die Defensive, wodurch sich seine Peiniger ermutigt fühlten, die Misshandlungen und Demütigungen auszuweiten, was letztendlich auch in sexuellen Übergriffen gipfelte. Während dieser Zeit setzten sie den Jungen mit Todesdrohungen und entsprechenden Ritualen derart unter Druck, dass er sich nicht traute, die Misshandlungen dem Wachpersonal zu melden. Dadurch war er seinen Mitgefangenen auf Gedeih und Verderb ausgeliefert. Zum Ende der Misshandlungen saß er nur noch apathisch in einer Ecke, sprach nicht und aß nicht. Auf meine Frage: „Warum hast du da mitgemacht, hast du nicht gemerkt, dass der Junge am Ende ist?" antwortete der Täter: „Es war doch nur zum Spaß." Er und seine Mittäter nahmen das Leiden ihres Zellengenossen gar nicht wahr. Im Gegenteil, es hat sie belustigt. Ihnen fehlte jegliche Empathie, um die dramatische Lage ihres Opfers zu erkennen.

Vor einigen Jahren war Walter (Name geändert) bei uns im AAT. Er grenzte sich von Anfang an von den restlichen Gruppenmitgliedern ab, denn er sah sich nicht als Gewalttäter und wähnte sich in der falschen Therapiegruppe. Er hatte diese Meinung auch im Indikationsgespräch vertreten und erfüllte damit eigentlich ein wichtiges Ausschlusskriterium. Ich war dennoch überzeugt, dass es für ihn Wichtiges zu lernen gab, und empfahl daher die Teilnahme am AAT.

Walter war Anfang 50 und musste wegen eines bewaffneten Bankraubes eine achtjährige Haftstrafe verbüßen. In der Vorstellungsrunde erklärte er, dass Gewalt in seinem Leben nie eine größere Rolle gespielt habe, dass er wegen kleinerer Betrügereien vorbestraft sei und lediglich als ganz junger Mann einmal wegen einer Schlägerei vor Gericht gestanden habe. Für den Banküberfall hatte er wichtige und nachvollziehbare Gründe, denn er befand sich seit längerer Zeit in existenzbedrohlichen Geldnöten. Er hatte herausgefunden, dass sich seine Frau auf Grund der Geldsorgen prostituierte. In seinem männlichen Stolz verletzt, sah er keinen anderen Ausweg und entschied sich für den Bankraub. Weil er auf keinen Fall einen Menschen verletzen wollte, habe er den Überfall mit einer ungeladenen Pistole durchgeführt. Er habe niemanden geschlagen und auch niemanden beleidigt. Er habe während des Überfalls sogar ein weinendes Kind getröstet. Er sei rein in die Bank, habe mit der ungeladenen Waffe das Geld erpresst und sei wieder raus. Das war's, und erwischt hätten sie ihn wegen eines dummen Zufalls. Normalerweise wäre er jetzt draußen, würde ein ganz normales Leben führen und hätte mit Gewalttätern und Knast nichts zu tun.

Er hatte tatsächlich keine einschlägigen Vorstrafen und benutzte für den Überfall eine ungeladene Waffe. Er hatte niemanden geschlagen oder beleidigt und tatsächlich versucht, ein weinendes Kind zu trösten. Soweit stimmte seine Schilderung mit den Tatsachen überein. Der Rest ist eine andere Geschichte, denn die Sache trug sich wie folgt zu:

Er hatte eine kleine Postbank-Filiale ausgespäht und wusste, dass sich dort zum Tatzeitpunkt eine hohe Geldsumme im Tresor befand. Er kannte die Anzahl der Angestellten und hatte herausgefunden, dass diese die Bank zum Dienstschluss nacheinander über einen Seitenausgang verlassen. Am Tatabend hatte er den Ausgang beobachtet und solange gewartet, bis er nur noch eine Person dort vermutete. Als sich dann der Seitenausgang zum vermeintlich letzten Mal öffnete, zog er sich rasch einen Damenstrumpf über den Kopf, stürmte mit vorgehaltener Waffe auf die Angestellte zu und drängte sie zurück in die Bank. Dort forderte er sie auf, das ganze Geld herauszugeben. Soweit verlief die Sache nach seinem Plan: Reingehen, Geld holen und abhauen. Doch alles, was nun geschah, hatte er nicht vorausgesehen.

Die vermutete Bankangestellte war nur die Putzfrau, die nach getaner Arbeit zusammen mit ihrer 6-jährigen Tochter die Bank verlassen wollte. Zu Tode erschrocken und zitternd vor Angst erklärte sie dem Räuber, dass sie nur die Putzfrau sei und nicht wisse, wo das Geld ist. Walter fühlte sich durch diese Weigerung nicht ernst genommen und vermutete eine Hinhaltetaktik. Um seiner Anweisung mehr Nachdruck zu verleihen, wurde er lauter und richtete nun seine Waffe auf das Kind, das sich ängstlich an seine zitternde Mutter klammerte. In diesem Moment betrat die letzte Bankangestellte, die sich bis zu diesem Zeitpunkt in einem der hinteren Räume aufhielt, den Kassenraum. Der Täter erkannte seinen Irrtum und bedrohte nun die Angestellte mit seiner Waffe und forderte von ihr die Herausgabe des Geldes. Diese erlangte nach einer kurzen Schrecksekunde ihre Fassung wieder und sagte, dass es hier kein Geld gäbe. Wieder fühlte Walter sich hingehalten und nicht ernst genommen, wurde immer aggressiver und richtete seine Waffe nun wieder auf die Mutter.

Dabei ging er drohend ein paar Schritte auf sie zu. Als auch diese Attacke nicht fruchtete, richtete er seine Aufmerksamkeit wieder auf das Kind und setzte ihm die Waffe schließlich direkt an den Kopf. Das Mädchen weinte jetzt laut und heftig, und die Bankangestellte erkannte den Ernst der Situation. Sie erklärte wahrheitsgemäß, dass sich das ganze Geld bereits im Tresor befände, sie aber keinen Schlüssel habe. Den habe die Filialleiterin, die die Bank schon verlassen habe. Unter dem Eindruck der extremen Angst, die nun unter den Opfern herrschte, glaubte der Täter die Angaben der Angestellten und forderte sie auf, unter dem Vorwand, einen Abrechnungsfehler begangen zu haben, die Filialleiterin per Telefon in die Bank zurück zu locken.

Während der Wartezeit von ca. 10 Minuten versuchte Walter, das verängstigte Mädchen zu trösten, indem er ihre Hände und Beine streichelte, während er gleichzeitig seine Waffe auf die Mutter richtete. Ihm fehlte, typisch für Gewalttäter, jegliche Sensibilität für das Leiden der Opfer. Die Angstzustände des kleinen Mädchens wurden nur noch schlimmer, und es weinte immer heftiger.

Als die Filialleiterin endlich die Bank betrat und die lebensbedrohliche Situation erkannte, verfiel sie sofort in einen extremen Angstzustand. Sie zitterte derart, dass sie nicht in der Lage war, den Schlüssel in das Tresorschloss zu stecken, um so die Forderung des Räubers zu erfüllen. Dieser fühlte sich erneut hingehalten und wurde immer aggressiver. Er ging auf die Filialleiterin zu und drohte, sie zu erschießen. Dabei setzte er ihr die Waffe in Hinrichtungsmanier von hinten direkt an den Kopf. Durch diese massive Todesdrohung völlig überfordert, brach die Frau zusammen und blieb bewusstlos auf dem Boden liegen. Um eine weitere Eskalation zu verhindern, nahm die Bankangestellte beherzt den Schlüssel an sich, öffnete den Tresor und begann, das Geld in die Tasche des Räubers zu packen. In der Zwischenzeit klingelte es an der Türe und der reibungslose Ablauf des Überfalls wurde erneut unterbrochen. Als die Putzfrau sagte, das müsse ihre Freundin sein, mit der sie verabredet war, wurde die Frau eingelassen und auch gleich mit dem Tode bedroht.

Bis auf die Bankangestellte, die fortfuhr, das Geld in die Tasche zu packen, mussten sich alle auf den Boden setzen und die Hände hinter dem Kopf verschränken. Nachdem das ganze Geld verstaut war und der Täter die Opfer gerade in die Toilette sperren wollte, klingelte es erneut an der Türe. Die Freundin der Putzfrau vermutete, ihr Mann sei gekommen, um sie abzuholen. Weil sie annahm, der Räuber würde diesen, um seine Flucht abzusichern, einfach erschießen, wurde sie ohnmächtig und blieb reglos am Boden liegen. Walter seinerseits ignorierte das Klingeln und sperrte schließlich alle Opfer in die Toilette. Dann öffnete er den Seitenausgang, ging zügig am klingelnden Postlieferanten vorbei und verschwand.

Insgesamt waren die Opfer ca. 20 Minuten lang der Willkür, der Aggression, den Launen und den Todesdrohungen des unberechenbaren Täters ausgesetzt. Alle waren nach dieser Tat traumatisiert und über Monate und Jahre in therapeutischer Behandlung. Die Filialleiterin musste wegen eines akuten Schockzustandes in stationäre Behandlung und konnte mehrere Wochen nicht arbeiten. Sie hat den Überfall bis heute nicht verkraftet und kann deswegen nicht mehr im Schalterraum arbeiten. Das Nervenkostüm der Putzfrau ist seit dem Vorfall schwer belastet und sie leidet immer wieder unter diffusen Angstzuständen. Aus dem vormals lebensfrohen, offenen und kontaktfreudigen Mädchen wurde ein ängstliches und verschlossenes Kind, das unter Schlafstörungen und Verfolgungsangst leidet. Alle Therapien sind fehlgeschlagen, weil das Mädchen nicht über den Tathergang reden kann. Das Kind traut sich nicht mehr alleine auf die Straße, es hat Angst vor fremden Männern und sucht ständig die Hand seiner Mutter, die sie dann nicht mehr loslassen will. Die Freundin der Putzfrau leidet unter Angstzuständen, hat Schlafprobleme und kann ohne Licht nicht einschlafen. Einzig die beherzte Bankangestellte konnte ihre Tätigkeit uneingeschränkt fortführen. Sie wurde in der Folge dieser Ereignisse körperlich krank und konnte zwei Wochen nicht arbeiten, arbeitete aber in vielen Gesprächen mit Freunden und Therapeuten das Erlebte auf.

Walter verfasste im Laufe des AAT ein Entschuldigungsschreiben an die Opfer, in dem er sein gewalttätiges Verhalten zutiefst bereut. Alleine die Vorstellung, dass seiner eigenen Tochter das widerfahren könne, was er dem kleinen Mädchen angetan hatte, bereitete ihm etliche schlaflose Nächte.

Im Gegensatz zu den Verletzungen des Körpers sind die Verletzungen der Seele schwerer zu behandeln. Sie heilen langsam oder gar nicht und sind in ihren negativen Auswirkungen auf das alltägliche Leben des Opfers meistens schwerwiegender und nachhaltiger.

So wie dieser Täter versuchte, sich als nicht gewalttätigen, ja sogar menschenfreundlichen Bankräuber darzustellen, so versuchen die meisten Täter aus ihren gewalttätigen Übergriffen Heldentaten zu machen. Anspruch und Wirklichkeit klaffen hierbei oft sehr weit auseinander. Das idealisierte Selbstbild hat mit den realen Begebenheiten nicht mehr viel zu tun. Je weiter eine Straftat zurück liegt, desto toller werden die Legenden und desto wahrer werden die Lügen. Am Ende werden aus den Tätern Opfer der Justiz, denn nicht ihre Opfer tun ihnen leid, sondern nur sie sich selbst. Wie soll sich ein Täter jemals ändern können, wenn er gar nicht weiß, was er getan hat? Die Therapie muss den Spielraum für Legenden nehmen und im Gegenzug Raum für die objektive Wahrheit schaffen.

5. Gewalt nutzt ungleiche Kräfteverhältnisse aus

Dieses dritte Kriterium folgt aus dem ersten. Denn die Tatsache, dass dem Opfer Gewalt aufgezwungen werden kann, setzt ein asymmetrisches Kräfteverhältnis voraus.

Ungleiche Kräfteverhältnisse sind:

1. Stärker gegen schwächer:
   Mann gegen Frau, Groß gegen Klein, Erwachsener gegen Kind, Kampfsportler gegen Ungeübten, Gewalt gegen einen Wehrlosen etc.
2. Mehrere gegen einen:
   Zwei gegen einen, mehrere gegen einen
3. Bewaffnet gegen unbewaffnet:
   Angriffe mit Schlagstock, Springerstiefel, Reizgas, Messer, Schusswaffe etc.
4. Hinterlist und Heimtücke:
   Angriffe von hinten, Angriffe durch einen Überraschungseffekt, in eine Falle locken etc.

5. Ausnutzen einer hierarchischen Vormachtstellung: Lehrer gegen Schüler, Meister gegen Lehrling, Polizist gegen Bürger etc.

An dieser Stelle frage ich die Teilnehmer, ob es mutig ist, solche ungleichen Kräfteverhältnisse auszunutzen. Und immer sind sich alle einig: Ein solches Verhalten ist natürlich nicht mutig, es ist feige. Wenn also das Ausnutzen asymmetrischer Kräfteverhältnisse einerseits feige ist, aber andererseits auch ein zwingendes Kriterium für Gewalt darstellt, dann müssen wir eine für die Klientel folgenschwere Feststellung treffen:

Die Ausübung von Gewalt ist immer feige.

Das bedeutet, dass alle Gewalttäter im Moment ihrer Tat nicht, wie sie gerne vorgeben, Mut und Stärke demonstrieren, sondern Feigheit und Skrupellosigkeit.

Zu Beginn der Therapie, in der Warm-up-Sequenz, stellen sich die Teilnehmer einzeln vor die Gruppe und berichten über ihre Straftaten. Bei dieser Zeremonie wird die Idealisierung der eigenen Persönlichkeit besonders deutlich, denn keiner will vor den anderen als Feigling gelten, also werden aus ihren gewalttätigen Attacken mit Siegestrophäen und Tapferkeitsorden ausgeschmückte Heldentaten. Das wird nicht nur verbal demonstriert, sondern auch durch die entsprechend coole Körperhaltung, Gestik und Mimik unterstrichen. In diesem Zusammenhang erzählte uns Marco (Name geändert) stolz, wie er eins gegen eins den berühmtesten Türsteher Frankfurts (Ortsname geändert) besiegte. Der Türsteher sei zwei Meter groß gewesen und habe mehrere schwarze Gürtel in verschiedenen Kampfsportarten besessen. Er sei gefürchtet, aber auch respektiert und geachtet, weil er unter anderem auch einen Europameistertitel im Kickboxen gewonnen habe. Marco war zwar auch durchtrainiert und kräftig, aber wesentlich kleiner. Er hatte keine Kampfsportausbildung, war aber in Skrupellosigkeit und Brutalität geschult. Er hatte sich als junger Mann für zwei Jahre der französischen Fremdenlegion verpflichtet. Dennoch hätte er in einer fairen Auseinandersetzung eins gegen eins gegen den kampferprobten Türsteher keinerlei Siegeschancen gehabt.

An diesem Abend stand er ungeduldig mit seiner Freundin in der langen, sich nur zögerlich vorwärtsbewegenden Warteschlange am Eingang zur Diskothek. Als sie endlich an der Reihe waren, wurde seine Begleiterin freundlich eingelassen, während man ihm mit Hinweis auf die Kleiderordnung (Krawattenzwang) den Zugang verweigerte. Er wollte diese Verweigerung nicht akzeptieren, und durch das nun entstandene Palaver geriet der weitere Einlass noch mehr ins Stocken. Der aufkommende Unmut der wartenden Gäste richtete sich gegen Marko, dem man diese Verzögerung anlastete. Dieser fühlte sich nun völlig zu Unrecht von allen Leuten angemacht und gab dem Türsteher die Schuld für die Verzögerung. Der Türsteher seinerseits ignorierte Markos weitere Beschwerden, verwies ihn vom Eingang, drehte sich um und setzte den Einlass der wartenden Gäste fort. Marco fasste dieses Verhalten als respektlose Demütigung auf und empfand Ohnmacht und unbändige Wut. Er beschloss, mit einer Racheaktion seine verlorene Ehre wiederherzustellen.

Er besorgte sich eine Krawatte, wurde daraufhin anstandslos eingelassen und verbrachte mit seiner Freundin einen vergnüglichen Abend in der Disco. Gegen vier Uhr morgens, die Kasse war schon geschlossen, stand der Türsteher an der Theke, um seinen obligatorischen Absacker zu trinken. Das Personal und alle noch anwesenden Gäste waren guter Laune und selbst Marcos Freundin hatte den kleinen Vorfall am Eingang längst vergessen, als dieser zum Türsteher an die Theke trat und ihn freundlich lächelnd zu einer Asbach-Cola einlud. Der ahnungslose Mann nahm die Einladung dankend an, und als er nach dem Zuprosten zum Trinken ansetzte, schlug Marco mit dem Handballen seiner linken Hand mit voller Kraft gegen den Boden des Glases, sodass es im Gesicht des Türstehers zerbrach und dort tiefe und stark blutende Schnittwunden hinterließ. Im nächsten Moment stellte Marco mit seiner rechten Hand sein Glas auf der Theke ab, griff nach dem großen, schweren Glasaschenbecher, den er sich zuvor zurechtgelegt hatte, und schlug diesen seinem verdutzten Gegenüber mit voller Wucht über den Kopf. Der Zwei-Meter-Mann fiel blutüberströmt vom Barhocker und blieb bewusstlos auf dem Boden liegen. Jetzt stellte sich Marco breitbeinig über ihn und sagte so laut, dass es alle Anwesenden hören konnten: „Überleg dir das nächste Mal, mit wem du dich anlegst", dann drehte er sich um und ging lässig auf den Ausgang zu. Die geschockten und verängstigten Gäste machten Marco Platz, sodass er unbehelligt, wie durch ein Spalier, breitschultrig und siegestrunken die Disco verlassen konnte.

Die Wiederherstellung des angeschlagenen Selbstwertgefühls funktioniert für den Gewalttäter nur, wenn er gegenüber dem Verursacher seiner Selbstwertverletzung Überlegenheit und Macht (Omnipotenz) demonstrieren kann. Zu diesem Zweck muss er als Beleidigter die Auseinandersetzung gewinnen, und der Beleidiger muss sie verlieren. Mit welchen Mitteln dieser Sieg zustande kommt, ist völlig unerheblich, wichtig ist nur, dass er zustande kommt. Und um sich dessen so sicher wie möglich zu sein, werden ungleiche Kräfteverhältnisse ausgenutzt.

6. Gewalt ist feige

Alle unsere Teilnehmer können nun anhand dieser Definition ihre Taten überprüfen und sich selbst und die anderen daraufhin einordnen. Seit 17 Jahren arbeite ich im Rahmen des AAT ambulant und stationär, mit Jugendlichen und Erwachsenen. In dieser Zeit habe ich in mehr als hundert solcher Maßnahmen ca. sechshundert Gewalttäter behandelt, die weit über 1.000 Gewalttaten begangen haben und es war kein einziger dabei, dessen Taten dieser Definition standgehalten hätten. Alle haben ihr Fehlverhalten erkannt und eingesehen. Sie haben die Maßnahme in dem Bewusstsein begonnen:

Ich bin ein Gewalttäter, und was ich getan habe, war feige.

Diese Erkenntnis macht für alle Teilnehmer die Notwendigkeit überdeutlich, sich bezüglich der eigenen Gewaltbereitschaft zu verändern. Kein einziger von ihnen wollte ein Feigling sein. Der ursprüngliche Gedanke: Gewalt ist Stärke, Gewalt ist männlich, hat sich als Mythos entpuppt, der hier zu Ende geht.

Fazit:
Wir sprechen von Gewalt, wenn
    1. ein Täter einem Opfer Gewalt aufzwingt.

2. Körper und/oder Seele des Opfers verletzt werden.
3. ungleiche Kräfteverhältnisse ausgenutzt werden
Dieses Verhalten muss moralisch als feige bewertet werden.

Anmerkung:
Diese Definition hat keinen offiziellen Status und kann als solche nicht bei Gericht, Polizei oder sonstigen öffentlichen Institutionen verwendet werden. Sie ist eine ausschließlich therapeutische Definition, die den moralischen Wert einer Handlung bestimmen soll.

7. Gewalt hat Ursachen, Auslöser, zielgerichtete Absichten und Konsequenzen

Alle vier Komponenten – Ursachen, Auslöser, zielgerichtete Absichten und Konsequenzen – haben in ihrem Ursprung und in ihren Auswirkungen eine gemeinsame Basis, nämlich den Selbstwert des Täters.

a. Ursachen

Als Ursachen für seine Gewalttaten erkennt der Täter lediglich Dinge, die mit ihm selbst nichts zu tun haben, z.B. ein Fehlverhalten des Opfers, ungünstige Umstände, Drogen oder Alkohol etc. Die eigentlichen tiefer liegenden Ursachen, nämlich ein erheblicher Mangel an Selbstwert, sind ihm nicht bewusst. Wie dieser Mangel entsteht, ist ausführlich im Kapitel „Selbstwert" beschrieben. Warum dieser Mangel eine überhöhte Gewaltbereitschaft begründet, möchte ich hier kurz erläutern. Die Biografien unserer Klientel zeigen immer wieder ähnliche Lebensumstände.

Hier sind die wichtigsten stichpunktartig zusammengefasst.

- Innerfamiliäre Gewalterfahrung
    - körperliche Gewalt (als Opfer oder Zuschauer)
    - permanente Disharmonie (ständiger Streit, häufige verbale Übergriffe)
    - lieblose Kindheit (wenig Zuwendung, wenig Anerkennung, Gleichgültigkeit)

- Geringer sozio-ökonomischer Status
  - soziale Randlage
  - geringes Einkommen
  - häufige Arbeitswechsel
  - häufige Arbeitslosigkeit
  - geringer Lebensstandard
  - wenig bis keine Teilhabe am kulturellen Leben

- Geringer Bildungsstatus
  - Schulabschluss (schlecht oder gar nicht)
  - Berufsausbildung (abgebrochen oder gar nicht)
  - Bildungsmaßnahmen (abgebrochen oder gar nicht)
  - Perspektivlosigkeit

- Abbruch lebenswichtiger Beziehungen
  - Trennung oder Tod einer intimen Bezugsperson (Familienmitglied, Freund, Freundin)
  - Häufige Schulwechsel
  - Heimaufenthalte
  - Umzüge, Auswandern (Asyl, Migration)

- Abhängigkeit und Sucht
  - Drogen (Beschaffungskriminalität)
  - Alkohol (Herabsetzen der Hemmschwelle)

All diese Lebensumstände deuten auf persönliche Demütigung, Ausgrenzung oder gesellschaftliches Versagen hin. Damit schwächen sie auf der einen Seite in erheblicher Weise den Selbstwert der Betroffenen und auf der anderen Seite verstärken sie in gleicher Weise – sozusagen im Gegenzug – Frustration und Aggression.

Das ist auch im Sinne der menschlichen Grundmotivation, die auf soziale Akzeptanz, Kooperation und Fairness ausgerichtet ist, ein unerträglicher Zustand, der verändert werden muss. Um das angeschlagene Selbstwertgefühl wieder aufzubessern, wären jetzt erhebliche Veränderungen im sozialen Umfeld und gesellschaftlich anerkannte Erfolge notwendig. Diese sind allerdings nicht in Sicht und können auch nicht erreicht werden. Die einzig möglichen Wege zur Verbesserung des persönlichen Status bieten jetzt Kriminalität und Gewalt.

Den eindeutigen Beweis für den direkten Zusammenhang zwischen Gewalt und Mangel an Selbstwert (= Folge von Demütigung und Ausgrenzung) bieten neuere neurobiologische Erkenntnisse.

Körperliche Schmerzen aktivieren den Aggressionsapparat (Mandelkerne und Insulae) und hinterlassen im Cingulären Cortex CC der Ich-Struktur des Gehirns eine Art Fingerabdruck. 2003 haben amerikanische Hirnforscher zum ersten Mal nachgewiesen, dass der gleiche Fingerabdruck des Schmerzes an gleicher Stelle auftaucht, wenn ein Mensch sozial ausgegrenzt, zurückgewiesen, verachtet oder gedemütigt wird.[7] Das bedeutet, dass der Mensch auch mit der Aktivierung seines Aggressionsapparates reagiert, wenn seine Schmerzgrenze durch soziale Ausgrenzung, Zurückweisung, Verachtung oder Demütigung tangiert wird.

Betrachten wir den erheblichen Selbstwertmangel unserer Klientel und seine Ursachen (Demütigungen, Ausgrenzungen, Versagen etc.) unter diesem Aspekt, dann wird deutlich, wie deren Gewaltbereitschaft entsteht und wo sie herkommt.

Betrachtet man die aktuelle Flüchtlingsproblematik unter diesem Aspekt, dann wird deutlich, dass die vielen jungen Männer, die in der Hoffnung auf ein besseres Leben in unser Land kommen, ein erhöhtes Aggressionsrisiko darstellen, wenn sie nicht in die Mitte unserer Gesellschaft eingegliedert werden können.

b. Auslöser

Weil das so schön einfach und offensichtlich ist, verwechseln Täter bei der Frage nach dem „Warum" häufig Auslöser mit Ursache und nennen auch hier die gleichen Gründe, wie z.B. ein Fehlverhalten des Opfers, ungünstige Umstände, Drogen oder Alkohol. Allerdings hat das eine mit dem anderen in der Regel nur wenig zu tun, was den Protagonisten nicht bewusst ist. Auslöser ist eine aktuelle, subjektiv empfundene Selbstwertverletzung, die

---

[7] Vgl. Naomi Eisenberger, Matthew Liebermann und Kipling Williams (2003): „Does rejection hurt?" An fMRI Study of Sozial Exclusion. Science 302. S. 290-292.

einen bereits vorhandenen massiven Selbstwertmangel aktiviert und verstärkt.

Stellen Sie sich vor, jemand pikst Sie mit ausgestrecktem Finger am Oberarm, um auf sich aufmerksam zu machen. Ist es ein Freund, würden sie ihn freundlich begrüßen. Ist es ein Fremder, würden sie ihn fragen, was er möchte. Auf keinen Fall würden sie aggressiv oder gewalttätig reagieren. Jetzt stellen Sie sich die gleiche Situation vor, mit dem entscheidenden Unterschied, dass sich an ihrem Oberarm eine verdeckte, aber schmerzhafte, entzündliche Wunde befindet, die Sie vor Berührungen schützen wollen und auf die Sie äußerst empfindlich reagieren. Jede noch so kleine und unabsichtliche Berührung wäre für Sie ein Angriff auf Ihre Gesundheit, auf den Sie mit sofortiger und heftiger Abwehr reagieren.

Genauso verhält es sich mit einer von Selbstwertmangel geplagten Person, die sich einer erneuten Selbstwertverletzung ausgesetzt sieht. Es wird mit ausgestrecktem Finger in ihrer offenen Wunde gebohrt. Ein falscher Blick, ein unbedachtes Wort, eine versehentliche Berührung wäre für jeden anderen keine große Sache, aber für unsere Klientel können solche Begebenheiten in gewalttätige Exzesse eskalieren, weil sie nicht sichtbare, tiefer liegende, alte und unverheilte Wunden erneut verletzen.

Neurobiologisch gesehen wird Aggression nur dann ausgelöst, wenn das Motivationssystem ein Bedürfnis erkennt.

> „Einem Menschen die Möglichkeit zu geben, einer anderen Person, von der keine Provokation ausging oder ausgeht, Leid zuzufügen, oder sich ihr gegen über aggressiv zu verhalten, ist aus Sicht des Motivationssystems kein lohnendes Unterfangen. Wer allerdings einen Menschen unfair behandelt, der tangiert die neurobiologische Schmerzgrenze und muss mit Aggression rechnen."[8]

> „In massiver Weise ungerecht behandelt zu werden hat beim Menschen eine Aktivierung der neurobiologischen Ekelzentren (sie sind ein Teil des Aggressionsapparates) zur Folge."[9]

Das subjektive Gefühl, massiv ungerecht behandelt zu werden, aktiviert den Aggressionsapparat und wird so zum Auslöser von Gewalt.

---

[8]   Joachim Bauer (2011): „Schmerzgrenze". S. 34.
[9]   Ebd.: S. 41.

c. Zielgerichtete Absichten

Die Absichten seines Handelns erkennt der Täter nur vordergründig oder gar nicht. Auf die Frage: „Warum hast du das getan?" haben Gewalttäter oft keine Antwort oder sie behaupten voller Überzeugung, dass sie das nicht gewollt hätten. Manche wollten eine bedrohliche Situation oder einen vermeintlichen Angriff abwehren und wieder andere ein Fehlverhalten des Opfers rächen.

Jeder hatte im Moment seiner gewalttätigen Handlung ein klares Ziel, das er so effektiv wie möglich umsetzen wollte, aber keiner ist sich seiner eigentlichen Absicht bewusst. Weil sie nicht wissen, dass sie ein Selbstwertproblem haben, wissen sie auch nicht, dass sie sich in ihrem Selbstwert derart verletzt fühlen, dass nur noch die Ausübung von zum Teil massiver Gewalt diesen unerträglichen Zustand verändern kann. Nach dem Motto: „Das darf niemand ungestraft mit mir machen" wird das angeschlagene Selbstwertgefühl mittels Gewalt wieder aufgebaut.

Der neurobiologische Aggressionsapparat hat die Aufgabe, die Ziele der Grundmotivation, nämlich Fairness und zwischenmenschliche Akzeptanz, einzuhalten. Sieht er diese durch eine Demütigung oder Ausgrenzung (Selbstwertverletzung) bedroht, dann springt er an und reagiert.

d. Konsequenzen

An die Konsequenzen seiner Tat denkt der Täter während der Ausübung von Gewalt gar nicht. Das wurde bei einer Befragung von mehr als sechshundert Straftätern deutlich. Neurobiologisch lässt sich nachweisen, dass der Präfrontale Cortex, der mäßigend auf den Aggressionsapparat einwirkt, weil er die Konsequenzen aggressiven Verhaltens auf das soziale Umfeld berücksichtigt, nicht mehr aktiv ist, sobald die aggressive Handlung aktiviert ist.[10]

Während der Tat hat der Täter nur die Wiederherstellung seines verletzten Selbstwertes im Sinn. Auch im Nachhinein will er die negativen Dimensionen seines Handelns nicht erkennen,

---

[10] Vgl. Daniel Strüber, Monika Lück und Gerhard Roth (2008): „Sex, Aggression and Impulse Control: an Intigrative Account", in: Neurocase 14. S. 93-121.

denn sie widersprechen seinen eigenen moralischen Wertvorstellungen und werden deshalb einfach ausgeblendet.

Konsequenzen gibt es für den Täter scheinbar nur, wenn er angezeigt, verurteilt und inhaftiert wird. Wenn in einer Gerichtsverhandlung seine Brutalität öffentlich und das Leiden der Opfer sichtbar wird. Wenn er als Verursacher dieses Leids mit dem Opfer selbst und dessen Familie konfrontiert wird. Wenn er die Scham und die Enttäuschung seiner eigenen Familie zu spüren bekommt. Wenn seine Zukunftspläne plötzlich wie Sand durch die Finger rinnen. Wenn er in einer kleinen Gefängniszelle eingesperrt ist und sehr viel Zeit hat, über sich und die Konsequenzen seiner Tat nachzudenken.

In diesem Zusammenhang unterscheiden wir zwischen primären, sekundären und tertiären Opfern. Primäre Opfer sind die Menschen, die durch das gewalttätige Verhalten des Täters direkt körperlich und seelisch verletzt werden. Sekundäre Opfer sind Menschen, die nicht von der Tat selbst, sondern von ihren Folgen betroffen sind, wie z.B. die Familienmitglieder der primären Opfer und die Familien der Täter. Tertiäre Opfer sind die Täter selbst, die durch ihre Taten zu feigen, ehrlosen und unmoralischen Menschen werden.

Gibt es keine Anzeige, keine Gerichtsverhandlung und keine Inhaftierung, dann gibt es auch keine Opfer und keine Konsequenzen. In diesem Fall muss der Täter sich über sein Handeln keine Gedanken machen. Schließlich war die Tat für ihn begründet und gewollt, sonst hätte er sie nicht begangen.

Die wohl nachhaltigste Konsequenz von Gewalt ist die weitere Schwächung des Selbstwertempfindens. Gewalttätiges Verhalten ist gegen die moralischen Grundwerte des Menschen gerichtet und somit auch gegen die moralische Integrität des Täters selbst. Damit handelt er gegen seine eigenen Wertvorstellungen und schwächt so seinen inneren Selbstwert. Dies wird in besonderem Maße deutlich, wenn er sich mit seiner Tat vor Gericht oder in einer Therapie kompromisslos ehrlich auseinandersetzen muss.

Fazit:

Die ursächliche Gewaltbereitschaft unserer Klientel ist in den meisten Fällen durch massive Selbstwertverletzungen begründet, die sie selbst im Laufe ihres Lebens erdulden mussten. Ausgelöst wird Gewalt von einem aktuellen Geschehen, das für sich genommen keine Provokation darstellen muss, aber vom Täter subjektiv als Selbstwertverletzung empfunden wird. Gewalttätiges Verhalten hat dann die eindeutige Absicht, die erlittene Selbstwertverletzung (Demütigung, Ausgrenzung etc.) rückgängig zu machen und den eigenen Wert wiederherzustellen. Die verheerenden Konsequenzen von Gewalt erkennt der Täter erst, wenn ihm die eigentlichen Ursachen und die Folgen seiner Tat bewusst werden. Das ist die Aufgabe der KGA.

Moral

Wenn gewalttätiges Verhalten unmoralisch ist, dann müsste die Einhaltung der moralischen Grundwerte Gewalt verhindern. Diese Annahme werden wir in der Folge beweisen und therapeutisch nutzen. Zu diesem Zweck werden wir den Begriff Moral im Kontext unseres Themas neu definieren.

Die gängigsten Definitionen stimmen alle dahingehend überein, dass Moral bestimmte Werte und Normen vorgibt, die innerhalb eines sozialen Systems den Rahmen für gewolltes, also gutes, Handeln abstecken. Ein Mensch, der sich dementsprechend verhält, zeigt moralische Integrität. Ungewolltes, also schlechtes, Handeln findet demnach außerhalb dieses Verhaltenscodex statt und wäre dann unmoralisch. Somit wäre Moral direkt abhängig vom sozialen System, also von Kultur, Religion, Ideologie etc.

Würden wir uns dieser Meinung anschließen, hätte dies fatale Folgen für unsere Arbeit und unsere Klientel. Denn dann wäre z.B. auch die Enthauptung eines Andersgläubigen, wie es aktuell der IS (Islamischer Staat) in etlichen Bekennervideos demonstriert, ein Akt höchster moralischer Integrität. Denn der religiöse Rahmen des IS sieht solches Verhalten als ausdrücklich gewollt, ja sogar vorbildlich und lohnenswert vor. Genauso würden dann alle Rechtfertigungsstrategien unserer Klientel einen entsprechenden moralischen Rahmen kreieren, der ihre Taten als notwendig oder richtig neutralisieren würde.

1. Definition von Moral

Wir sollten also auch bei dieser Frage möglichst nahe am Thema und an unserer Klientel bleiben und uns nicht in kulturelle, religiöse, ideologische oder letzten Endes auch Gewalttäter spezifische Rechtfertigungsstrategien verstricken lassen. Deshalb reduzieren wir moralisches Verhalten auf das Wesentliche und definieren es für unsere Zwecke neu.

Moralisches Verhalten =
dem Menschen gegenüber fair, also wohlwollend, gerecht, seine
Würde und seine Selbstbestimmung achtend.

Unmoralisches Verhalten =
dem Menschen gegenüber unfair, also schädigend, ungerecht,
seine Würde und seine Selbstbestimmung missachtend.

Mit dieser Definition stellen wir folgende Behauptung auf:

Moral =
ein grundsätzlicher Anspruch, der für alle Menschen (ungeachtet
ihrer Herkunft, ihres Glaubens, ihrer Ideologie, ihrer Hautfarbe,
ihres Besitzstandes etc.) gleichermaßen gültig ist.

Es gibt neuere Erkenntnisse, die diese Aussage untermauern und
die im Folgenden näher erläutert werden.

Anmerkung:
Wenn im weiteren Verlauf dieses Buches von moralischer Integrität, moralischem oder unmoralischem Verhalten die Rede ist,
dann beziehe ich mich ausschließlich auf die hier definierten
moralischen Grundwerte.

2. Gerechtigkeit und Fairness als menschliche Grundmotivation

Schon Charles Darwin bezeichnete die natürliche Fähigkeit des
Menschen zur Empathie als Grundstein („foundation-stone") der
Moral. Neuere neurowissenschaftliche Untersuchungen weisen
den Menschen als ein in seinen Grundmotivationen primär auf
soziale Akzeptanz, Kooperation und Fairness ausgerichtetes Wesen aus.[11] In den letzten 25 Jahren wurde im Gehirn ein Nerven-
zellsystem entdeckt, das heute als Motivationssystem bezeichnet
wird. Diese Nervenzellen produzieren Botenstoffe (Dopamin und
körpereigene Opioide), ohne die wir uns nicht wohlfühlen und
auf Dauer gar nicht leben können. Allerdings werden diese Botenstoffe nur dann ausgeschüttet, wenn wir bestimmte Erfahrungen machen oder uns in einer bestimmten Art und Weise verhal-

---

[11] Vgl. Joachim Bauer (2011): „Schmerzgrenze". S. 27.

ten. Gerechtigkeit, Kooperation und Hilfsbereitschaft sind solche Erfahrungen und Verhaltensweisen, die heute als biologisch verankerte Grundmotivation bezeichnet werden.[12]

Tabibnia, Satpute und Liebermann, University of California, haben in vielen Studien faires und unfaires Verhalten von Menschen untersucht und dabei ihre Gehirnaktivitäten gemessen. Sie kommen zu dem Ergebnis, dass das Streben nach Gerechtigkeit ein basaler menschlicher Impuls ist, der ein hedonistisches (lustbetontes) mit Wohlgefühl verbundenes Geschehen darstellt.[13]

Neurologisch betrachtet bildet die Basis jeder moralischen Einschätzung eine schnelle affektive Reaktion.

> „Sie erfolgt durch die Angstzentren (Mandelkerne), durch im Bereich der sogenannten Insula liegende Präferenzzentren, welche ‚gute‘ oder aversive Körpergefühle auslösen, sowie durch Nervenzell-Netzwerke des Stirnhirns (des sogenannten Präfrontalen Cortex), welches unsere Handlungen und das Verhalten anderer auf ihre soziale Verträglichkeit hin überprüft. Personen, die vom unfairen Verhalten anderer betroffen sind, reagieren u.a. mit einer Aktivierung der in der Insula sitzenden Ekelzentren. Neurobiologische Studien zeigen außerdem: Wer beobachtet, das sich eine Person gegenüber Dritten unfair verhalten hat, reagiert dann, wenn dem unfairen Akteur daraufhin Schmerzen zugefügt werden, mit einer stark verminderten Empathiereaktion. Mehr noch: In einem solchen Fall werden beim Beobachter des Geschehens sogar die Glückszentren aktiv. Personen, bei denen das Stirnhirn eine Schädigung erlitten hat, verhalten sich wie Psychopathen, also konsequent amoralisch.“[14]

Wir kennen alle diese Erfahrungen, und das schon seit frühester Kindheit. Denken Sie an die Märchen von damals und an Romane, Krimis oder Filme von heute. Wir lesen oder schauen diese Geschichten bis zum Ende, weil wir sehnsüchtig darauf warten, dass der Bösewicht endlich entdeckt, zu Fall gebracht und bestraft wird. Jeder Hollywoodfilm macht sich diese Sehnsucht des Menschen nach Gerechtigkeit zunutze, wenn er uns ein Happy End liefert und uns damit, wie der Begriff schon sagt, glücklich und zufrieden macht. Eine Geschichte ohne Happy End dagegen hinterlässt stets Gefühle der Ohnmacht, der Trauer und der Wut,

---

[12] Vgl. ebd.: S. 32.

[13] Golnaz Tabibnia, Ayay Satpute und Matthew Liebermann (2008): „The Sunny Side of Fairness“, in: Psychological Science 19. S. 339-347.

[14] Joachim Bauer (2011): „Schmerzgrenze“. S. 166-167.

weil die Sehnsucht des Menschen nach Gerechtigkeit nicht befriedigt wurde.

Fazit:
Moralisches Verhalten ist ein Grundbaustein menschlichen Verhaltens, das Wohlgefühle auslöst. Unmoralisches Verhalten verursacht beim Betrachter Ablehnung und Abscheu.

3. Moral ist eine intuitive Fähigkeit

Die US-amerikanische Psychologin Kiley Hamlin vom Kinderforschungszentrum der Yale University in New Haven (Connecticut) wies in ihren Untersuchungen nach, dass der Mensch schon in frühester Kindheit in der Lage ist, sich mit fairem Verhalten zu identifizieren und unfaires Verhalten abzulehnen. Hier ein kurzer Überblick über ihre Ergebnisse:

> „Die Kinder unterscheiden genau zwischen dem Guten und dem Bösewicht. Zweimal hatte die rosafarbene runde Holzfigur mit den Kulleraugen versucht, den steilen Berg hinaufzukommen. Und beide Male war sie gescheitert. Da traten die beiden anderen auf den Plan. Das gelbe Dreieck, ebenfalls mit aufgeklebten Augen, kam helfend hinzu und schob die rosafarbene Figur freundlich bis zum Gipfel. Der blaue Würfel, auch er mit Augen, aber schubste die rosafarbene Figur böswillig in den Abgrund."
>
> „Die Kinder, die das Schauspiel beobachtet hatten, durften nun wählen, wonach sie greifen wollten. Wen wollten sie haben? Das gelbe Dreieck oder den blauen Würfel? Das Ergebnis war eindeutig: fast alle Kinder, Mädchen wie Jungen, griffen nach dem gelben Dreieck."
>
> „Die besondere Pointe der Geschichte: die Kinder waren noch nicht in der Schule, nicht mal im Kindergarten. Sie saßen auf dem Schoß ihrer Eltern und waren Babys, zwischen 6 und 10 Monate alt. Und trotzdem fühlten sie sich intuitiv zum Guten hingezogen. Bereits in einem so frühen Alter, belegt Kiley Hamlin, unterscheiden Kleinkinder zwischen ‚gut‘ und ‚böse‘, zwischen dem, was ihr Vertrauen weckt oder was sie abstößt."
>
> „Bezeichnender Weise funktionieren die Versuche nur, wenn Kreis, Dreieck und Würfel mit aufgeklebten Augen versehen und vermenschlicht wurden. Blieben die Gegenstände in der Wahrnehmung der Babys unbelebt, so maßen sie ihnen auch keine Bedeutung bei."[15]

---

[15] Vgl. Kiley Hemlin, Karren Wynn und Paul Bloom (2007): Social evaluation by preverbal infants, in: Nature, 450. S. 557-559; zitiert nach Richard David Precht (2010): „Die Kunst kein Egoist zu sein". S. 126-127.

Diese Studie zeigt eindrucksvoll, dass der Mensch, sobald er in seiner Entwicklung dazu in der Lage ist, und das bedeutet in diesem Fall, sobald er greifen kann, faire von unfairer Behandlung unterscheiden kann. Vielleicht könnte er es ja sogar noch früher, kann es aber nicht unter Beweis stellen, weil er noch nicht nach den Figuren greifen kann. In jedem Fall ist er, wie Precht es beschreibt, intuitiv mit einem moralischen Kompass ausgestattet, der eindeutig mit der guten, dem Menschen wohlwollenden Seite sympathisiert.

Fazit:
Der Mensch ist intuitiv in der Lage, zwischen Gut (= faires Verhalten) und Böse (= unfaires Verhalten) zu unterscheiden. Er fühlt sich hierbei eindeutig zum Guten Hingezogen. Das Böse lehnt er ab.

4. Moral ist ein grundsätzlicher Anspruch

Ich habe in meiner Arbeit mit Gewalttätern unabhängig von neurobiologischen Erkenntnissen die gleichen Erfahrungen gemacht, wie sie in Hamlins Studie beschrieben werden. Meine Klienten haben alle vielfach Straftaten begangen, die von Beleidigung, Nötigung, Diebstahl, Einbruch, Raub und Körperverletzung bis hin zu Vergewaltigung, Totschlag und Mord reichen. Zudem haben sie Tag für Tag die wichtigsten Menschen aus ihrem engsten sozialen Umfeld (Vater, Mutter, Geschwister, Frau, Kinder etc.) belogen und betrogen, damit ihr egoistischer und krimineller Lebenswandel unentdeckt bleibt. Mit diesem Verhalten haben sie eindeutig bewiesen, dass sie kriminelle Verbrecher und schwache Charaktere sind. Denn alle diese Taten sind höchst unmoralisch, also gegen die Selbstbestimmung und die Würde anderer Menschen gerichtet. Trotzdem bestätigen alle diese Straftäter ausnahmslos, dass sie sehr hohe moralische Ansprüche an ihre Mitmenschen und auch an sich selbst voraussetzen. Ihre moralischen Wertvorstellungen und der entsprechende Verhaltenscodex - also was ist gut und was ist schlecht, wie verhalte ich mich richtig und wie verhalte ich mich falsch - orientieren sich eindeutig an einem Verhalten, das anderen Menschen gegenüber fair ist, also deren Selbstbestimmung und Würde nicht verletzt. Das bedeutet, dass sie sich selbst nicht als kriminelle Verbrecher und schwache Charaktere sehen.

Jeder vernünftige Betrachter erkennt an dieser Stelle ihren Widerspruch und fragt sich, warum ein Mensch so hohe moralische Ansprüche hat, wenn er sie selbst doch in keiner Weise erfüllen kann. Die Antwort liegt auf der Hand. Kein Mensch möchte belogen, betrogen, bestohlen, beraubt, geschlagen, vergewaltigt oder gar getötet werden. Jeder Mensch, also auch der Kriminelle, möchte fair, also gut oder gerecht, behandelt werden. Deswegen macht er faires Verhalten zu einem Grundbaustein seines moralischen Wertesystems. Es sind gerade die Kriminellen in den Gefängnissen, die, wenn es um sie selbst geht, eine hohe Sensibilität für faires oder unfaires Verhalten entwickeln. Warum sie sich dann trotzdem unmoralisch verhalten und wie sie mit diesem Widerspruch leben können, ist ein anderes Thema, das im Folgenden noch besprochen wird.

Fazit:
Weil sich der Mensch danach sehnt, selbst fair behandelt zu werden, ist die moralische Integrität ein grundsätzlicher Anspruch, der für alle Menschen gleichermaßen Gültigkeit hat.

5. Moral ist eine feste Größe

Wäre der grundsätzliche moralische Anspruch keine allgemeine Größe, die für alle Menschen gleichermaßen Gültigkeit hat, dann könnte man ihn beliebig verändern und seinem eigenen Verhalten, seinen eigenen Wünschen und Zielen entsprechend anpassen. Dann könnten auch unsere Klienten ihren moralischen Anspruch so verbiegen, dass ihr gewalttätiges und kriminelles Verhalten damit gerechtfertigt wäre. So könnten sie z.B. behaupten, dass Schlagen, Nötigen, Beleidigen, Betrügen, Stehlen, Lügen, all die Verhaltensweisen, die ihnen Vorteile bringen, grundsätzlich richtig sind. Der nagende und unerträgliche innere Widerspruch zwischen tatsächlichem Verhalten und moralischem Anspruch wäre somit aufgelöst. Sie müssten sich dann nicht in Selbstbetrug verstricken oder in aufwendigen Therapien ihr langjährig manifestiertes, destruktives Verhalten überprüfen, sondern lediglich ihr moralisches Denkmuster im Kopf verändern. Diese

Strategie wäre ein einfacher und bequemer Lösungsweg und würde unserer Klientel sehr entgegenkommen. Allerdings ist das bisher noch nie so geschehen.

Während der KGA steht jeder Teilnehmer, der diesen inneren Widerspruch erkannt hat und auflösen will, vor dieser Alternative. Bisher wollte noch kein einziger seinen moralischen Anspruch verändern. Alle, selbst die skrupellosesten Verbrecher, wählten den anstrengenden und langwierigen Weg der Verhaltensänderung. An diesem Punkt stellt sich doch die Frage: Warum machen sie das, wo sie doch sonst immer nur den bequemsten Weg suchen? Die Antwort ist einfach. Sie können nicht anders, denn der grundsätzliche moralische Anspruch ist ein menschliches Attribut, dem auch sie unterworfen sind.

Leon Festinger und seine nachfolgenden Kollegen haben in vielen Studien nachgewiesen, dass zur Auflösung einer kognitiven Dissonanz (innerer Widerspruch) stets das schwächste der Widerspruchselemente aufgelöst wird.[16] Nun hat während einer KGA noch kein einziger Teilnehmer versucht, seinen inneren Widerspruch durch die Veränderung der moralischen Grundwerte aufzulösen. Damit stellen wir fest, dass die moralische Integrität ein starkes, vielleicht sogar das stärkste der sich widersprechenden Elemente darstellt.

Wenn Moral, also die Bewertungsgrundlage für faires oder unfaires Handeln oder, noch allgemeiner ausgedrückt, für gutes oder schlechtes Handeln, eine für alle Menschen gleichermaßen gültige Größe darstellt, dann ist sie unabhängig von Kultur, Religion oder Ideologie. Sie ist damit auch unabhängig von subkulturellen Normen und Werten und natürlich auch von gewalttäterspezifischen Rechtfertigungsstrategien und lässt sich somit für diese auch nicht missbrauchen. Diese Erkenntnis spielt in der KGA eine tragende Rolle.

Fazit:

Moralisches Verhalten ist dem Menschen gegenüber fair, also wohlwollend, gerecht und seine Würde sowie seine Selbstbestimmung achtend. Unmoralisches Verhalten ist dem Menschen gegenüber unfair, also schädigend, ungerecht und seine Würde

---

[16] Vgl. Leon Festinger (1957): „Theorie der kognitiven Dissonanz". S. 258.

sowie seine Selbstbestimmung missachtend. Dieser moralische Wertemaßstab des Menschen entspricht den Zielen seines biologisch verankerten Motivationssystems. Damit ist es eine für alle Menschen gültige und unveränderbare Größe.

Selbstwert

Dieser Begriff ist so weitreichend und alles umfassend, dass er in irgendeiner Form nahezu alle Lebensbereiche eines Menschen tangiert. Gleichzeitig ist Selbstwert bei der Bearbeitung unserer Problematik von zentraler Bedeutung, denn er erklärt einen inneren Konflikt, der unseren Klienten einerseits nicht bewusst ist, aber andererseits ihre Gewaltbereitschaft verursacht und somit ihr eigentliches Dilemma beschreibt. Um letzten Endes beiden Ansprüchen gerecht zu werden, ohne dabei die Dimension unserer Problematik zu sprengen, können wir für die Erklärung des Selbstwerts nicht alle individuellen, sozialen und kulturellen Eigenheiten und Eventualitäten berücksichtigen. Aus diesem Grund bleibt unser Fokus stets auf das Thema Gewalt und die Erfahrungen aus der therapeutischen Arbeit mit Gewalttätern gerichtet, was natürlich auch die Definition dieses Begriffes einschränkt.

Aus der Unmenge von verschiedenen Erklärungsansätzen möchte ich die vorstellen, die einerseits häufige Anwendung in der Praxis finden und andererseits die kontroverse Diskussion unseres Themas widerspiegeln.

Sucht man nach dem Begriff Selbstwert auf allgemeinen Wissensplattformen im Internet, dann findet man häufig folgende Erklärung.

> Selbstwert ganz allgemein ist der Eindruck oder die Bewertung, die ein Mensch von sich selbst hat. Dabei bezieht er sich auf seinen Charakter, seine Fähigkeiten, seine Erinnerungen an die Vergangenheit und sein Selbstempfinden. Dabei wird Selbstwert reduziert auf die Überzeugtheit in die eigene Person und in die eigenen Fähigkeiten, oder allgemeiner ausgedrückt, das Bewusstsein von sich selbst in seiner kognitiven und emotionalen Wahrnehmung.[17]

Schließen wir uns dieser Definition an, haben unsere Klienten kein Selbstwertproblem, denn sie sind in ihrer bewussten kognitiven und emotionalen Wahrnehmung durchaus von sich selbst überzeugt und demonstrieren nach außen ein hohes Selbstbewusstsein.

---

[17] Vgl. Wikipedia, Coaching Report Lexikon u.a.

Zu diesem Ergebnis kommt auch eine Studie von Roy Baumeister, Professor für Sozialpsychologie an der Florida State University in Tallahassee, der aus dieser Erkenntnis folgenden Schluss zieht: „Hoher Selbstwert macht aggressiv."[18] Die Zeitschrift Die Welt bezieht sich in einem Artikel von 1996 auf diese Studie und führt gleich mehrere Argumente ins Feld, die diese These untermauern. Es werden Untersuchungen zitiert, die nachweisen, dass gerade Gewalttäter, Vergewaltiger, Sadisten, Gangmitglieder etc. mit einem aufgeblasenen Selbstwertgefühl gesegnet sind. In diesem Zusammenhang wird festgestellt, dass die These, Gewalt sei durch einen Mangel an Selbstwert begründet, lediglich ein weitverbreitetes Vorurteil darstelle.[19]

Dagegen sieht die neopsychoanalytische Erklärung von Aggression und Destruktivität eindeutig einen Zusammenhang zwischen Aggression, Identität und Selbstwert. Sie stellt fest: Die Befriedigung aggressiver Impulse dient der Wiederherstellung eines beschädigten Selbstwertgefühls und der Aufrechterhaltung der Identität.[20]

Zu Baumeisters Schlussfolgerungen zeichnete sich in weiteren Studien ein immer deutlicheres Bild ab: Nur eine bestimmte Art des Selbstwertgefühls steht in direktem Zusammenhang mit aggressivem Verhalten. Das Selbstwertgefühl dieser Probanden war nämlich nie ein stabiles, gesundes und realistisches, sondern entsprach genau dem Gegenteil.[21] Dieses Phänomen begründete später die Ego-Threat-Theorie der Aggression.

„In der Literatur herrscht im allgemeinen Einigkeit über drei fundamentale Annahmen bezüglich des Selbstwertes, es besteht die Motivation, den Selbstwert zu schützen, ein hoher Selbstwert bedeutet emotionales Wohlbefinden, das Anheben eines niedrigen Selbstwertes be-

---

[18] Roy Baumeister (1996): „Psychological Review" 103, S. 5.
[19] Vgl. Rolf Degen (1996): „Hoher Selbstwert macht aggressiv". Artikel in „Die Welt" vom 30.04.1996.
[20] Vgl. Kohut, H. (1973): Überlegungen zum Narzissmus und zur narzisstischen Wut. Psyche, 73, 513-554; Parens, H. (1992): Die Entwicklung der Aggression in der frühen Kindheit. Beiträge zur analytischen Kinder- und Jugendlichenpsychotherapie, 76, 107-121; Parens, H. (1996): Zur Epigenese der Aggression in der frühen Kindheit. Analytische Kinder- und Jugendlichenpsychotherapie, 89, 17-49.
[21] Ramona Zenk (2011): „Ausarbeitungen studentischer Präsentationen der Würzburger Sozialpsychologie" „Aggression und Selbstwert".

deutet eine Steigerung im emotionalen Wohlbefinden und ruft eine positive Verhaltensänderung hervor."[22]

Damit wird deutlich, dass die Zurschaustellung eines vermeintlich hohen Selbstbewusstseins durchaus mit einer Steigerung des Wohlbefindens belohnt werden kann. Aber kann man eine unstabile, ungesunde und unrealistische Selbsteinschätzung auf Dauer aufrechterhalten? In der Wissenschaft wird deswegen die Allgemeingültigkeit dieser drei Annahmen bestritten, da der Schutz oder die Erhöhung des Selbstwertes häufig nur durch Realitätsverzerrungen und sogenannte positive Illusionen funktionieren kann.[23]

Baumeisters Fazit, dass hoher Selbstwert aggressiv mache, und Degens Folgerung, dass Selbstwertmangel als Gewaltursache ein Vorurteil sei, sind deswegen in der praktischen Gewaltprävention wenig hilfreich, wenn nicht sogar kontraproduktiv. Die Erfahrungen mit Gewalttätern zeigen, dass ein aufgeblasenes, instabiles, ungesundes oder unrealistisches Selbstwertgefühl nicht auf einen selbstbewussten Menschen hinweisen, wie es Baumeister formulierte, sondern auf einen Menschen, der mit diesem Verhalten einen erheblichen Mangel an echtem (stabilen, gesunden, realistischen) Selbstwert kompensieren will. Branden beschreibt das folgendermaßen:

> „Das Selbstwertgefühl wird gelegentlich mit Angeben oder Großtuerischem Gehabe oder Arroganz verwechselt. Das sind allerdings Eigenschaften, die nicht zu viel, sondern zu wenig Selbstwertgefühl reflektieren."[24]

---

[22] Tanja S. Stucke (2000): „Die Schattenseiten eine positiven Selbstbildes: Selbstwert, Selbstkonzeptklarheit, und Narzissmus als Prädiktoren für negative Emotionen und Aggressionen nach Selbstwertbedrohungen".

[23] Vgl. Leary, M. R. (1998): The social and psychological importance of self-esteem. In: R. M. Kowalski, & M. R. Leary (Eds.), The social psychology of emotional and behavioral problems: Interfaces of social and clinical psychology (pp. 197-221). Washington, DC: American Psychological Association; Taylor, S. E., & Brown, J. D. (1988): Illusion and well-being: A social psychological perspective on mental health. Psychological Bulletin, 103, 193-210. Taylor, S. E., & Brown, J. D. (1994): Positive illusions and well-being revisited: Separating fact from fiction. Psychological Bulletin, 116, 21-27; nach Tanja S. Stucke (2000): „Die Schattenseiten eines positiven Selbstbildes: Selbstwert, Selbstkonzeptklarheit, und Narzissmus als Prädiktoren für negative Emotionen und Aggressionen nach Selbstwertbedrohungen".

[24] Nathaniel Branden (2010): „Die 6 Säulen des Selbstwertgefühls: Erfolgreich und zufrieden durch ein starkes Selbst". S. 34.

Dieser Vorgang wird in der KGA als „persönlicher Selbstbetrug" und das Selbstwert steigernde Gefühl (Wohlbefinden), das dabei entsteht, nicht als Selbstwert, sondern als „Selbstnutzen" bezeichnet. Solche Klienten repräsentieren den klassischen Gewalttäter. Im Kapitel „Offensive Kompensation" werden wir noch einmal genauer darauf eingehen.

Es stellt sich weiter die Frage: Was ist Selbstwert? Ist es das eine oder das andere oder vielleicht beides? Gibt es falschen Selbstwert, und was macht echten Selbstwert aus?

In etlichen Trainings und Coachings, die eine deutliche Stärkung des Selbstwertempfindens zum Ziel haben, finden wir eine Definition, die Selbstwert in einem Gleichgewicht von vier psychischen Säulen oder Grundbedürfnissen erkennen, von denen sich jeweils die ersten und letzten beiden in besonderem Maße ergänzen sollten.

- Eigenständigkeit und Freiheit
- Zwischenmenschliche Beziehungen und das Bewusstsein gewisser Abhängigkeiten
- Wechsel in manchen Lebenssituationen
- Dauer bei wichtigen Lebensgrundlagen[25]

Nathaniel Branden, ein bekannter US-amerikanischer Psychologe und Psychotherapeut, unterteilt das Selbstwertgefühl in zwei Komponenten, die wechselseitig miteinander zusammenhängen. Die eine ist demnach die Selbstwirksamkeit – ein Gefühl von Urvertrauen angesichts der Herausforderungen des Lebens. Die andere ist, so Branden, die Selbstachtung – ein Gefühl, dass man es wert ist und verdient, glücklich zu sein. [26]

Außerdem unterscheidet er die inneren Faktoren (= durch das Individuum erzeugt) und die äußeren Faktoren (= umweltbedingt), von denen die Entwicklung des Selbstwertgefühls abhängig sei.[26]

In diesem Zusammenhang nennt Branden sechs Säulen, die bei der Entwicklung eines gesunden Selbstwertgefühls hilfreich

---

[25] Coaching Report >Lexikon>Selbstwert
[26] Nathaniel Branden (2010): „Die 6 Säulen des Selbstwertgefühls: Erfolgreich und zufrieden durch ein starkes Selbst". S. 41.

seien. Jede dieser Säulen trage einen Teil zum Selbstwert bei. Wer seinen Selbstwert entwickeln möchte, der ist angehalten, sich diese Aspekte bewusst zu machen und sie zu entfalten.

- Bewusst leben (sich alle Handlungen, Absichten, Gefühle und Werte bewusst machen; nichts verdrängen; die Realität erkennen und akzeptieren)
- Sich selbst annehmen („... die Weigerung, in einem feindschaftlichem Verhältnis zu mir selbst zu stehen"[27])
- Eigenverantwortlich leben (... das Gefühl, dass ich selbst mein Leben kontrolliere und steuere)
- Sich selbstsicher behaupten (sich nicht davon leiten lassen, anderen gefallen zu wollen, sondern den eigenen Überzeugungen und Werten treu bleiben)
- Zielgerichtet leben (Ziele formulieren und die eigenen Fähigkeiten aktiv nutzen, um diese zu erreichen)
- Persönliche Integrität (authentisch leben: sich an die eigenen Wertvorstellungen halten, in Worten und Taten – auch wenn es teilweise unbequem ist)[28]

Zudem stellt Branden fest, dass authentische Selbstsicherheit und authentisches Selbstwertgefühl in einem positiven Ansatz weitgehend abgekoppelt sind von der Rückmeldung eines Gegenübers. Damit deutet er an, dass es auch einen negativen Ansatz gibt, wenn nämlich das Selbstwertgefühl zu sehr von der Rückmeldung anderer abhängig ist.

Branden kommt unserer Sichtweise am nächsten. Trotzdem ist es im Sinne einer effektiven therapeutischen Zielsetzung notwendig, eine eindeutige und praxisbezogene Erklärung zu erarbeiten. Deswegen definieren wir Selbstwert für unsere Zwecke neu. Aber zuvor wenden wir uns wieder den Realitäten der alltäglichen therapeutischen Gewaltprävention zu und schildern zum besseren Verständnis ein typisches Beispiel aus der AAT-Praxis.

Die Warm-up-Phase eines Anti-Aggressivitäts-Trainings beginnt. Die Teilnehmer sehen sich zum ersten Mal und abgesehen von der Tatsache, dass jeder schon mindestens eine Gewalttat

---

[27] Ebd.: S. 7.
[28] Ebd.: S. 84.

begangen haben muss, wissen sie wenig voneinander. Jeder versucht, einen möglichst unauffälligen Platz zu ergattern, was sich im aufgestellten Stuhlkreis als eher schwierig erweist. So werden kurzerhand einige Stühle Richtung Raumecken verschoben. Unsicherheit und eine gewisse Beklemmung machen sich breit. Um sich das nicht anmerken zu lassen, bemühen sich die meisten, möglichst cool und abgebrüht zu wirken, denn keiner im Raum möchte unsicher oder verklemmt erscheinen, sozusagen als Verlierer gesehen werden. Schließlich sind sie ja auch keine Verlierer, denn alle haben in ihrem Leben schon eindrucksvoll bewiesen, dass sie sich durchsetzen können.

So hängen sie lässig mit ausgestreckten Beinen in ihren Stühlen oder lehnen mit ihren gekippten Stühlen an der Wand, beide Hände in die Hosentaschen vergraben. Sie spielen dieses Theater überzeugend und glauben an ihre Rolle, denn sie sehen sich selbst als starke, sprich selbstbewusste Persönlichkeiten, die jede Situation im Griff haben und denen ein gewisses Maß an Respekt zusteht. Zudem weiß jeder von ihnen, dass man sich in dieser Runde besser keine Schwäche leistet, denn das wird des Öfteren auch rigoros ausgenutzt. Nachdem alle Platz genommen haben und die offizielle Begrüßung abgeschlossen ist, steht eine ausführliche Vorstellungsrunde an.

Der Sitzkreis wird aufgelöst. Die Teilnehmer haben jetzt einen Halbkreis gebildet und schauen alle in Richtung ‚Bühne', wo jeder einzelne vor die Gruppe treten und anhand eines Themenfahrplans aus seinem Leben erzählen soll. Die restlichen Teilnehmer können währenddessen Fragen stellen.

„Warum soll ich mich vor die Gruppe stellen? Wir sind doch nicht im Kindergarten, ich kann doch beim Vorstellen genauso gut sitzen bleiben." Das ist der Einwand, der an dieser Stelle häufig kommt und dem gleich alle Teilnehmer zustimmen: Meine Antwort ist auch immer gleich, denn ich mache darauf aufmerksam, dass es bei dieser Übung um „Vorstellen" und nicht um „Vorsitzen" geht. Tatsächlich geht es auch darum, sich seinen eigenen Wahrheiten, auch wenn sie nicht so cool sind, zu „stellen". Diese exponierte Situation wird als äußerst unangenehm empfunden, wo doch einige schon mit dem Sitzkreis Probleme hatten. Um ihnen den Einstieg in diese Übung zu erleichtern, stelle ich mich als erster vor die Gruppe und beantworte alle ihre Fragen.

Hier wird deutlich, dass diese durchsetzungsstarken Typen schon bei einer so einfachen Aufgabe mit offensichtlichen Problemen zu kämpfen haben. Und dabei geht es ihnen nicht um die unangenehmen Fragen, die sie beantworten sollen, sondern einzig und allein darum, dass sie ganz alleine vor einer fremden Gruppe stehen und sich präsentieren sollen. Das kennen sie nicht, das macht sie unsicher, dadurch könnte die coole Fassade erste Risse bekommen. Sie könnten sich möglicherweise der Lächerlichkeit preisgeben und letzten Endes dabei auch ihr Gesicht verlieren.

Jetzt ist dieses machomäßige Überspielen der Unsicherheit in einer Vorstellungsrunde keine große Sache und vielleicht haben sie das in einer ähnlichen Situation auch schon mal genauso selbst erlebt. Allerdings ist das Männlichkeitsgehabe unserer Klientel stellvertretend für ein Abwehrverhalten, das sie in den Knast gebracht hat und das für alle Beteiligten schädlich ist. Denn draußen in Freiheit reagieren sie stets mit Kriminalität und Gewalt auf einen drohenden Gesichtsverlust.

Offensichtlich haben sie einige Schwächen, die ihnen unangenehm sind und die es zu verbergen gilt. Damit haben sie natürlich ein Selbstwertproblem. Allerdings ist ihnen diese Tatsache nicht bewusst, denn sie sind ja (noch) davon überzeugt, cool und stark, also in ihrem Sinne selbstbewusst, zu sein. Deswegen werden knasttypische Männlichkeitsrituale abgespult und diese unangenehme Aufgabe kurzerhand und oberlässig als „Kindergarten" abgetan. Damit erscheint die Verweigerung dieser Übung sinnvoll und folgerichtig und sieht auch nicht mehr wie eine persönliche Schwäche aus, als wollte man sich vor etwas drücken. Im Verlauf der KGA wird sich das ändern, denn sie müssen sich noch öfter vor der Gruppe oder dem Therapeuten für ihr Verhalten verantworten.

Ist es selbstbewusst, wenn man sich seine Schwächen nicht anmerken lässt, wenn man sie gut verbergen kann, oder ist es selbstbewusst, wenn man seine Schwächen zulässt, wenn man zu ihnen steht? Weil dieser Begriff in unserer Arbeit eine zentrale Rolle spielt, können unterschiedliche oder selbstbetrügerische

Interpretationen nicht zugelassen werden. Aus diesem Grund muss der Begriff „Selbstwert" im Sinne der Thematik eindeutig und unmissverständlich definiert werden.

1. Definition von Selbstwert

Alles Existente, also alle Menschen, alle Tiere, alle Pflanzen und alle Dinge haben für jeden einzelnen Menschen einen bestimmten Wert. Allein der Wert, den er ihnen beimisst, bestimmt darüber, wie er sich ihnen gegenüber verhält. Ob er sie wahrnimmt oder nicht, ob er sie achtsam oder unachtsam behandelt. So wird er ein neues Auto hegen und pflegen und eine alte Rostlaube einfach beim Schrotthändler entsorgen. Läuft er über eine Wiese, dann wird er, ohne darauf zu achten, Grashalme einfach zertreten, eine schöne Blume, die dort blüht, wird er verschonen und bewundern. Ein Moskito, der ihn nervt, versucht er, totzuschlagen, einen Hund würde er in derselben Situation nur schelten oder verjagen. So entscheidet alleine der Wert darüber, ob eine Sache, eine Pflanze oder ein Tier wichtig ist oder nicht. Genauso ist es mit der Bewertung von Menschen.

Natürlich möchte ein Mensch lieber mehr wert sein als weniger. Natürlich möchte er, dass sein Verhalten lieber richtig ist als falsch, also moralisch integer. Natürlich möchte er irgendwie, irgendwann, irgendwo und für irgendwen lieber wichtig sein als unwichtig. Und so strebt er stets danach, etwas wert zu sein, ungeachtet seiner sozialen Herkunft, seines Alters, seines Geschlechts, seiner Hautfarbe, seiner Kultur, seiner Religion, seiner Bildung, seines Besitzstandes usw. In diesem Streben bedient er seine ureigene Sehnsucht nach einem erfüllten (wertvollen) Leben. Somit kann man das Streben nach dem Wert seiner eigenen Person, also das Streben nach Selbstwert, als ein Grundbedürfnis des Menschen bezeichnen. Um das Verhalten unserer Klientel besser verstehen zu können, haben wir hiermit eine erste wichtige Erkenntnis:

Selbstwert ist ein Grundbedürfnis des Menschen.

Die Feststellung, dass das Selbstwertgefühl ein Grundbedürfnis ist, begründet Branden wie folgt:

- Dass es einen wesentlichen Beitrag zum Verlauf des Lebens leistet.
- Dass es für eine normale und gesunde Entwicklung unabdingbar ist.
- Dass es zu den Dingen gehört, die für unser Überleben wichtig sind.[29]

Wenn das Streben nach Selbstwert ein Grundbedürfnis des Menschen darstellt, dann ist natürlich auch sein Denken, Fühlen und Handeln grundlegend von diesem Streben beeinflusst. Er wird innerhalb seiner Bezugssysteme nicht nur für sich selbst nach Mehrwert streben, sondern auch alle Menschen um sich herum entsprechend seinen Wertvorstellungen bewerten und behandeln. Die Art und Weise, wie der Mensch seine Umwelt wahrnimmt und wie er auf sie reagiert, hängt demnach in entscheidendem Maße davon ab, wieviel Wert er für sich selbst und für die anderen empfindet. Diese Feststellung erschließt uns eine weitere wichtige Erkenntnis:

Selbstwert ist eine grundlegende Basis für das Denken, Fühlen und Handeln eines Menschen.

Selbstwert, also der Wert, den ein Mensch für sich selbst empfindet, entsteht durch die Bewertungen, die er für sein ‚Haben‘ und sein ‚Sein‘ auf seinem Selbstwertkonto verbuchen kann. Ob ein Selbstwert also eher hoch oder eher niedrig ausfällt, hängt davon ab, ob die Bewertungen eher positiv oder eher negativ ausfallen.

Sein ‚Haben‘ beschreibt dabei den äußeren Selbstwert. Das, was er nach außen hin darstellt, wie z.B. seinen Besitz, seine Qualifikationen, seine gesellschaftliche Stellung usw. Das ‚Sein‘ beschreibt seinen inneren Selbstwert. Das, was ihn von innen her ausmacht, wie z.B. seine persönliche Integrität, seine moralische Integrität oder, einfacher ausgedrückt, seinen Charakter. Damit haben wir eine dritte wichtige Erkenntnis:

---

[29] Vgl. ebd.: S. 32.

Selbstwert entsteht durch Bewertungen, die ein Mensch auf seinem ‚Haben-Konto' (= äußerer Selbstwert) und seinem ‚Sein-Konto' (= innerer Selbstwert) verbuchen kann.

Auch die neuesten Forschungsergebnisse der Neurobiologie liefern Anhaltspunkte, die diese These untermauern. Das Motivationssystem des menschlichen Gehirns ist auf soziale Akzeptanz, Anerkennung und Kooperation und Fairness ausgerichtet. Wird es zufrieden gestellt, schüttet es Botenstoffe aus, die uns wohlfühlen und glücklich sein lassen. Ist das Verhalten eines Menschen gegen das Motivationssystem gerichtet, fehlen diese Botenstoffe, wodurch die Gesundheit dieses Menschen ernsthaft bedroht sein kann.[30]

2. Der innere Selbstwert

Im Gegensatz zum äußeren Wert eines Menschen, der an allen sichtbaren Äußerlichkeiten gemessen wird, bezieht sich der innere Wert ausschließlich auf seine persönliche und moralische Integrität. Diese fordert zuverlässiges, faires und wohlwollendes Verhalten gegenüber anderen Menschen und die Achtung ihrer Selbstbestimmung. Wieviel inneren Wert oder wieviel Charakter ein Mensch sich selbst zuschreiben kann, hängt demnach einzig und alleine davon ab, wie oft und wie gut er in seinem alltäglichen Verhalten seine persönliche und moralische Integrität wahren kann.

Integrität ist ein hohes Gut und kostet außer Mut und Ehrlichkeit gar nichts. Das ist ein großer Vorteil, denn dadurch ist sie für jeden Menschen gleichermaßen zugänglich, unabhängig von seiner Bildung, seinem Besitzstand, seinem sozialen Rang, seiner politischen, ethnischen oder religiösen Zugehörigkeit. Leider wird in unserer Gesellschaft zunehmend ein unmoralischer Egoismus hoffähig, bei dem die moralische Integrität auf der Strecke bleibt. Sie wird sogar als unzeitgemäß, weltfremd und lächerlich bezeichnet. Besonders deutlich kann man das überall da erkennen, wo es um Macht, Einfluss, Geld oder Aner-

---

[30] Vgl. Joachim Bauer (2011): „Schmerzgrenze". S. 26.

kennung geht. Und damit verschiebt sich die Wertigkeit weg vom inneren, hin zum äußeren Wert eines Menschen.

Will ein Mensch persönliche oder moralische Integrität erlangen, muss er auch wissen, wie er das bewerkstelligen kann. Dazu benötigt er Kriterien, an denen er sich orientieren kann. In diesem Zusammenhang nennen wir zwei grundsätzliche Kriterien, an denen der Mensch den inneren Wert seiner eigenen Person empfinden und bemessen kann.

a. Zuwendung, Wohlwollen und Fürsorge

Die Entwicklung der Persönlichkeit eines Menschen wird in den ersten Lebensjahren maßgeblich geprägt. Auf alles, was in dieser Zeit mit ihm und um ihn herum geschieht, hat er noch wenig Einfluss. Von Beginn an lernt er, dass sein Wohlbefinden direkt abhängig ist von der Zuwendung anderer, denn in der frühkindlichen Phase ist er ausschließlich auf seine Bezugspersonen, in der Regel die Eltern, angewiesen. Er selbst hat keinen Einfluss darauf, ob er sich etwas wert fühlen kann oder nicht. Die Bezugspersonen haben damit gewissermaßen eine Selbstwert gebende Funktion.

Wird ihm während dieser Zeit Zuwendung, Wohlwollen und Fürsorge, also Liebe, zuteil, dann fühlt er sich angenommen, er fühlt sich etwas wert. Er ist es wert, beachtet und umsorgt zu werden. Er ist es wert, geliebt zu werden. Er wird gefüttert, wenn er Hunger hat, er wird getröstet, wenn er leidet, er wird warm gehalten, wenn er friert, er bekommt seine Windeln gewechselt, wenn sie voll sind, er kann schlafen, wenn er müde ist, er bekommt Zuwendung, wenn er sich alleine fühlt, er wird gekuschelt, man redet und lacht mit ihm, er ist mittendrin und nimmt am allgemeinen Leben teil. Diese Welt ist freundlich, diese Welt fühlt sich gut an, diese Welt ist moralisch integer. Derart kann er Vertrauen in seine Umwelt und in sich selbst entwickeln, und dieses Grundvertrauen ist Selbstwert, den er so für immer erwirbt und der seine Persönlichkeit prägt.

Wenn ihm in dieser Zeit allerdings Zuwendung, Wohlwollen und Fürsorge, also Liebe, versagt bleiben und er erfährt stattdessen Ablehnung, Gleichgültigkeit und Lieblosigkeit, dann fühlt er sich nicht beachtet, nicht umsorgt, nicht angenommen. Er ist hungrig, er friert, er ist müde, er ist wundgelegen, er ist abgeschoben und er leidet. Niemand ist für ihn da, er kann schreien, so lange er will, es kommt niemand, und falls dann doch mal jemand nach ihm schaut, kommt derjenige nicht, um ihn zu trösten, sondern um das nervige Geschreie abzuschalten und seinen diesbezüglichen Ärger über ihn zu ergießen. Er ist es nicht wert, geliebt zu werden. Diese Welt ist feindlich, diese Welt fühlt sich schlecht an, diese Welt ist moralisch nicht integer. Derart kann er auch kein Grundvertrauen in das Leben erwerben. Der Selbstwert bleibt damit auf der Strecke und die Entwicklung der eigenen Persönlichkeit wird darunter leiden. Selbst wenn er später einmal von einem Menschen geliebt wird, kann er dieser Liebe nur schwer vertrauen, denn er ist es ja nicht wert, geliebt zu werden.

Moffit und zwölf weitere Kollegen begleiteten 1.000 Kinder von der Geburt bis zum Alter von 32 Jahren. Dabei stellten sie fest, dass vernachlässigte oder von Gewalterfahrung betroffene Kinder in späteren Jahren eine massiv erhöhte Bereitschaft zur Gewalt zeigen.[31] Dodge, Bates und Petit veröffentlichten 1990 eine Studie, die bei Kindern eine um das Dreifache erhöhte Aggressivität nachweist, wenn sie im Kleinkindalter von Gewalterfahrungen, Armut, elterlichen Konflikten oder Kriminalität der Eltern betroffen waren.[32] Auch Kinder, die keine Gewalt, sondern ‚nur‘ eine andauernde schwere Vernachlässigung durch ihre Eltern erleben, zeigen Veränderungen, die in Richtung Gewalt weisen.[33] Wenn Bindungen nicht ausreichend verfügbar oder bedroht sind, wenn wenig oder keine Anerkennung erlebt wird oder wenn soziale Ausgrenzung und Demütigung erlebt werden, dann kommt die Schmerzgrenze ins Spiel und es kommt es zu einer Aktivierung der Angst-, Schmerz- und Aggressionssysteme.[34] Aggressives Verhalten wiederum hat Kritik, Tadel und Züchtigung durch die Bezugspersonen zur Folge, was den angeschlagenen Selbstwert weiter schwächt.

---

[31] Vgl. Terrie E. Moffitt (2011): „A gradient of childhood self-control predicts health, wealth, and public safety", in: PNAS 108.
[32] Vgl. Kenneth A. Dodge, John E. Bates, Gregory S. Petit (1990): „Mechanisms in the Cycle of Violence", in: Science 250. S. 1678-1683.
[33] Vgl. Joachim Bauer (2011): „Schmerzgrenze", S. 83.
[34] Vgl. ebd.: S. 81.

Bezug zur Klientel:

Die meisten unserer Klienten sind in ihren ersten Lebensjahren mit einem erheblichen Mangel an positiver Zuwendung groß geworden. Ihre Biografien haben diesbezüglich alle gemeinsame Auffälligkeiten. Die Beziehungen innerhalb der Familien waren vorwiegend geprägt durch Abwesenheit, Gleichgültigkeit, Ablehnung, Lieblosigkeit, Egoismus oder Gewalt. Dieser Nährboden ist, wie beschrieben, denkbar ungünstig für die Entwicklung eines tragfähigen Vertrauens in sich und in die Welt. Moralisch integres Verhalten wünschten sie sich zwar, haben es aber nur selten erhalten. Damit haben sie auch nicht erfahren, wie solches Verhalten aussehen kann, sie haben keine Vorbilder. Dementsprechend entsteht auch ein Mangel an innerem Selbstwert. Die Folgen sind eine übersteigerte Sehnsucht nach Selbstbestätigung. Für diese Entwicklung tragen unsere Klienten allerdings keine Verantwortung, denn niemand kann sich die Familie aussuchen, in die er geboren wird. Weil sich diese frühkindlichen Versäumnisse im Laufe des weiteren Lebens nur äußerst schwer wieder gut machen lassen, bleibt den Betroffenen in der Regel nur die Möglichkeit der Kompensation.

b. Moralische Integrität

Wie wir bereits wissen, sind die moralischen Grundwerte für alle Menschen gleichermaßen bindend. Sie sind fester Bestandteil einer Persönlichkeit, denn das menschliche Gehirn besitzt einen biologisch verankerten Fairness-Messfühler.[35]

Moralische Integrität entsteht demnach durch ein Verhalten, das sich möglichst nahe an den eigenen moralischen Werten orientiert. Handelt ein Mensch selbst fair, dann fühlt er sich im Einklang mit seinen moralischen Werten. Er hat moralische Integrität bewiesen und stärkt das eigene ‚Sein'. Damit ist er mit seinem Selbst im Reinen, er kann erhobenen Hauptes in den Spiegel schauen und gibt so seinem Selbst einen Wert. Die wohlwollende Anerkennung, die sein Verhalten bei anderen auslösen kann, ver-

---

[35] E. Tricomi et al. (2010): „Neural Evidence for Inequality—averse Social Preferences", in: Nature 463. S. 1089-1092; zitiert nach Joachim Bauer (2011): „Schmerzgrenze". S. 37.

stärkt zusätzlich diesen Eindruck und stärkt zugleich seinen äußeren Wert.

Handelt der Mensch allerdings unfair, unsozial und egoistisch, dann handelt er gegen seine innere moralische Überzeugung. Neurobiologisch betrachtet, ist solches Verhalten gegen die Grundmotivationen des Menschen gerichtet, die auf soziale Akzeptanz, Kooperation und Fairness ausgerichtet ist. Damit verhindert er die Ausschüttung der lebensnotwendigen Wohlfühlbotenstoffe (Dopamin, körpereigene Opioide und Oxytocin). Dieses Verhalten ist damit nicht im Einklang mit seinem Selbst. Es fühlt sich falsch an und vermindert so den inneren Wert seiner Person

Der innere Selbstwert wird somit ausschließlich durch eigenes Verhalten gegeben oder genommen. Moralische Integrität ist damit unabhängig von äußeren Einflüssen.

Bezug zur Klientel:
Wenn das so ist, müssten alle Gewalttäter mit einem massiven schlechten Gewissen leben, denn ihr eigener moralischer Anspruch steht im direkten Widerspruch zu ihren gewalttätigen und kriminellen Handlungen gegenüber anderen Menschen. Damit es nicht zu diesem Widerspruch kommt, mit dem sie nicht leben können und auch nicht leben wollen, wird er kurzerhand aufgelöst. Und dabei wird immer der einfachste Weg gewählt. Sie rechtfertigen, verharmlosen und verdrehen ihre Taten so, dass sie letzten Endes wieder ihren eigenen moralischen Wertvorstellungen entsprechen und sie selbst als moralisch integre Menschen dastehen. Dieser massive Selbstbetrug wurde schon 1957 von Sykes und Matza erforscht und wird in der Kriminologie mit dem Begriff der „Neutralisierung"[36] umschrieben. Der Selbstwert, der dadurch entsteht, ist demnach kein echter Selbstwert. Aus diesem Grund bezeichnen wir die selbstbestätigende Wirkung, die dieser Betrug durchaus mit sich bringt, nicht als Selbstwert, sondern als „Selbstnutzen".

> „Je gesünder unser Selbstwert ist, desto geneigter sind wir, andere mit Respekt, Wohlwollen und Fairness zu behandeln, da wir sie nicht als Bedrohung empfinden, und da Selbstachtung die Grundlage für die Achtung anderer ist. Mit einem gesunden Selbstwertgefühl interpretie-

---

[36] Gresham M. Sykes und David Matza (1957): American Sociological Review, 22.

ren wir Beziehungen nicht so schnell als missgünstig und abträglich. Wir gehen an Begegnungen nicht automatisch mit der Erwartungshaltung heran, dass wir auf Ablehnung stoßen, gedemütigt, verraten oder betrogen werden. Entgegen der herkömmlichen Überzeugung, dass eine individualistische Einstellung antisoziales Verhalten fördert, zeigen wissenschaftliche Untersuchungen, dass ein gut entwickeltes Gefühl für den eigenen Wert und eine eigene Autonomie deutlich mit Freundlichkeit, Großzügigkeit, sozialer Kooperationsbereitschaft und einem Geist gegenseitiger Hilfestellung korreliert."[37]

Je mehr persönliche und moralische Integrität, also inneren Selbstwert, ein Mensch generieren kann, desto mehr fühlt er sich mit sich selbst im Reinen, desto zufriedener und erfüllter fühlt er sich in sich selbst. Auf diesem Fundament kann er den Erfolg, das Glück und die Erfüllung anderer mit Freude teilen, ohne dass Gefühle von Minderwertigkeit, Neid oder Missgunst sein Befinden vergiften. Er kann die Sorgen, die Ängste und das Leid anderer durch Zuwendung und Mitgefühl teilen, ohne dass Ignoranz und Schadenfreude sein Verhalten beeinflussen.

Hat er wenig oder gar kein inneres Selbstwertgefühl, wird er auch nur wenig oder gar keine Zufriedenheit mit sich selbst empfinden und mit Sicherheit auch wenig Erfüllung in seinem Leben spüren. Wo normalerweise ein ausgeprägter Selbstwert dem Menschen innere Stärke und Gelassenheit bescheren, entsteht innere Leere, in der sich ungehindert Unsicherheit, Minderwertigkeit, Neid, Missgunst, Hass, Ignoranz, Schadenfreude etc. breit machen können. Dies sind typische, negative und destruktive Gefühle einer im Selbstwert verletzten Person, die auf lange Sicht ihr Dasein beeinträchtigen und damit die innere Leere immer weiter vertiefen.

3. Der äußere Selbstwert

Der äußere Wert eines Menschen bezieht sich auf alles, was von außen her wahrnehmbar ist. So ist der erste Eindruck, den ich von einem Menschen habe, ausschließlich davon abhängig, was ich von ihm mit meinen äußeren Sinnen aufnehme. Was ich sehe, was ich rieche, was ich höre. Fällt diese Wahrnehmung positiv aus, verhalte ich mich diesem Menschen gegenüber eher wohl-

---

[37] Nathaniel Branden (2010): „Die 6 Säulen des Selbstwertgefühls: Erfolgreich und zufrieden durch ein starkes Selbst", S. 21-22.

wollend. Fällt sie negativ aus, wird mein Verhalten eher distanziert oder ablehnend sein. Entsprechend nimmt mein Gegenüber eine positive oder negative Wertschätzung seiner eigenen Person wahr.

Stellen Sie sich einen obdachlosen Menschen vor, der unter einer Brücke schlafen muss, weil er sich keine Wohnung leisten kann. Stellen Sie sich vor, wie er in einer Mülltonne wühlt, weil er nur noch so seinen Nahrungsmittelbedarf sichern kann. Dieser Mensch hat keine erkennbaren Qualifikationen und keinen Besitz. Seine Kleider sind alt, schmutzig und zerschlissen, und weil er sich weder waschen noch duschen kann, riecht er unangenehm. Er hat somit keinen äußeren Wert. Niemand fühlt sich zu ihm hingezogen, denn er ist unbedeutend und unwichtig. Er ist eigentlich egal. Dementsprechend fallen die Bewertungen in Gestik, Mimik und Sprache aus, die ihm entgegengebracht werden. Das, was er dabei über sich selbst empfindet, wenn er unter der Brücke schläft, in einer Mülltonne nach Essbarem suchen muss oder die Bewertungen anderer Menschen wahrnimmt, die von Mitleid über Abneigung bis hin zu Abscheu reichen, das bestimmt seinen äußeren Selbstwert.

Stellen Sie sich nun einen äußerst erfolgreichen Menschen vor, wie er die Bühne der Öffentlichkeit betritt. Wie er in einer Limousine vorgefahren wird, wobei ihm ein Chauffeur die Türe öffnet. Wie sich viele Schaulustige, Autogrammjäger und Medienvertreter um ihn drängen, um vielleicht einmal seine Hand zu schütteln. Er steigt im besten Hotel der Stadt ab, wird mit feinsten Speisen verwöhnt und alle sonstigen Wünsche werden vom zahlreichen Personal stets sofort und zu seiner vollsten Zufriedenheit erfüllt. Dieser Mensch hat Wohlstand, er hat eine exponierte soziale Stellung und man geht davon aus, dass er außergewöhnliche Qualifikationen besitzt. Damit ist er wichtig und hat einen außerordentlichen Wert. Dementsprechend fallen die Bewertungen aus, die ihm von anderen entgegengebracht werden. Das, was er dabei über sich selbst empfindet, wenn er stets wohlwollend und als außergewöhnlich wichtige Person behandelt wird, das bestimmt seinen äußeren Selbstwert.

Der äußere Wert, der einem Menschen beigemessen wird, entscheidet also darüber, wie man ihn behandelt. Ist er wichtig, dann ist er auch viel wert, und es wird ihm viel Achtung und Aufmerksamkeit entgegengebracht. Ist er weniger oder gar nicht wichtig, dann ist er auch nichts wert, wodurch Achtung und Aufmerksamkeit entsprechend weniger werden. Dieser äußere Wert zeigt uns an, wie wichtig ein Mensch innerhalb seines sozialen Systems ist. Er lässt allerdings keine Rückschlüsse auf seine moralische Integrität zu. Wer also der bessere Mensch ist, das bleibt offen, denn das kann der äußere Wert nicht beurteilen.

Diese beiden Beispiele markieren den oberen und den unteren sozialen Rand unserer Gesellschaft. Natürlich gibt es dazwischen unzählige Nuancen von unterschiedlichem Selbstwertempfinden, und selbst unsere beiden Protagonisten kennen in ihrer Welt wiederum Menschen, von denen sie sich bezüglich ihres äußeren Wertes positiv oder negativ abheben. Damit hat der äußere Selbstwert auch einen relativen Charakter, denn es gibt immer ein noch mehr und immer ein noch weniger, was letztendlich bedeutet, dass der äußere Selbstwert keine Grenzen kennt und sich nie gänzlich befriedigen lässt.

Dass man sich mit Äußerlichkeiten gut aufwerten kann, liegt auch an der Tatsache, dass sich Menschen von außen her leicht und tiefgreifend beeinflussen lassen. Wie weitreichend sich der Einfluss von außen auf das Selbstempfinden eines Menschen auswirken kann, beschreibt der indische Philosophieprofessor Chandra Mohan Jain an einem interessanten und amüsanten Beispiel.

Über die Beeinflussung des Menschen von außen hatte er seit langem einen ständig schwelenden Disput mit einem Kollegen. Dieser behauptete, er sei sich seiner Person total bewusst und könnte, wenn er das nicht wollte, nicht von anderen beeinflusst werden. Daraufhin organisierte Mohan Jain folgenden Versuch mit seinem nichtsahnenden Kollegen.

Er instruierte mehrere Studenten, die seinem Widersacher auf dessen Weg zur Universität täglich begegneten. Am verabredeten Tag, sprachen sie ihn nacheinander im Abstand von einigen Minuten auf sein kränkliches Aussehen an. Sie zeigten sich dabei besorgt bis erschrocken und rieten ihm, wieder nach Hause zu gehen oder einen Arzt aufzusuchen. Nach der ersten Begegnung war das Versuchsopfer noch gesund und gut gelaunt. Nach der zweiten begann er, sich Gedanken zu machen, und mit jeder weiteren Ansage wurde er immer blasser und fühlte sich bald nicht mehr wohl in seiner Haut. Als er am Ende seines Spießrutenlaufs endlich in der Uni ankam, machte er einen solch niedergeschlagenen und kränklichen Eindruck, dass ihm seine nichtsahnenden Kollegen ebenfalls rieten, einen Arzt aufzusuchen. Nachdem ihm der Arzt beste Gesundheit bescheinigte, ging er wieder zur Universität, wo er von seinem Kollegen Chandra und dessen Versuchsteam lächelnd empfangen wurde.

Auch für den äußeren Selbstwert braucht ein Mensch ein Bezugssystem, an dem er sich orientieren kann. Deswegen nennen wir zwei grundsätzliche Kriterien, an denen er und im Besonderen unsere Klientel den äußeren Wert ihrer eigenen Person empfinden und bemessen können.

a. Achtung und Anerkennung

Im Gegensatz zur moralischen Integrität geht es hierbei nicht darum, wie ich mich selbst sehe, sondern ausschließlich darum, wie mich andere sehen. Dies hängt zu großen Teilen davon ab, wie ich mich den anderen gegenüber verhalte oder präsentiere. Mit der fortschreitenden Entwicklung körperlicher Fähigkeiten (z.B. Laufen, Reden etc.) verlässt der Mensch das totale Abhängigkeitsverhältnis der frühkindlichen Phase. Jetzt ist er aus eigener Kraft in der Lage, soziale Beziehungen zu kreieren und kann durch eigene Entscheidungen die Entwicklung seines Selbstwertes beeinflussen.

Durch sein Verhalten und seine Leistungen kann er sich die Achtung und die Anerkennung seiner Mitmenschen verdienen. Er nährt seinen Wert aus der Zuwendung oder der Ablehnung, die er innerhalb seiner sozialen Systeme (Familie, Freunde, Arbeit, Freizeit etc.) erfährt. Mit zunehmendem Alter übernimmt er damit weitgehend selbst die Kontrolle über diesen Prozess. Ob und wie stark die Zuwendung stattfindet, hängt davon ab, ob und wie deutlich er die Erwartungen seiner sozialen Systeme erfüllen kann. Weil Selbstwert ein Grundbedürfnis des Menschen ist, strebt er deshalb nach einem Verhalten, das ihm diese Zuwendung sichert. Dieser Selbstwert ist folglich eng mit den Normen und Werten der geltenden sozialen Systeme verbunden. Achtung und Anerkennung werden durch Bewertungen von außen gegeben oder genommen. Sie sind abhängig von äußeren Einflüssen und nähren ausschließlich den äußeren Selbstwert. Denken Sie an einen Fußballtrainer, dessen Mannschaft heute ein Spiel gewinnt und morgen eins verliert. Er wird dementsprechend heute gefeiert und morgen gefeuert.

Wenn ein junger Mensch gute Leistungen in der Schule erzielen kann, dann erntet er Lob vom Lehrer, Bewunderung von den Mitschülern und große Freude seitens seiner Eltern, die ihn dafür gerne belohnen. Genauso läuft es im Sportverein, in der Musikschule, im Beruf und überall da, wo es um Leistung geht. Dabei gilt folgende Regel: Je besser die Leistung, desto größer die Achtung und Anerkennung. In entsprechendem Maße steigt dabei das Selbstwertgefühl.

Kann ein Mensch durch sein Verhalten und durch seine Leistungen nur wenig oder gar keine Achtung und Anerkennung erzielen, dann entsteht anstelle von Selbstwert Selbstwertmangel. Unsicherheit, Selbstzweifel und Selbstvorwürfe bestimmen sein Denken und Handeln. Gleichsam wachsen das Bedürfnis, auch etwas wert zu sein, und die Bereitschaft, alles dafür zu tun.

> „Bei sozial lebenden Lebewesen wie dem Menschen zählen Zugehörigkeit und Akzeptanz zu den lebenswichtigen Ressourcen. Demütigung und Ausgrenzung werden vom menschlichen Gehirn wie körperlicher Schmerz erlebt, sie tangieren die Schmerzgrenze. Daher führen beim Menschen nicht nur die Zufügung körperlicher Schmerzen oder eine physische Bedrohung zu Aggression, sondern auch alle Erfahrungen, die aus Sicht des Betroffenen einer sozialen Ausgrenzung oder persönlichen Demütigung gleichkommen."[38]

Bezug zur Klientel:

Die meisten unserer Klienten sind in der Grundschule noch leistungsbereit und können auch dementsprechend gute Ergebnisse erzielen. Im Zuge der Pubertät findet eine Interessenverschiebung zu Ungunsten der Schule statt. Aus Mangel an Anleitung, Zuwendung und Kontrolle seitens der Eltern können sie diesen Interessenwechsel hemmungslos ausleben, und so wird das Lustprinzip (Abhängen mit Freunden) zum Lebensmotto. Disziplin und Durchhaltevermögen bleiben auf der Strecke. Entsprechend

---

[38] Joachim Bauer (2011): „Schmerzgrenze". S. 65.

können sie auch die Erwartungen ihrer relevanten sozialen Systeme (Eltern, Schule, Beruf, Sportverein etc.) nur noch unzureichend oder gar nicht erfüllen. Sie erleben dort vorwiegend Misserfolge, wodurch das angeschlagene Selbstwertgefühl weiter geschwächt wird. In gleichem Maße wächst die Sehnsucht nach Achtung und Anerkennung, die jetzt nur noch in der Subkultur der Gleichgesinnten befriedigt werden kann. Es wächst eine deutliche Bereitschaft, für Anerkennung, das eigene Verhalten an den Erwartungen der Peergroup auszurichten, wodurch kriminelle Aktivitäten in den Vordergrund rücken.

b. Wohlstand

Der Wohlstand, den sich ein Mensch innerhalb eines gesellschaftlichen Systems sichern kann, ist Ausdruck seiner Stellung in dieser Hierarchie und ermöglicht ihm eine entsprechende Teilhabe am gesellschaftlichen Leben. Es steigert dadurch sein ‚Haben'. Je größer der Wohlstand, desto größer die Möglichkeit der Teilhabe. Wohlstand ist damit ein wesentlicher Bestandteil des äußeren Wertes einer Person innerhalb eines sozialen Systems.

Hätte Wohlstand nur einen repräsentativen Wert, dann wäre er gleichzusetzen mit Achtung und Anerkennung und müsste nicht extra erwähnt werden. Wohlstand hat aber auch einen hohen persönlichen Wert, denn alles, was man sich mit Geld leisten kann, ist abhängig vom Wohlstand. Z.B.: Wohnen, Kleidung, Reisen, Essen und Trinken, Ausgehen, Kultur, Sport, Kunst, Kontakte etc. Somit ermöglicht Wohlstand dem einzelnen ein Leben, das abwechslungsreicher, interessanter, intensiver, angenehmer, sicherer, bequemer, gesünder etc. sein kann. Der Grad des Wohlstands bestimmt somit wesentlich den Alltag eines Menschen. Damit gibt Wohlstand, entsprechend seiner Ausprägung, dem Leben eines Menschen ein Mehr an Qualität und Quantität und bestimmt seinen äußeren Selbstwert mit. Hat ein Mensch auf Grund seines Einkommens geringen oder gar keinen Wohlstand, kann er sich nur wenig leisten, entsprechend gering sind auch seine Möglichkeiten, am öffentlichen Leben teilzuhaben. Die Wohnqualität (z.B. Möblierung, Wohnlage) hat niedriges Niveau, Lebensmittel kauft er nur die nötigsten und billigsten, er kann sich keinen Kinobesuch leisten, kann nicht mit seiner Freundin essen gehen, kann sie nicht abholen und nach Hause bringen, weil er kein Auto hat. Er trägt gebrauchte Kleidung und geht nicht ins Fitnessstudio, denn er kann sich das alles schlicht und einfach nicht leisten. Entsprechend gering wird sein äußerer Selbstwert ausfallen.

Pugh und Hsieh entdeckten einen Zusammenhang zwischen der Mord- und Totschlagrate eines Landes einerseits und seinem Wohlstandsniveau andererseits. Je niedriger der Wohlstand, desto höher die Mordrate.[39] Moutoussis stellte fest, dass die Wohlstandsunterschiede eines Landes direkten Einfluss auf die Rate von Gewaltdelikten, Tötungsdelikten und Drogenmissbrauch haben. Je höher die Einkommensunterschiede eines Landes sind, desto häufiger sind Gewalt, Mord, Totschlag und Drogenmissbrauch.[40] Wilkinson kommt in seiner Studie „Warum ist Gewalt weiter verbreitet, wenn die Einkommensunterschiede größer sind?" zu ähnlichen Ergebnissen.[41]

> „Es ist nicht nur die Armut an sich, sondern vor allem Armut im Angesicht des Wohlstandes anderer, die Aggression nach sich zieht. Wer hungert, wenn alle hungern, wird deshalb nicht zwingend eine besondere Gewaltbereitschaft entwickeln. Eine Situation jedoch, in der die einen Not leiden, während sich andere reichhaltiger Lebensressourcen erfreuen, bedeutet Ausgrenzung und tangiert die Schmerzgrenze. Hier ist über kurz oder lang zwingend mit Gewalt zu rechnen."[42]

Bezug zur Klientel:
Unsere Klienten kommen hauptsächlich aus Familien mit einem geringen sozialen Status, in denen Wohlstand nur in bescheidenem Umfang oder überhaupt nicht vorhanden ist. Sie selbst haben häufig keine Ausbildung, sind arbeitslos oder Hartz-IV-Empfänger. Bezüglich Wohnen, Arbeiten, Essen, Kleidung, Freizeit und Kultur müssen sie auf viele Dinge verzichten, die für andere selbstverständlich sind. Aus diesem Mangel an Wohlstand entsteht auch ein Mangel an Selbstwert, der sich unangenehm,

---

[39] Vgl. Ching-Chi Hsieh und Meredith Pugh (1993): „Poverty, Inequality, and Violent Crime: A Meta-Analysis of Recent Aggregate Data Studies", in: Criminal Justice Review 18. S. 182-202.
[40] Vgl. Michael Moutoussis (2011): „Homicide rates and income inequality", in: The British Journal of Psychiatry.
[41] Vgl. Richard Wilkinson (2004): „Why is violence more common where inequality is greater?", in: Ann NY Acad Sci 1036. S. 1-12.
[42] Joachim Bauer (2011): „Schmerzgrenze". S. 66.

beschämend und zuweilen auch unerträglich anfühlen kann. Diese Gefühle entstehen insbesondere dann, wenn man täglich mit dem offensichtlichen Wohlstand Anderer konfrontiert ist. Die Situation wird als ausweglos empfunden. Lediglich die kriminelle und gewaltbereite Subkultur der Gleichgesinnten bietet erfolgversprechende Möglichkeiten, diesen unerträglichen Mangel zu beheben und damit die Selbstwertverletzung aufzuheben.

4. Selbstwert und Selbstnutzen

Wenn man nicht nur mit lauteren Mitteln und legal, sondern auch mit unlauteren Mitteln und kriminellen Machenschaften Selbstwert generieren kann, dann ist Selbstwert nicht gleich Selbstwert. Es muss also eine Bewertungsgrundlage geben, mit der man den einen von dem anderen Selbstwert unterscheiden kann. Diese Grundlage ist die persönliche und moralische Integrität. Verletzt ein Mensch in seinem Streben nach mehr Selbstwert diese Integrität, weil er andere seelisch (beleidigt, hintergeht, belügt, betrügt, bestiehlt etc.) oder körperlich (schlägt, beraubt, nötigt etc.) verletzt, dann ist der Selbstwert, den er dabei erzielen kann, kein echter, sondern ein falscher Selbstwert. Damit diese Unterscheidung auch eindeutig sichtbar ist, benutzen wir unterschiedliche Begriffe.

Habe ich auf der Basis moralischer Grundwerte durch mein Verhalten ein beachtenswertes Ergebnis erzielt, habe ich eine echte, positive Leistung vollbracht und die entsprechende Achtung, Anerkennung meiner Person oder Steigerung meines Wohlstands verdient. Habe ich mich in einer schwierigen Situation persönlich oder moralisch integer verhalten, kann ich auf dieses Verhalten stolz sein. Die äußere und innere Steigerung meines Wertes, die ich dabei erfahre und empfinde, ist echter Selbstwert.

Ist das beachtenswerte Ergebnis allerdings durch unmoralisches Verhalten entstanden, dann habe ich auch keine echte, sondern eine falsche, eine negative Leistung vollbracht. Die Steigerung meines äußeren Wertes, die sich dadurch einstellt, habe ich nicht verdient. Sie ging auf Kosten anderer. Die Wertsteigerung, die ich dabei empfinde, ist falscher Selbstwert, es ist Selbstnutzen.

Selbstwert zu erlangen bedarf immer einer entsprechenden eigenen Leistung. Das ist der schwierige aber echte Weg. Selbstnutzen dagegen geht stets auf Kosten anderer. Das ist der einfache, aber falsche Weg.

> „Ich teile nicht die Auffassung, wonach Selbstwertgefühl ein Geschenk ist, das wir nur einfordern müssen (etwa durch die Wiederholung von Affirmationen). Im Gegenteil: Hinter seinem Besitz steht eine Leistung."[43]

Ein Beispiel aus dem Alltag.

Denken Sie an ein lukratives Geschäft, das ihnen angeboten wird. Die Sache ist völlig legal, hat aber trotzdem einen Haken, denn sie funktioniert nur, weil dabei ahnungslose Dritte benachteiligt, also regelrecht über den Tisch gezogen werden. Nehmen Sie dieses Angebot an, dann verdoppeln Sie ihre Investitionen und stärken damit Ihren äußeren Wert. Gleichzeitig schwächen Sie ihren inneren Wert, weil Sie sich Dritten gegenüber unfair verhalten. Ihr Finanzberater denkt an seinen Bonus und wird dieses Verhalten als clever und geschickt loben. Ein guter Freund dagegen sorgt sich um Ihr Seelenheil und wird Sie an ihre moralische Integrität erinnern. Lehnen Sie das Angebot allerdings ab, dann passiert genau das Gegenteil. Ihr Finanzberater wird Sie mitleidig belächeln und Ihr Freund wird sich über Ihr moralisch integres Verhalten freuen.

Ein Mensch ist demnach häufig im Zwiespalt zwischen äußerem und innerem Selbstwert, zwischen moralisch integer und unmoralisch egoistisch. Zwischen Selbstwert und Selbstnutzen, wobei in unserer heutigen Gesellschaft die moralische Integrität immer öfter auf der Strecke bleibt. Die meisten unserer Klienten nehmen bei der Ausübung von Gewalt diesen Zwiespalt gar nicht mehr wahr, weil sie von ihren Freunden dafür nicht Kritik, sondern Anerkennung erfahren. Es gäbe dementsprechend noch unzählige andere Beispiele für diesen Konflikt, und seit Goethes Faust wissen wir auch, dass das ein uraltes Problem des Menschen ist.

---

[43] Nathaniel Branden (2010): „Die 6 Säulen des Selbstwertgefühls: Erfolgreich und zufrieden durch ein starkes Selbst". S. 18.

Bezug zur Klientel:
Unsere Klienten lügen, stehlen, rauben, schlagen und töten, um ihren äußeren Selbstwert zu stärken. Damit erlangen sie allerdings ausschließlich Selbstnutzen. Der Mangel an innerem Selbstwert oder, anders ausgedrückt, das schlechte Gewissen, das dabei entsteht, wird durch die Achtung und Anerkennung in der Subkultur der Gleichgesinnten und durch Statussymbole kompensiert. Das funktioniert gut und das machen alle Betroffenen, ob sie nun kriminelle Gewalttäter sind oder unmoralische, egoistische Finanzjongleure. Mit diesem Selbstbetrug können sie zwar ihren äußeren Wert aufpolieren, die moralische Integrität allerdings nicht ersetzen, denn sie ist eine feste und unumstößliche Größe, ein menschliches Grundbedürfnis. Der innere Selbstwert, das Gefühl, mit sich selbst im Reinen zu sein, lässt sich also durch Betrug nicht herstellen.

Fazit:
Selbstwert oder, einfacher ausgedrückt, sich selbst etwas wert zu fühlen, ist ein Grundbedürfnis des Menschen, das in entscheidendem Maße sein Denken, sein Fühlen und sein Handeln beeinflusst. Durch den Grad an Zuwendung, Wohlwollen und Fürsorge, durch das Empfinden von moralischer Integrität, durch die Achtung und Anerkennung anderer und durch seinen Wohlstand erfährt der Mensch den Wert seiner selbst. Achtung, Anerkennung und Wohlstand taugen als äußere Selbstwertkriterien gut zur Kompensation, denn sie können auch mittels Egoismus, Gewalt und Kriminalität generiert werden. Die eigene moralische Integrität bleibt dabei allerdings auf der Strecke und kann nur noch durch Selbstbetrug gewährleistet werden. Derartiges Verhalten orientiert sich damit nicht am Wert, sondern ausschließlich am Nutzen einer Handlung. Selbstnutzen taugt nicht zur Lösung eines Selbstwertproblems, sondern lediglich zu dessen Kompensation und damit zur Erhaltung des Status quo.

5. Selbstwertmangel

> „Je mehr ich mich mit der Frage des Selbstwertgefühls beschäftigte, desto klarer erkannte ich, dass es sich dabei um ein tiefgreifendes und starkes menschliches Bedürfnis handelt. Ein Bedürfnis, das wesentlich für eine gesunde Anpassungsfähigkeit und damit entscheidend ist, um optimal funktionieren und sich optimal selbstverwirklichen zu können. Was umgekehrt heißt, dass wir in diesem Maße leiden und in unserer Entwicklung gehemmt werden, wie diesem Bedürfnis nicht Rechnung getragen wird."[44]

Wenn Selbstwert ausbleibt, entsteht Selbstwertmangel. Wenn ein Mensch an Selbstwertmangel leidet, denkt er aus unterschiedlichsten Gründen von sich selbst nichts Positives. Er traut sich nichts zu, er hat nichts gelernt, er ist nicht beliebt, er ist nicht intelligent, er sieht nicht gut aus, er ist zu schwach, kurzum, er ist nicht genug wert. Dieser Zustand ist verletzend und bringt negative Gefühle hervor, die unbedingt aufgelöst werden müssen. Wenn sich aber die Ursachen des Mangels nicht mehr beheben lassen, so wie das häufig bei unserer Klientel der Fall ist, muss dieser Mangel kompensiert werden. Einerseits wird man dadurch die Minderwertigkeitsgefühle los, und andererseits kann man den Mangel vor anderen Menschen verstecken, denn wäre er deutlich erkennbar, würde dies einer erneuten Selbstwertverletzung gleichkommen.

Stellen Sie sich vor, jemand ist sauer auf Sie und nennt Sie vor versammelter Mannschaft einen Versager. Sie aber wissen, dass Sie Ihr Leben bisher äußerst erfolgreich gestaltet haben. Natürlich ist Ihnen diese Situation unangenehm und Sie würden sich wahrscheinlich fragen, warum dieser Jemand so etwas sagt. Aber würden Sie sich in diesem Moment auch angegriffen, beleidigt oder erwischt fühlen? Ich denke nicht, denn diese Aussage trifft bei Ihnen keinen wunden Punkt. Wenn Sie aber tief in Ihrem Inneren wissen, dass Sie ein Versager sind, weil Sie, als es darauf ankam, tatsächlich versagt haben, dann würde Sie diese Aussage verletzen, denn Sie trifft ein persönliches Problem. Haben Sie zudem zur Vertuschung Ihres Versagens vor Ihren Freunden Erfolg nur vorgetäuscht, kann Sie eine solche Aussage bis ins innerste Mark erschüttern, denn Ihre Fassade droht zu bröckeln.

---

[44] Ebd.: S. 10-11.

Der Mensch ist demnach besonders empfindlich bei berechtigter Kritik, wenn er sein Gesicht verlieren könnte, also sein Versagen nicht wahrhaben oder vertuschen will. Dann fühlt er sich erwischt und geht in eine massive Abwehrhaltung, um eine erneute Selbstwertverletzung zu verhindern.

a. Konsequenzen von Selbstwertmangel

Je mehr Misserfolge und Versagen, also Mangel an Selbstwert, produziert werden, desto mehr wunde Punkte entstehen. Damit vergrößert sich die Angriffsfläche für Kritik und Selbstwertverletzungen – wie ein Segel, in das der Wind bläst. Je größer das Segel, desto schneller bewegt der Wind das Boot. In unserem Beispiel bedeutet dies: Je größer die Angriffsfläche ist, desto häufiger wird das Selbst verletzt.

Diesen Kreislauf, der sich nicht nur in die negative, sondern auch in die positive Richtung bewegen kann, beschreibt Branden mit einfachen Worten:

> „Das Niveau unseres Selbstwertgefühls hat Einfluss darauf, wie wir handeln; und wie wir handeln hat Einfluss auf unser Selbstwertgefühl."[45]

Jede erneute Herabsetzung und jede weitere verzweifelte und vergebliche Gegenreaktion erlebt und empfindet ein im Selbstwert verletzter Mensch als erneute Niederlage. Er steckt in einem Teufelskreis fest, der seine Problematik immer weiter vertieft und sein diesbezügliches Erleben traumatisiert. Die Sehnsucht nach Anerkennung und sich etwas wert zu fühlen nimmt so immer mehr Raum ein, bis sie irgendwann sein Denken, sein Fühlen und sein Handeln weitgehend bestimmt. Damit ist er hoch sensibilisiert für Herabsetzungen aller Art. Als erste Konsequenz von Selbstwertmangel können wir folgende Feststellung treffen:

Selbstwertmangel erhöht die Sensibilität
für Selbstwertverletzungen.

Menschen mit einem schwachen Selbstbewusstsein sind leichter gekränkt und fühlen sich durch kleinste Anlässe infrage gestellt

---

[45] Ebd.: S. 18.

und provoziert. Mit zum Teil völlig übersteigert aggressiven Reaktionen überkompensieren sie ihre Angst, nicht ernst genommen zu werden.[46]

> „Vernachlässigte oder an Gewalterfahrungen gewöhnte Kinder erleben die Welt als einen gefährlichen Ort. Sie interpretieren, wie Studien zeigen, ihre Umwelt – insbesondere die ihnen begegnenden Menschen – auch dann als feindselig, wenn tatsächlich keine Gefahr zu erwarten wäre."[47]
>
> „Wer auf Grund früherer, meist in den Kinderjahren erlittener Verletzungen keine tiefe Verbundenheit mit anderen Menschen fühlen kann, hat als Erwachsener bei schwierigen Alltagssituationen schneller als andere das Gefühl, abgelehnt oder verachtet zu werden. Er (oder Sie) wird häufiger eine ‚gefühlte Zurückweisung' erleben. Entsprechend schneller ist bei solchen Personen die Schmerzgrenze erreicht und entsprechend steigt das Risiko einer aggressiven Reaktion."[48]

Situationen, wie ein versehentliches Anrempeln oder ein ungewollter Blickkontakt, die man normalerweise entspannt übersieht oder freundlich deeskaliert, werden von unserer Klientel häufig als Provokationen empfunden. Deshalb sind auch ihre Reaktionen auf diese vermeintlichen (subjektiv empfundenen) Angriffe stets übertrieben und für Außenstehende nicht nachvollziehbar. Entsprechend negativ fallen dann auch die Kommentare und Bewertungen der Beteiligten für diese unangebrachten Reaktionen aus. Der Protagonist empfindet das nicht als konstruktive Kritik, sondern als erneute Selbstwertverletzung. Der Versuch, das Selbstwertproblem zu lösen, wird somit zum Bumerang und bewirkt das Gegenteil. Zur Vermeidung weiterer traumatischer Erlebnisse bleibt ihm nur noch die Möglichkeit der Kompensation. Dabei wird er Situationen vermeiden, in denen er sich als Verlierer fühlt, und Situationen suchen, die ihn zum Gewinner machen.

b. Kompensation von Selbstwertmangel

Die effektivste Möglichkeit, einen Mangel an Selbstwert zu beheben, wäre, die Ursache für diesen Mangel zu beseitigen. Das Ver-

---

[46] Vgl. Joachim Bauer (2011): „Schmerzgrenze". S. 93.
[47] Dodge KA, Bates JE (1990): „Mechanisms in the cycle of violence", S. 1678-1683; zitiert nach: Joachim Bauer (2011): „Schmerzgrenze". S. 83.
[48] Mark R. Leary, Jean M. Twenge, Erin Quinlivan (2006): „Interpersonal Rejection as a Determinant of Anger and Aggression", in: Personality and Social Psychology Review 10, No. 2. S. 111-132; zitiert nach: Joachim Bauer (2011): „Schmerzgrenze". S. 69-70.

sagen müsste in diesem Fall durch Erfolge ersetzt werden. Wenn der betroffene Mensch dazu allerdings nicht in der Lage ist, bleibt ihm immer noch die Möglichkeit der Kompensation. In diesem Fall stehen ihm im Wesentlichen drei Varianten zur Verfügung, die sich grundsätzlich voneinander unterscheiden. Die defensive Kompensation, die offensive Kompensation und die Kompensation mittels Alkohol und Drogen.

1. Die defensive Kompensation

Der defensive Typ ist nicht der klassische Gewalttäter. Er reagiert stets passiv und vermeidet Selbstwertverletzungen, indem er sich potentiellen Konfliktsituationen erst gar nicht aussetzt. So lebt er vorzugsweise zurückgezogen, ist schüchtern und geht sozialen Kontakten, die ein entsprechendes Risiko bergen, aus dem Weg. Kommt es trotzdem zu Selbstwertverletzungen, unterdrückt er die negativen Gefühle. Die aufgebauten Aggressionen werden nicht ausgelebt und der neurobiologische Aggressionsapparat bleibt hochgefahren. Anstatt der eigentlich fälligen Äußerung von Aggression entwickelt sich nun eine Situation, die zu Angststörungen oder depressiven Erkrankungen führen kann.[49]

Trotzdem kommt es vereinzelt vor, dass auch ein defensiver Typ zum Gewalttäter wird, denn der Druck der aufgestauten Aggressionen kann so stark werden, dass er sich in einer einmaligen, gewalttätigen Handlung spontan entlädt.

Ich erinnere mich an einen sehr schüchternen jungen Mann, der wegen versuchten Totschlags eine mehrjährige Haftstrafe absitzen musste und zur Teilnahme an einem AAT aufgefordert wurde. Er ist, abgesehen von ein paar harmlosen Jugendsünden, zuvor nie mit dem Gesetz in Konflikt gekommen. Aufgewachsen in einem sozialen Brennpunkt, war sein Freundeskreis einer ethnischen kriminellen Subkultur zuzuordnen. Wegen seiner schüchternen und passiven Haltung (bei Schlägereien und kriminellen Aktivitäten blieb er stets passiv im Hintergrund) war er das letzte Glied in der Gruppe und wurde dementsprechend behandelt. Hänseleien und Demütigungen waren an der Tages-

---

[49] Vgl. Joachim Bauer (2011): „Schmerzgrenze". S. 64.

ordnung und so träumte er immer wieder davon, auch einmal als Held gefeiert zu werden.

Als sich dann auf dem Parkplatz eines Fast-Food-Restaurants wieder einmal eine Schlägerei mit einer verfeindeten Gruppe junger Männer ergab, hielt er sich wie immer im Hintergrund und blieb ängstlich im Auto sitzen. Die Auseinandersetzung war ausgeglichen und hatte keinen eindeutigen Sieger. Deswegen zogen sich schon nach kurzer Zeit alle Teilnehmer zu ihren Autos zurück, um ihre Blessuren zu versorgen. Jetzt bekam er erneut die Enttäuschung seiner Freunde zu spüren, denn sie warfen ihm unehrenhaftes Verhalten vor und machten ihn für den beschämenden Ausgang der Auseinandersetzung mit verantwortlich. In diesem Moment war der Damm bei ihm gebrochen. Er stieg aus dem Auto, holte sich aus dem Kofferraum einen massiven Wagenheber (ca. 3,5 kg schwer), ging zur feindlichen Gruppe und schlug von hinten mit voller Wucht mehrmals auf Kopf und Oberkörper des nächststehenden Gegners ein. Dieser Angriff kam für alle Beteiligten völlig überraschend. Das Opfer hatte nicht die geringste Chance zur Gegenwehr und ging blutüberströmt und lebensgefährlich verletzt zu Boden. Alle Teilnehmer waren über diese unvermittelte und brutale Attacke so erschrocken, dass sie in ihre Autos flüchteten und den Ort des Geschehens mit quietschenden Reifen verließen.

Diese defensive Variante der Kompensation nährt im Grunde auch das Prinzip des Amokläufers, mit dem Unterschied, dass bei ihm die Aggressionsentladung nicht durch eine aktuelle Selbstwertverletzung spontan beginnt und genauso spontan wieder endet, sondern von langer Hand geplant und vorbereitet in einem omnipotenten Showdown zelebriert wird.

Amerikanische Studien über School Shootings zeigen, dass speziell Amokläufer an Schulen über einen längeren Zeitraum massive Selbstwertverletzungen erdulden mussten. 81% aller Täter fühlten sich gekränkt und 71% ausgegrenzt. Bei 13 von 15 School Shootings war eine vorherige Ausgrenzung oder Demütigung von Bedeutung und als zentrales Motiv für die Tat wurde die Wiedererlangung von Respekt ermittelt.[50]

Auch deutsche Täter waren junge Männer mit einem bereits bestehenden erheblichen Selbstwertproblem.

> „Die meisten deutschen Täter waren Einzelgänger, empfanden sich unter ihresgleichen als Außenseiter, viele fühlten sich von Gleichaltrigen nicht respektiert, gehänselt oder ausgegrenzt." (1)

> „Kennzeichnend für junge Männer, die Amokläufe begangen haben, ist eine typische Kombination von 1.einer vorbestehenden schweren psychischen Belastung (insbesondere Selbstwertproblematik und Depression) 2. einer subjektiv als ausgrenzend und demütigend erlebten aktuellen Situation und 3. eines mentalen Gewalttrainings durch Gewaltmedien, d.h. einer Vorbereitung auf die Ausübung von Gewalt in der Fantasie."[51](2)

Auch der Amokläufer ist also ein im Selbstwert existenziell verletzter Verlierer. Allerdings sucht er die große Bühne, denn er will ein Fanal für die Ewigkeit setzen. Er will einmal im Leben das Gefühl auskosten, dass er größer, stärker und vor allem mächtiger ist als seine vermeintlichen Peiniger.

2. Die offensive Kompensation

Um von seinem eigentlichen Versagen (Schule, Ausbildung, Beruf etc.) abzulenken, strebt der offensive Typ Erfolge auf anderen Schauplätzen an. Damit sichert er sich die Achtung und die Anerkennung, die ihm ursprünglich verwehrt blieben, und gleicht so seinen Mangel an Selbstwert aus. Auf diese Weise sind schon viele große Karrieren zustande gekommen.

Denken Sie mal an Ihre Schulzeit zurück und erinnern sich an den unsportlichsten Mitschüler Ihrer Klasse, der wegen seiner tollpatschigen Bewegungen ständig gehänselt und ausgelacht wurde. Das ist ein klassischer Fall von Selbstwertproblematik und das haben die meisten von uns entweder als Opfer, als Täter oder als Zuschauer selbst schon erlebt. Diese Art der Selbstwertverletzung sitzt in der Regel sehr tief, was aber nicht bedeuten

---

[50] Vgl. Mark R. Leary Robin M. Kowalski, Laura Smith und Stephen Phillips (2003): „Teasing, rejection, and violence: Case studies of the school shootings", in: Aggressive Behavior 29. S. 202-214.

[51] Joachim Bauer (2011): „Schmerzgrenze". S. 89f. (1)

[51] Joachim Bauer (2011): „Schmerzgrenze". S. 90f. (2)

muss, dass der Betroffene automatisch als Verlierer endet. Viele von ihnen konnten später in anderen Bereichen, z.B. im Berufsleben, in der Wissenschaft, in Kunst und Kultur, erhebliche Erfolge verbuchen und damit ihren ursprünglichen Mangel ausgleichen und vergessen machen.

Ein nahezu märchenhaftes Beispiel für die positive Aufarbeitung einer tiefsitzenden Selbstwertproblematik demonstrierte der Engländer Michael Edwards. Als Kind war er wegen seiner dicken Brillengläser gehänselter Außenseiter, der davon träumte, einmal Teilnehmer der Olympischen Spiele zu sein. Mit viel Mut, noch mehr Disziplin und einem unbändigen Durchhaltevermögen kämpfte er sich durch Misserfolge in verschiedenen Sportarten, bis er schließlich beim Skispringen landete. Trotz vieler Rückschläge, Stürze und Verletzungen nahm er 1988 als erster und einziger englischer Skispringer an den olympischen Winterspielen in Calgary teil, wo er als „Eddie The Eagle" Weltruhm erlangte. Er war in beiden Springen mit großem Abstand letzter, wurde aber von den Zuschauern und den Medien als Held gefeiert, denn sein Ziel war nicht der Sieg über die anderen Teilnehmer, sondern der Sieg über seine vermeintliche Schwäche.

Für diese Art der Kompensation sind auf jeden Fall Disziplin und Durchhaltevermögen nötig, denn man muss dabei Erfolge in der legalen Welt erzielen. Aber wie wir wissen, fehlen unseren Klienten dafür wichtige Voraussetzungen. Wie sollen sie, die aus Mangel an Disziplin und Durchhaltevermögen ausschließlich Misserfolge und damit ein fettes Selbstwertproblem geschaffen haben, plötzlich Erfolge erzielen, wenn sie doch dafür gerade Disziplin und Durchhaltevermögen benötigen? Damit sind sie in einer misslichen Lage, denn auf der einen Seite können sie die Ursachen ihres Problems nicht sehen und auf der anderen Seite verhindern genau diese Ursachen die eigentliche Lösung.

Der offensive Typ repräsentiert den klassischen, sozialisierten Gewalttäter. Um seinen angeschlagenen Selbstwert aufzupäppeln, muss er ständig Respekt und Ehrerbietung für sich einfordern. Im Gegenzug fällt es ihm schwer, anderen gegenüber Respekt und Ehrerbietung zu zeigen, denn das käme einer Unterordnung gleich und würde den angeschlagenen Selbstwert weiter schwächen. So reagiert er stets aggressiv auf Selbstwertverletzungen und sucht geradezu den sozialen Kontakt, damit er seine scheinbare Unverletzlichkeit und Stärke möglichst häufig demonstrieren kann. Er wird sich mit allen ihm zur Verfügung stehenden Mitteln (Polemik, Sarkasmus, Beleidigung oder Gewalt) gegen jede Art von Niederlage oder Peinlichkeit stellen, damit sein Mangel an Selbstwert für andere nicht sichtbar und für ihn selbst nicht spürbar wird. Dabei wird er sich einerseits aufspielen und größer machen als er ist und andererseits jedes Verhalten, das auch nur ansatzweise so aussehen könnte, als wäre es gegen seine Person gerichtet, aggressiv bis gewalttätig zurückweisen.

So werden z.B. Anweisungen von Vorgesetzten nicht als Notwendigkeit zur Aufrechterhaltung der betrieblichen Produktivität gesehen, sondern als eine Herabsetzung der eigenen Person. Weil unsere Klienten in der Arbeitshierarchie häufig an unterster Stelle stehen, kommt es auch immer wieder zu solchen Konflikten, die nicht selten in einem Arbeitsplatzverlust enden. Das wiederum schwächt erneut den angeschlagenen Selbstwert.

Denken Sie an den klassischen Spruch, „Was guckst du?" als Reaktion auf einen zufälligen Augenkontakt. Viele Menschen (speziell Jugendliche) mit einem massiven Selbstwertproblem empfinden den ungewollten Augenkontakt als Konkurrenzgehabe oder Herausforderung. Mit dem Spruch, „Was guckst du?" wird die vermeintliche Herausforderung angenommen und gleichzeitig eine Warnung ausgesprochen. Wendet sich der Angesprochene ab und zieht sich zurück, ist nicht nur die Selbstwertverletzung abgewendet, sondern gleichzeitig auch ein Sieg errungen. Der potentielle Gegner hat den „Schwanz eingezogen". Reagiert der Angesprochene selbst aggressiv, muss er verbal oder körperlich in seine Schranken verwiesen werden, damit eine Selbstwertverletzung vermieden wird.

Beide Reaktionen sind unseren Klienten willkommen, denn beide bieten die Möglichkeit, sich kurzfristig aus der Verliererrolle in die Siegerposition zu erheben.

Eine weitere und bei Gefangenen auch beliebte Methode der offensiven Kompensation ist das Kraftsporttraining. Ein muskulöser Körper bedient gleich dreifach die Sehnsucht nach mehr Selbstwert. Zum ersten signalisiert er Größe, Stärke und Macht, zum zweiten signalisiert er Gefahr und verhindert dadurch mögliche Angriffe und zum dritten bedient er das in diesen Kreisen gängige Schönheitsideal. In allen drei Fällen ist dem Betroffenen die Anerkennung der anderen sicher.

Verbotener Blickkontakt und Muskelgehabe erinnern doch ein wenig an die Rangordnungsrituale der Gorillas und so ist es letzten Endes auch. Trotzdem gehört dieses Gehabe zur Standardausrüstung im Verhaltensrepertoire der meisten Gefangenen und lässt sich auf den Gängen unserer Justizvollzugsanstalten immer wieder beobachten.

Viele meiner Klienten würden an dieser Stelle einwenden, dass sie selbst nicht so primitiv denken und handeln. Das ist schon richtig, gilt aber meistens nur für die Momente, in denen sie mit mir alleine in einem Raum sitzen. Sobald sie sich wieder unter ihresgleichen bewegen, werden die alten Verhaltensmuster erneut lebendig. Vielleicht wollen sie es selbst gar nicht, fühlen sich aber durch das Verhalten der anderen dazu genötigt.

3. Kompensation durch Alkohol und Drogen

Die wohl am meisten verbreitete Variante der Kompensation von Selbstwertproblemen ist die Einnahme von Alkohol oder Drogen. Beides sind Stimulanzien, die in kürzester Zeit einen Gemütszustand radikal verändern können und sich dadurch hervorragend eignen, ungewollte Gefühle und Gedanken, zumindest vorübergehend, loszuwerden.

Viele kennen das vielleicht auch aus ihrer Jugend. Sie haben, z.B. um ihre Stimmung zu heben, mal an einem Joint gezogen, der während einer Party herumgereicht wurde. Oder Sie haben sich Mut angetrunken, um eine Situation zu meistern, an die Sie sich nüchtern nicht herangewagt hätten. So haben Sie sich vielleicht nach zwei bis drei Schnäpsen endlich getraut, das begehrte Mädchen anzusprechen, das Sie sonst nur aus sicherer Entfernung verstohlen beobachtet hätten. Für die meisten Menschen hat das, abgesehen von einem eventuellen Kater am nächsten Tag, auch keine größeren Auswirkungen.

Für unsere Klienten allerdings sind Alkohol und Drogen gefährlicher, denn sie bieten das ideale Mittel, von den eigenen Problemen abzulenken. Zudem sind Alkohol und Drogen einfach zu bekommen und einfach zu handhaben. Um eine positive Wirkung zu erlangen, muss ich mich weder anstrengen noch mein Leben verändern. Und weil das so schön einfach ist, verbirgt sich darin ein hohes Suchtpotenzial. Das ist wohl auch der Grund, weshalb sozial schwache Bevölkerungsschichten vom Alkohol- und Drogenmissbrauch besonders betroffen sind und damit eine Risikogruppe darstellen, wobei dieses Risiko in Korrelation mit den Einkommensunterschieden in der Bevölkerung weiter ansteigt.[52]

Hinzu kommt, dass bei Menschen mit einem hohen Aggressionspotenzial Alkohol und bestimmte Drogen diese Aggressionen in Alarmbereitschaft versetzen und gleichzeitig die Hemmschwelle, also die Kontrolle über diese Aggressionen, herabsetzen. Diese fatale Kombination wirkt wie ein Katalysator und führt immer wieder zu sinnlosen und äußerst brutalen Gewaltexzessen. Aus der Befragung unserer Klientel wird deutlich, dass der sogenannte weiße Alkohol, also Schnaps, Wodka etc., und Kokain besonders gefährlich sind. Beides in Kombination hat erfahrungsgemäß die verheerendste Wirkung. Die „mildernden Umstände", die es für Taten unter Alkohol- oder Drogeneinfluss in der Rechtsprechung gibt, spielen in der KGA keine Rolle. Hier muss der Protagonist die volle Verantwortung übernehmen. Schließlich hat er den Alkohol und die Drogen mit dem Wissen über ihre Wirkung freiwillig konsumiert.

Neurobiologisch betrachtet erhöht Alkohol in niederen und mittleren Dosen die Impulsivität, zugleich vermindert er die dämpfende Wirkung der Top-down-Control des Aggressionsapparates und beeinträchtigt so die Fähigkeit, die späteren Folgen des eigenen Tuns abzuschätzen. In höheren Dosen hebt er die Steuerungsfähigkeit der betroffenen Person vollständig auf.[53]

Fazit:
Selbstwertmangel ist ein spürbares Defizit, das erhebliche Probleme mit weitreichenden Konsequenzen verursachen kann. Gewalttäter haben im Laufe ihres Lebens auf die eine oder andere

---

[52] Vgl. Michael Moutoussis (2011): „Homicide rates and income inequality", in: The British Journal of Psychiatry.
[53] Vgl. Joachim Bauer (2011): „Schmerzgrenze". S. 106.

Weise einen erheblichen Mangel an Selbstwert entwickelt, dessen Ursachen ihnen nicht bewusst sind. Aus diesem Grund können sie den Mangel auch nicht beheben, sondern nur kompensieren. Kompensation ist dazu geeignet diesen Mangel kurzfristig zu verdrängen, aber niemals kann sie ein massives Selbstwertproblem endgültig auflösen. Zudem birgt die Kompensation bei unserer Klientel die erhöhte Gefahr für massive Gewalttaten.

6. Die Selbstwertverletzung als Aggressionsauslöser

Selbstwertverletzungen kennen wir alle. Sie sind nicht angenehm, sie verletzen, sie tun weh. Trotzdem gehören sie zum Leben, denn sie leisten auch einen wichtigen Beitrag zu einer realistischeren Selbsteinschätzung. In diesem Zusammenhang können sie auch die Motivation für überfällige oder notwendige Verhaltensveränderungen sein, wie z.B. während des therapeutischen Settings der Spiegelung in der KGA.

Wenn Selbstwertverletzungen allerdings auf eine Person treffen, die bereits ein massives Selbstwertproblem mit sich herumschleppt, können sie auch zu Aggressionsauslösern werden. Auslöser von Gewalt sind stets subjektiv empfundene Selbstwertverletzungen. Die Demütigung oder Ausgrenzung, die diese Menschen dabei empfinden, ist so gravierend, dass sie nur noch mittels Gewalt ausgeglichen werden kann.

Aus Sicht des Gehirns wird die Schmerzgrenze, die den Aggressionsapparat in Gang setzt, nicht nur dann überschritten, wenn physischer, also körperlicher, Schmerz zugefügt wird, sondern auch dann, wenn ein Mensch sozial ausgegrenzt oder gedemütigt wird.[54] Neurobiologisch gesehen sind Aggressionsauslöser Selbstwertverletzungen, die die Schmerzgrenze tangieren.

Bei der Analyse von weit über 1.000 Gewalttaten wurde deutlich, dass sie alle ausnahmslos durch Selbstwertverletzungen ausgelöst wurden. Dabei unterscheiden wir grundsätzlich zwischen zwei Möglichkeiten, der direkten und der indirekten Selbstwertverletzung.

---

[54] Vgl. ebd.: S. 58f.

a. Die direkte Selbstwertverletzung und ihre Kompensation

Sie entsteht im direkten Kontakt mit anderen Personen, z. B. durch eine Beleidigung, Ausgrenzung, ein Anrempeln, einen Angriff, eine falsche Geste, einen falschen Blick. Der Betroffene fühlt sich dadurch in seinem Wert herabgesetzt, also ungerecht behandelt. Die klassischen Gewaltauslöser bei jungen Männern sind Beleidigungen, die gegen ihre eigene Familie gerichtet sind, wobei das Schimpfwort „Hurensohn" den eindeutigen Spitzenplatz einnimmt. Auf meine Frage, wer denn bei dieser Beleidigung sofort zuschlagen würde, melden sich ca. fünf von sechs AAT-Teilnehmern. Der Beleidiger stellt sich über den Beleidigten und damit entsteht ein Ungleichgewicht im Wert der beteiligten Personen. Die gewalttätige Reaktion auf die Selbstwertverletzung soll den herabgesetzten Wert des Beleidigten wiederherstellen und im Gegenzug den Wert des Verursachers entsprechend herabsetzen.

Direkte Selbstwertverletzungen werden meistens zeitnah, also direkt, kompensiert. Dies geschieht stets durch massive verbale und/oder tätliche Angriffe gegen den Verursacher. In diesem Fall beschert die Tat an sich die ersehnte Selbstwerterhöhung. Der Moment des Sieges gibt dem Täter das Gefühl, über dem Opfer zu stehen, d.h. der Täter ist oben, stark und mächtig, und der Verursacher ist unten, schwach und ausgeliefert. Sein Handeln empfindet der Täter als richtig, also gerecht. Er hat ja nur auf eine vorausgegangene Demütigung reagiert. Aus diesem Grund ist in solchen Fällen bei den Tätern Empathie für das Opfer nur sehr schwer herzustellen.

Wenn wir uns jetzt an die beiden jungen Münchner U-Bahn-Täter erinnern, die einen wehrlosen Rentner fast zu Tode geprügelt hatten, haben wir ein klassisches Beispiel für eine direkte Selbstwertverletzung. Der alte Mann rügte sie, weil sie trotz Rauchverbots geraucht hatten. Diese berechtigte Rüge wurde von den beiden jungen Männern als massiver Angriff auf ihre Persönlichkeit erlebt. Sie fühlten sich in ihrer Freiheit eingeschränkt und in ihrem persönlichen Wert derart herabgesetzt, dass sie nur noch mit extremer Gewalt gegen den Verursacher ihren angeschlagenen Selbstwert wiederherstellen konnten.

Die massive Gewalt, die hier freigesetzt wurde, hat mit dem Auslöser selbst nichts mehr zu tun. Sie hat ihre Ursache in früheren, unerledigten Selbstwertverletzungen, die lediglich an einen anderen Ort und in eine andere Zeit verschoben wurden.[55]

b. Die indirekte Selbstwertverletzung und ihre Kompensation

Sie entsteht, weil die eigene Person in ihrem Wert oder Status allgemein als minderwertig (ausgegrenzt, nicht dazugehörig, ungerecht behandelt etc.) empfunden wird, z.B. in der Gruppe nicht genügend anerkannt, zu wenig Geld, zu wenig Bildung, zu wenig Chancen, zu wenig Statussymbole, suchtabhängig etc. Der Protagonist erhofft sich, dass er über die Anwendung von Gewalt die notwendige Anerkennung erzielen oder die notwendigen Mittel erbeuten kann, die die Kompensation seines Selbstwertmangels ermöglichen.

Diese Art der Selbstwertverletzung wird nicht spontan und direkt ausgelöst, wie z.B. bei einer Beleidigung, sondern sie geschieht permanent und schleichend. Sie baut sich langsam auf, bis die Demütigung und Ausgrenzung die Schmerzgrenze erreicht hat. Dann wird der Aggressionsapparat aktiviert und es wird eine Reaktion erfolgen. Solche Selbstwertverletzungen werden deshalb meistens zeitlich versetzt, also indirekt kompensiert. Dies geschieht durch Raub, Erpressung, Diebstahl etc. In diesem Fall bescheren erst die Folgen der Tat die gewünschte Aufwertung der eigenen Person. Die Tat an sich bringt vielleicht im Dunstkreis der kriminellen Subkultur Anerkennung, aber erst die erbeuteten materiellen Werte ermöglichen den Erwerb von Statussymbolen oder Suchtmitteln, durch die der ursprüngliche Mangel an Wert und Status zumindest vorübergehend kompensiert werden kann.

An dieser Stelle erinnere ich noch einmal an den Bankräuber, dessen Frau sich prostituierte, um ihn in seiner schwierigen finanziellen Situation zu unterstützen. Er fühlte sich dadurch in seinem persönlichen Wert derart herabgesetzt, dass er nur noch in der unmittelbaren Beendigung seiner finanziellen Misere eine Lösung sehen konnte. Der Bankraub war dann die logische Kon-

---

[55] Vgl. ebd.: S. 76.

sequenz, denn es war die einzige Möglichkeit, an das Geld zu gelangen und seinen Selbstwert gegenüber seiner Frau wiederherzustellen.

c. Kompensation ist nur eine Scheinlösung

Kurzfristig gesehen ist Gewalt also für den Täter erfolgreich, denn er kann für eine gewisse Zeit von seinem Makel ablenken. Weil Gewalttäter in der Regel einen erheblichen Mangel an Disziplin und Durchhaltevermögen aufweisen, ist alles, was schnellen Erfolg bringt, die ideale Verhaltensstrategie. Die Selbstwertproblematik an sich aber bleibt ihnen dabei erhalten und so beginnt dieses Spiel immer wieder von neuem.

Langfristig gesehen ist Gewalt also keine Lösung. Das ursächliche Problem bleibt ungelöst und das innere Selbstwertgefühl wird weiter geschwächt, denn moralisch gesehen sind Gewalt und kriminelles Verhalten stets feige und schwach. Und spätestens wenn die Eltern der Täter ihre tiefe Enttäuschung über das Verhalten ihrer Söhne zum Ausdruck bringen, schämen sie sich auch für ihre Taten, und es wird ihnen klar, dass sie gegen ihre moralischen Grundsätze gehandelt haben. Außerdem wird Kriminalität über kurz oder lang den Täter für Jahre hinter Gitter bringen, wodurch er seine Würde und seine Freiheit verliert. Gewalt ist also nicht nur Auswirkung, sondern auch Ursache massiver Selbstwertproblematik. Gewalt ist demnach eine Spirale, die die Problematik nicht auflöst, sondern weiter vertieft.

Bevor wir mit dem Kapitel „Selbstwert" zum Ende kommen, möchte ich noch ein typisches Beispiel aus der AAT-Praxis vorstellen, das die Wechselwirkung von Selbstwertmangel, Selbstwertverletzung, Kompensation durch Alkohol und latenter Aggressionsbereitschaft verdeutlicht.

David (24 Jahre, Name geändert) wurde wegen versuchten Totschlags zu vier Jahren Haft verurteilt. Er stammt aus einer wohlhabenden, gut bürgerlichen Familie, hatte aber mit erheblichen Selbstwertproblemen zu kämpfen, denn er konnte in der Schule und im Berufsleben die hohen Erwartungen seiner Eltern nie erfüllen. Dieses Versagen versuchte er mit Alkohol, Drogengeschäften und kleinkriminellen Machenschaften zu kompensieren. Daraus resultierten acht Vorstrafen, die alle im Bundeszentralregister eingetragen sind. Weil er seiner Familie endlich beweisen wollte, dass er auch legal erfolgreich sein konnte, versuchte er sich zuletzt als Makler im Immobiliengeschäft. Allerdings hielt sich auch hier der Erfolg in überschaubaren Grenzen.

Am Wochenende der Tat hatte er das Oktoberfest in München besucht und dort einige Maß Bier getrunken. Entsprechend alkoholisiert und mit einer erheblichen Selbstwertproblematik belastet war er in der U-Bahn unterwegs zum Hauptbahnhof, wo er seine Heimreise nach Frankfurt antreten wollte. Nachdem er sich eine Zigarette angezündet hatte, wurde er von einigen Fahrgästen mit deutlichen Worten darauf hingewiesen, dass er das gefälligst lassen solle. In seinem Selbstwert verletzt, sah er sich wie ein kleiner Junge gemaßregelt und ignorierte diese Beschwerden. Zu diesem Zeitpunkt fühlte er sich überlegen und dachte: „Diese Bauerntölpel haben mir, dem Immobilienmakler aus Frankfurt, überhaupt nichts zu sagen." Als Reaktion auf seine arrogante Ignoranz drängten ihn die Fahrgäste an der nächsten Haltestelle mit Nachdruck aus der U-Bahn. Durch diese Nötigung fühlte er sich in seinem sowieso schon angeschlagenen Selbstwert weiter verletzt. Außer sich vor Wut spuckte er, als Ausdruck seiner Verachtung, dem ihm am nächsten stehenden Fahrgast voll ins Gesicht und lief weg. Der Bespuckte fühlte sich nun selbst gedemütigt und lief hinter ihm her. Als David die Verfolgung bemerkte, fühlte er sich bedroht und wollte sich verteidigen. So drehte er sich plötzlich um und schlug dem verdutzten Verfolger ansatzlos und mit voller Wucht ins Gesicht. Dieser ging benommen zu Boden und wurde von David gleich mit Fußtritten traktiert, um ihn kampfunfähig zu machen. Er wollte so die Gefahr für sich selbst so gering wie möglich halten. Der Verfolger versuchte noch mehrmals, zurückzuschlagen, und hielt David dabei auch an den Beinen fest. David konnte sich aber immer wieder mit Händen und Füßen erfolgreich gegen diese Attacken wehren. Als der Verfolger keine Anstalten mehr machte, wieder aufzustehen, war sich David sicher, dass ihm nichts mehr passieren würde und lief weg. Soweit die Erinnerungen von David.

In Frankfurt angekommen, hörte er in den Nachrichten von einer brutalen Attacke in der Münchner U-Bahn und der Fahndung nach dem Täter. Nachdem ihm klar wurde, dass er damit gemeint war, meldete er sich sogleich bei der Münchener Polizei, um den Sachverhalt richtigzustellen. Schließlich war er der Verfolgte, der sich nur gewehrt hatte. Die Polizei hatte ihm empfohlen, so schnell wie möglich zu kommen, um den Tathergang aufzuklären. Dort angekommen, wurde er sofort verhaftet und mit dem Überwachungsvideo konfrontiert, welches das ganze Ausmaß der Attacke aufgezeichnet hatte. Folgendes war zu sehen:

Man sah, wie David von Fahrgästen aus der U-Bahn gedrängt wurde und wie er daraufhin dem späteren Opfer mit einer ausladenden Körperbewegung voll ins Gesicht spuckte. Danach lief er weg. Das Opfer lief ihm ca. zehn Meter hinterher, als David sich plötzlich umdrehte und ihn mit einem gezielten Fausthieb mitten ins Gesicht niederschlug. Als das Opfer benommen wieder aufstehen wollte, trat er ihm mehrmals gegen Körper und Kopf, sodass er wieder zu Boden ging. Das wiederholte sich mehrmals, bis das Opfer in seiner Verzweiflung die Beine von David festhielt, um seine Tritte zu verhindern. David befreite sich von dieser Umklammerung und trat erneut mit voller Wucht gegen das Opfer, das sich inzwischen kaum noch bewegen konnte. Als das Opfer erneut versuchte, den Kopf zu heben, ging David einige Schritte zurück, um dann erneut mit Anlauf gegen den Kopf seines Kontrahenten zu treten. Danach ging ein Passant dazwischen und hielt David fest, um den wehrlosen Mann am Boden vor weiteren Attacken zu schützen. David befreite sich aber immer wieder, um erneut auf das Opfer einzutreten. Nach zwei Minuten ständiger Schläge und Tritte ließ David schließlich vom Opfer ab und verließ die U-Bahn-Station. Das Opfer hatte etliche Verletzungen, die über den ganzen Körper verteilt waren. Einige Knochenbrüche waren so schwerwiegend, dass sie dauerhafte Behinderungen nach sich zogen.

David konnte nicht glauben, was er in dem Video sah. Gäbe es diese Aufnahmen nicht, hätte er jeden, der ihm so etwas angelastet hätte, als infamen Lügner bezeichnet. Einen objektiven Sachverhalt deutlich zu machen ist immer schwierig, weil er von den Beteiligten stets subjektiv wahrgenommen wird. So hat jeder Täter eine plausible Rechtfertigung für seine Tat und jedes Opfer sieht sich grundlos angegriffen. Wenn aber Drogen und Alkohol im Spiel sind, was häufiger der Fall ist, dann wird es umso schwieriger. Hat man keine Videoaufnahmen, muss man anhand von Verletzungen, von unabhängigen Zeugenaussagen und von Ungereimtheiten in der subjektiven Tatschilderung den objektiven Sachverhalt nüchtern und logisch sichtbar machen, damit Schuldeinsicht entsteht, oder, anders ausgedrückt, moralisch nicht integres Verhalten sichtbar wird.

Der Tathergang und sein moralisches Fehlverhalten waren für David kein Thema, sie waren durch das Video unumstößliche Wahrheit. Allerdings konnte David nicht verstehen, dass er so etwas überhaupt getan hatte. Es passte so gar nicht zu dem Bild, das er von sich selbst hatte. Er wollte unbedingt verstehen, wie das passieren konnte. Mit den Methoden der KGA wurden ihm die Zusammenhänge deutlich gemacht, damit ihm so etwas nie mehr passiert. In wenigen Sätzen zusammengefasst, führte das zu folgendem Ergebnis.

Die hohen Erwartungen seiner Eltern einerseits und die vielen Misserfolge andererseits führten zu einem ständig nagenden Mangel an Selbstwert. David entwickelte dadurch eine große Angriffsfläche und eine hohe Sensibilität für Herabsetzungen. Die Ermahnungen der U-Bahn-Fahrgäste nahm er dementsprechend nicht als berechtigte Kritik, sondern als Angriff auf den Wert seiner Person und als erneute Selbstwertverletzung wahr. Weil der erhebliche Alkoholkonsum die subjektive Wahrnehmung verstärkte und gleichzeitig seine Fähigkeit zur Aggressionskontrolle reduzierte, hatte die lange aufgestaute Wut ungebremste, freie Bahn.

Die notwendigen Veränderungen in seinem Verhalten waren jetzt klar und deutlich sichtbar. Einige Wochen nach der Therapie schrieb er uns einen kurzen Brief, den ich hier vollständig zitieren möchte:

„Sehr geehrter Herr Heyder, sehr geehrter Herr Freisler,
mit erfolgreichem Abschluss des ‚Anti-Aggressivitäts-Trainings' möchte ich mich bei Ihnen für ihr Engagement und ihre Hilfe bedanken. Sicherlich war es nicht einfach mit mir, an mir zu arbeiten. Umso mehr schätze ich das Resultat. Durch die Therapie in der Gruppe und insbesondere durch die sogenannte ‚Spiegelung' habe ich viel über mich und über andere Menschen gelernt. Die Videoaufnahme von der ‚Spiegelung' wird mir definitiv in Zukunft helfen.

Vielen Dank!

Sie beide sind ein tolles Team und ich wünsche Ihnen viel Erfolg in Ihrer Zukunft. Falls Sie in folgenden Gruppen, bei ähnlichen Typen, meine Hilfe wünschen, stehe ich Ihnen gerne jeder Zeit zu Verfügung.

Hochachtungsvoll, David Wolfen"

Fazit:

Das subjektive Gefühl, in seinem Selbstwert verletzt zu sein, geht stets als Auslöser einem gewalttätigen Verhalten voraus. Wir unterscheiden hierbei die direkte und die indirekte Selbstwertverletzung. Gewalt ist nur ein kompensatorisches Mittel, das den verletzten Selbstwert des Täters kurzfristig wiederherstellen kann. Langfristig lässt sich damit ein Selbstwertproblem nicht auflösen, sondern nur noch weiter vertiefen.

Anmerkung:
Nahezu alle meiner Klienten hatten eine mehr oder minder massive Selbstwertproblematik. Das bedeutet allerdings nicht, dass jeder Mensch, der in ungünstigen Familienverhältnissen groß wird, automatisch auch zum Gewalttäter oder Kriminellen wird. Ich kenne etliche Beispiele aus der Praxis, wo sich Geschwister massiv delinquenter Gewalttäter trotz identischer Erziehungsvoraussetzungen äußerst erfolgreich und in legalem Rahmen entwickelt haben. Wenn wir auf Grund dieser Erkenntnisse eine Regel für sozialisierte Gewalttäter aufstellen wollen, kann sie nur folgendermaßen lauten:

Selbstwertproblematik führt nicht zwangsläufig zu Gewalt, aber Gewalt hat immer etwas mit einer Selbstwertproblematik zu tun.

TEIL 2: DIE AUSWIRKUNGEN DER ERKENNTNISSE AUF DIE KLIENTEL

Auf der einen Seite wissen wir, dass gewalttätiges Verhalten stets unfair, also gegen die moralischen Grundwerte gerichtet ist. Wir wissen auch, dass diese moralischen Grundwerte grundsätzliche und unveränderbare Ansprüche sind, die für alle Menschen, also auch für unsere Klienten, gleichermaßen Gültigkeit haben. Und wir wissen, dass das Streben nach Selbstwert ein Grundbedürfnis des Menschen ist, das sein Denken, Fühlen und Handeln grundlegend mitbestimmt, insbesondere dann, wenn Selbstwertmangel vorherrscht.

Auf der anderen Seite wissen wir, dass unsere Klienten mit ihrem Verhalten auf der legalen Bühne des Lebens hauptsächlich Misserfolge erzielen und dadurch anstelle von Selbstwert nur einen erheblichen Mangel an Selbstwert entwickeln. Wir wissen auch, dass sie diesen Mangel nur noch auf der illegalen Bühne kompensieren können. Und wir wissen, dass die kriminellen Verhaltensweisen, die dazu benötigt werden, im Widerspruch zu ihren moralischen Ansprüchen und persönlichen Zielen stehen.

Unter welchen Bedingungskonstellationen dieses widersprüchliche Verhalten entsteht und welche Bedeutung das für die Entwicklung einer effektiven Behandlungsmethode hat, sind die Fragen, die in diesem Abschnitt beantwortet werden.

Das Dilemma

Wenn durch ein Verhalten Probleme erzeugt werden, die nicht gewollt sind, und der Versuch, diese Probleme zu lösen, keine Lösung, sondern nur weitere Probleme bringt, haben wir es mit einem negativen Kreislauf, einem echten Dilemma zu tun.

1. Das ideale Selbstbild und das reale Selbstbild

Bevor das eigentliche Dilemma unserer Klientel nachvollziehbar beschrieben werden kann, muss zunächst eine Begriffserklärung eingefügt werden. Ideal-Selbst (I-S) und Real-Selbst (R-S) sind geläufige Begriffe, die häufig und in den verschiedensten Zusammenhängen benutzt werden. In unserem Thema umschreiben sie einen Sachverhalt, den unsere Klienten kurzfristig zu ihrem Vorteil nutzen, der ihnen aber langfristig zum Nachteil gereicht. Um eventuellen Missverständnissen vorzubeugen, werden diese Begriffe in enger Anlehnung an die personenzentrierte Theorie von Carl Rogers und unserem Thema entsprechend definiert und näher erläutert.

- **Ideal-Selbst** ist das Denkmuster einer Person, das die Persönlichkeitsmerkmale oder Charaktereigenschaften repräsentiert, die diese Person als erstrebenswert oder ideal betrachtet.
- **Real-Selbst** sind die Verhaltensweisen, die eine Person aus ihrem aktuellen, kognitiv und emotional gesteuerten Handlungsrepertoire tatsächlich abrufen kann.

Im günstigsten Fall strebt eine Person im realen Leben das Ideal an, sodass die Kluft zwischen Ideal und Realität immer kleiner wird und dadurch persönliches Wachstum entsteht. Mit dem persönlichen Wachstum erhält diese Person neue Eindrücke und Erfahrungen, die wiederum auf das angestrebte Ideal horizonterweiternd einwirken und es verändern. Somit entsteht ein dynamischer Wachstumsprozess, in dem sich ein Mensch zur Reife entwickelt. Weichen I-S und R-S zu weit voneinander ab, kann es zu Minderwertigkeitsgefühlen und anderen psychischen Störungen kommen.[56]

Denken Sie beispielsweise an Ihre Kindheit zurück und überprüfen, wie oft sich Ihr Berufswunsch, also das, was Sie einmal werden wollten, mit ständig neuen Eindrücken und Erfahrungen geändert hat, bis Sie schließlich das wurden, was Sie heute sind. Das I-S hat somit eine Selbstwert steigernde Funktion, weil es ein Verhalten unterstützt, das eine positive Weiterentwicklung fördert. Je näher diese Verhaltensweisen dem angestrebten Ideal kommen, desto zufriedener ist diese Person mit sich selbst und steigert dadurch in gleichem Maße das eigene Selbstwertgefühl. Je weiter sich allerdings diese Verhaltenswei-

---

[56] Vgl. Carl Rogers (1973): „Entwicklung der Persönlichkeit".

sen vom Ideal entfernen, desto unzufriedener ist diese Person mit sich selbst. Entsprechend reduziert sich der empfundene Wert der eigenen Person.

Um den eigenen Selbstwert möglichst hoch zu halten, strebt der Mensch bei der Beurteilung seines Verhaltens stets ein positives Bild an. Das eigene Verhalten soll möglichst ideal sein, also moralisch integer, mutig, außergewöhnlich, erfolgreich, intelligent etc. Weil das Verhalten in der Realität aber eher selten diese Ansprüche erfüllt, wird es kurzerhand entsprechend zurechtgebogen, also idealisiert.

Wir machen uns gerne besser als wir sind, und wir kennen das alle. So haben wir doch alle schon mal eine Schuld abgestritten, um nicht als schlechte Kinder, falsche Freunde, unkollegiale Kollegen oder untreue Beziehungspartner dazustehen. Oder wir haben bei der Schilderung außergewöhnlicher Erlebnisse die nüchterne Wahrheit ein wenig aufpoliert, damit die Geschichte plakativer wird.

So wurde z.B. der Felsen, von dem aus wir todesmutig ins Meer gesprungen sind, einfach ein paar Meter höher, oder der Angreifer, gegen den wir uns in einer brenzligen Situation zur Wehr setzen mussten, größer, breiter und stärker. Auch bei der Rechtfertigung für begangene Peinlichkeiten werden objektive Sachverhalte abgemildert, indem die Verantwortung einfach dem Alkohol oder dem Einfluss anderer zugeschoben wird. Das machen wir alle mehr oder weniger unbewusst, weil wir vor den anderen und vor uns selbst als bessere Menschen dastehen wollen. Wir idealisieren unser Selbstbild, um den Wert der eigenen Person möglichst hoch zu halten.

Nun ist das alles noch ganz normal und gehört auch zum Wachstumsprozess eines Menschen, wenn er bereit ist, sein reales Verhalten kritisch zu reflektieren, und sein Ideal nicht aus den Augen verliert. Wenn allerdings das idealisierte Selbstbild die Sicht auf die eigenen Fehler, das reale Selbst, verhindern soll, wird ein innerer Dialog (Vergleich zwischen I-S und R-S) und somit auch Wachstum verhindert.

Hier ein Beispiel:

Ich führte in einer JVA der Sicherheitsstufe 1 ein Anti-Aggressivitäts-Training für eine Gruppe Sicherheitsverwahrter Gewalttäter durch. Einer der Teilnehmer hatte sich seine Taten über mehr als zehn Jahre schön geredet, sodass er am Ende zu 100 Prozent selbst vom Wahrheitsgehalt seiner Geschichten überzeugt war. Robert (Name geändert) war unter anderem wegen Geiselnahme, schwerer und gefährlicher Körperverletzung und Kindesmisshandlung verurteilt worden.

Auf der einen Seite schilderte er mit unterschwelligem Stolz die neunstündige, brutale Geiselnahme eines mutmaßlichen Verräters. Er und seine Gangster hatten dem Opfer unter anderem über dreißig Knochenbrüche zugefügt, sodass es anschließend mehrere Monate im Krankenhaus verbringen musste. Vor der Therapiegruppe wollte er damit seinen Ruf als gefürchteter Anführer einer kriminellen Vereinigung untermauern.

Auf der anderen Seite wollte er kein Kindesmisshandler sein und erzählte immer wieder, dass die erheblichen Verletzungen seiner Stieftochter von einem Treppensturz her rührten, den er zu seiner Rechtfertigung wiederholt in allen Einzelheiten schilderte.

Alles in allem hatte er mit diesen Geschichten seinen Selbstwert den eigenen Wertvorstellungen entsprechend aufgewertet. Hätte er während der letzten zehn Jahre nur einmal mit logischem Verstand sein Urteil gelesen, dann wäre ihm klar geworden, dass seine Tatschilderungen nur der Aufrechterhaltung seines idealisierten Selbstbildes dienen und mit der Realität wenig zu tun haben, denn die nüchternen Tatsachen erzählen eine ganz andere Geschichte. Die Geiselnahme war zwar äußerst brutal, aber das Opfer trug außer einigen Quetschungen und Risswunden nur zwei Brüche davon und wurde ohne Spätfolgen nach einer Woche aus dem Krankenhaus entlassen. Seine Stieftochter wurde nach Monaten der andauernden und schweren Misshandlungen von Einsatzkräften aus seiner Wohnung befreit und mit dem Rettungshubschrauber ins nächste Krankenhaus gebracht. Sie hatte neben alten, schlecht verheilten Brüchen etliche neue, schwere Verletzungen, die über den ganzen Körper verteilt waren und so einen lebensgefährlichen Gesamtzustand verursachten.

Zudem hatte er seine Lebensgefährtin und Mutter des Kindes sowie seine zweite Stieftochter massiv unter Druck gesetzt, damit sie das Treppensturzmärchen vor Gericht bestätigten.

Nach mehr als zehn Jahren Idealisierung seines Selbstbildes glaubte er voll und ganz an seine eigenen Märchen. Nachdem ich ihm die nüchternen Tatsachen aus dem Urteil mehrfach vorgelesen hatte, wollte er es immer noch nicht wahr haben, denn diese Wahrheit erschütterte sein gesamtes Weltbild.

In solchen Fällen belügt der Mensch sich selbst und es entsteht nicht Selbstwert, sondern ausschließlich Selbstnutzen. Werden dabei noch die Würde und die Selbstbestimmung anderer Menschen verletzt, wie das bei unserer Klientel häufig der Fall ist, entstehen unkalkulierbare Auswirkungen auf das Leben aller Beteiligten. Nun haben wir ein Dilemma, aus dem sich der Betroffene selbst nicht mehr befreien kann.

2. Der moralische Selbstbetrug

Wie groß das Dilemma unserer Klienten ist, verdeutlicht der Widerspruch zwischen ihrem moralischem Anspruch und ihrem tatsächlichem Verhalten. Sie alle sind fest davon überzeugt, trotz ihrer massiven Gewalttaten nette, freundliche, hilfsbereite und zuverlässige Jungs zu sein. Genau das sind die Persönlichkeitseigenschaften, die sie sich im Anamnesegespräch und in schriftlichen Aufgaben selbst zuschreiben. Wie dieser Selbstbetrug entsteht und warum er für die Betroffenen so schwer zu erkennen ist, sind die Fragen, die es zu klären gilt, wenn wir zielgerichtet und erfolgsorientiert an diesem Problem arbeiten wollen.

Bei gewalttätigen Kriminellen ist es für einen Außenstehenden nicht besonders schwer, diesen Widerspruch zu erkennen. Von außen betrachtet, lässt sich leicht feststellen, ob es zwischen den moralischen Ansprüchen und dem tatsächlichen Verhalten Unterschiede gibt und wie ausgeprägt diese sind. Für die Betroffenen selbst ist diese Sichtweise allerdings nicht möglich, denn sie können dieses Problem ja nicht von außen betrachten. Sie selbst stellen das Problem dar, und je größer dieses Problem ist, desto weniger wollen sie es sehen. Je ausgeprägter der innere Widerspruch ist, umso unerträglicher fühlt er sich an, umso weniger kann man damit leben, umso größer ist der Drang, ihn nicht wahr haben zu wollen.

Mittels Rechtfertigungen, Verharmlosungen, selektiver Wahrnehmungen oder schlichtweg durch Lügen wird das unmoralische Verhalten in moralisch integres Verhalten verwandelt. Dieser Selbstbetrug wird damit regelrecht zum Überlebensmuster. Auch alle bisher geschilderten Gewalttaten taugen als klassische Beispiele für dieses Betrugsmanöver.

Denken Sie z.B. an den Bankräuber, der niemand geschlagen hat, dessen Waffe ungeladen war und der sogar ein weinendes Kind tröstete. Oder an den in seiner Ehre verletzten Discobesucher, der mutig, eins gegen eins, den wesentlich größeren, stärkeren und kampfgeschulten Türsteher besiegte. Beide redeten sich ihr äußerst brutales und menschenverachtendes Verhalten schön. Der eine wurde so vom maskierten, lebensbedrohenden Verbrecher zum rücksichtsvollen Gentleman-Räuber und der andere vom brutalen, hinterlistigen Gewalttäter zum heldenhaften Einzelkämpfer.

3. Der persönliche Selbstbetrug

Erfolge in der legalen Welt sind durch Leistung, Ausdauer und Disziplin zu erreichen, wie z.B. ein guter Schulabschluss, eine gute Ausbildung, ein fester Arbeitsplatz usw. Eine anspruchsvollere Arbeit sowie eine bessere Entlohnung mit entsprechendem Lebensstandard, eine bessere soziale Stellung und damit eine Stärkung des Selbstwerts sind die spürbaren und nach außen hin sichtbaren Anzeichen dieses Erfolgs.

Solche Erfolge wünschen sich auch unsere Klienten, allerdings können sie die dazu notwendige Ausdauer und Disziplin nicht aufbringen. Diese Leistung ist für eine misserfolgsorientierte Persönlichkeit zu anstrengend und zu unbequem. Dazu müsste sie z.B. jeden Tag um 6.00 Uhr aufstehen, zur Arbeit fahren und acht Stunden gute Leistungen abliefern. Sie würde erst am Abend zurückkommen und früh zu Bett gehen, damit sie am nächsten Tag wieder fit ist, um ihre Verpflichtungen aufs Neue zuverlässig erfüllen zu können. Aber genau das kann sie nicht.

Der moralische Selbstbetrug ist demnach nicht der einzige Widerspruch, den unsere Klienten irgendwie kompensieren müssen. Tatsächlich erscheinen sie jedem professionellen Helfer wie gespaltene Persönlichkeiten, wenn sie einerseits vor dem Richter, vor dem Bewährungshelfer oder in pädagogischen und psychologischen Maßnahmen voll Überzeugung als persönliche Ziele ein straffreies Leben, eine Ausbildung, eine sichere Arbeit, den Führerschein, ein Auto, eine glückliche Familie, kein Ärger mit der Polizei, kein Ärger mit dem Gericht und vor allem keinen Knast nennen, aber sich andererseits im realen Leben genau gegenteilig verhalten und alles dafür tun, dass genau diese Ziele unerreichbar bleiben.

Zu Beginn einer KGA bestätigen ausnahmslos alle Teilnehmer ernsthaft und voll Überzeugung ihre Absicht, in Zukunft straffrei zu leben. Wenn ich dann nachfrage, wer von ihnen schon einmal inhaftiert war und wer sich damals auch vorgenommen hatte, nicht mehr straffällig zu werden, bestätigen das alle, die schon einmal inhaftiert waren. Einige sind zum zweiten Mal inhaftiert, viele sind schon öfter im Gefängnis gewesen, und mein Rekordhalter verbüßte bereits seine siebte Haftstrafe. Allesamt hatten sie sich voll Überzeugung jedes einzelne Mal vorgenommen, nicht mehr rückfällig zu werden, und bei allen ist das offensichtlich immer wieder schiefgegangen. Wenn ich dann weiter nachfrage, wer denn davon überzeugt ist, dass er es dieses Mal schaffen wird, dann bestätigen das wiederum alle. Auf meine Frage, ob sie sich schon mal ernsthaft darüber Gedanken gemacht haben, warum es bisher nie geklappt habe und was sie deswegen zukünftig anders machen müssen, haben sie allerdings keine Antwort.

Dass sich Menschen für einen Weg entscheiden, den sie eigentlich gar nicht wollen und den sie deswegen verleugnen müssen, kommt doch einem massiven Selbstbetrug gleich. Angesichts dieser offensichtlichen Widersprüche stellen sich einige Fragen.

1. Wer sind diese Menschen?
2. Warum verhalten sie sich so?
3. Warum verstehen sie diesen Widerspruch nicht?

Diese Menschen kommen mit vielen Enttäuschungen, Zurückweisungen und Demütigungen, also mit einem erheblichen Mangel an Selbstwert im Gepäck, in die Pubertät. In diesem Lebensabschnitt suchen sie, wie alle anderen auch, ihren Platz in der Hierarchie des sozialen Umfelds und müssen sich in besonderem Maße beweisen. Die übersteigerte Sensibilität für Herabsetzungen und der entwicklungsbedingte Testosteronschub lassen die aufgestauten Aggressionen schnell in Gewalt umschlagen. Sie werden auffällig und prügeln sich wegen Kleinigkeiten. Sie sind sich selbst überlassen, machen keine Hausaufgaben mehr, lernen nicht mehr für Schulaufgaben, fallen leistungsmäßig zurück, stören den Unterricht und bleiben schließlich ganz fern. Sie gehen auch nicht mehr in ihren Sportverein, wo sie ihre Aggressionen konstruktiv ausleben könnten, sondern hängen lieber mit Gleichgesinnten ab, mit denen sie Alkohol und Drogen ausprobieren und erste kleinere Straftaten begehen. Niemand kontrolliert ernsthaft ihr Verhalten oder reagiert konsequent mit entsprechenden Erziehungsmaßnahmen. Sie leben nach dem Lustprinzip und sind dementsprechend unzuverlässig. Sie haben kein Durchhaltevermögen und vernachlässigen im Alltag wichtige Verpflichtungen. Sie schlafen gerne bis in den Mittag und verbringen die Nächte vorzugsweise vor dem Bildschirm.

Mahnende Worte der Eltern, der Lehrer oder offizieller Mitarbeiter des Jugendamts oder der Justiz sowie das ab und zu aufkommende Gefühl, alles falsch zu machen und seine Zukunft zu zerstören, werden als äußerst unangenehm empfunden und stören massiv die Bequemlichkeit des Lustprinzips. Mit Alkohol, Drogen und passiver Unterhaltung (Filme, Spielkonsole etc.) werden die ungewünschten Gefühle verdrängt und das Lustprinzip erhalten.

Das so entstehende Versagen wirkt sich im ökonomischen und sozialen Status negativ aus. Weil sie keine Schule, keine Ausbildung und keine Fördermaßnahmen durchhalten können, enden sie in der Arbeitswelt auf der untersten Hierarchiestufe. Hier sind sie ausschließlich Befehlsempfänger und wechseln ständig zwischen schlecht bezahlten, unangenehmen Hilfstätigkeiten und Arbeitslosigkeit. Um diese erneute Selbstwertverletzung zu vermeiden, gehen sie irgendwann überhaupt nicht mehr arbeiten. Dementsprechend haben sie auch nur wenig oder gar kein Geld mehr zur Verfügung. D.h., sie können sich all die Statussymbole (Markenkleidung, Auto, Ausgehen, Schmuck, attraktive Freundin etc.) nicht leisten, die in ihrem Umfeld notwendig sind, um den Wert der eigenen Person nach außen zu dokumentieren. Das bereits angeschlagene Selbstwertgefühl wird so weiter geschwächt und vergrößert wieder die Sensibilität für Selbstwertverletzungen. Die Sehnsucht nach mehr Selbstwert wird unerträglich und erreicht irgendwann die Schmerzgrenze. Jetzt muss etwas passieren.

Erhöhte Gewaltbereitschaft und Delinquenz sind die Folgen. Sie schlagen, rauben, stehlen, betrügen, nehmen und/oder handeln mit Drogen usw. Damit wechseln sie in der Hierarchie die Seiten, denn sie erzielen dadurch in der illegalen Welt ihrer Subkultur die ersehnte Aufwertung ihrer Persönlichkeit. Die erbeuteten materiellen Vorteile werden sofort in Statussymbole eingetauscht (z.B. Auto, Schmuck, Kleidung) und als Beweis der eigenen Fähigkeiten nach außen zur Schau gestellt. Sie sichern die nötige Achtung und Anerkennung in der Außenwelt. Die lang ersehnte Selbstwertbestätigung stellt sich ein, und damit ist alles gut. Es gibt keinerlei Notwendigkeit zur Veränderung.

Die für derartige Straftaten nötigen destruktiven Persönlichkeitsanteile, wie z.B. Brutalität, Feigheit, Rücksichtslosigkeit oder Menschenverachtung, werden als solche nicht erkannt. Sie werden in der Subkultur der Gleichgesinnten durch positive Charaktereigenschaften aus dem eigenen IS ersetzt, z.B.:

- Ich bin clever, weil ich leicht zu Geld gekommen bin, wie z.B. durch Einbruch, Diebstahl, Raub, Dealen.
- Ich bin erfolgreich, weil ich mir etwas leisten kann, wie z.B. Markenklamotten, ein Auto, Schmuck, in der Disco auf den Putz hauen.
- Ich bin etwas wert, weil ich respektiert werde, weil ich z.B. ein cooler Typ bin, der sich nichts gefallen lässt und sich mit Gewalt Respekt verschafft.

Aus dem Verlierer wird ein Gewinner. Sein Verhalten ist erfolgreich und es gibt absolut keinen Grund, es zu verändern.

Ich bin in Ordnung, meine Welt ist in Ordnung, ich sehe keinen Grund mich zu verändern.

Mit diesem Selbstverständnis stolpern unsere Klienten von einer Straftat zur nächsten. Sie denken immer weniger über die Konsequenzen nach und kriminelles Verhalten wird zum Alltag. Auch der lange Atem des Jugendrechts signalisiert keine Gefahr. Ich habe immer wieder erwachsene Gewalttäter in meinen Kursen, die sich im Jugendalter von der Justiz eine deutlichere Zäsur, einen sogenannten Wachrüttler gewünscht hätten. Immer wiederkehrender Ärger mit der Familie, mit der Polizei, mit dem Gericht oder gar Freiheitsentzug sind die Folgen.

Der damit verbundene Leidensdruck macht nachdenklich, und unsere Klienten erkennen in der eigenen Lebensführung erste Fehler und geloben vor dem Richter, vor der Familie, vor der Freundin und vor allem vor sich selbst Besserung.

Ich bin in Ordnung, aber ich habe Fehler gemacht, deshalb werde ich mich bessern.

Das Selbstverständnis hat sich nun zwar geändert, weil Fehler eingestanden werden, aber die Grundvoraussetzung für eine radikale Veränderung des eigenen Lebens, nämlich das Erkennen der Ursachen für die gemachten Fehler, ist damit nicht gegeben. Mit der Aussage „Ich bin in Ordnung" werden die eigenen destruktiven Persönlichkeitsanteile nach wie vor hartnäckig geleugnet und verdrängt. Die misserfolgsorientierten Handlungsstrategien erweisen sich als manifeste Verhaltensmuster, wodurch sich die durchaus ernst gemeinten Besserungsbekundungen in Lippenbekenntnissen erschöpfen. Dementsprechend lauten die Antworten auf unsere oben formulierten Fragen folgendermaßen.

1. Diese Menschen haben im Laufe ihres Lebens misserfolgsorientierte Persönlichkeitsstrukturen entwickelt, die in ein Versagerdasein münden und damit einen erheblichen Mangel an Selbstwert verursachen.
2. Sie verhalten sich so, weil das für sie die einzige Möglichkeit darstellt, Erfolge zu verbuchen und den Mangel zu kompensieren.
3. Sie wollen ihren Widerspruch nicht sehen, weil dann ihr Versagerdasein erkennbar wäre.

Erklären und nachvollziehen lassen sich diese offensichtlichen und massiven Widersprüche am einfachsten über die Theorie der kognitiven Dissonanz.

4. Die kognitive Dissonanz

Leon Festinger prägte 1957 die These von der kognitiven Dissonanz. Dabei versteht er unter Kognitionen Kenntnisse, Meinungen oder Überzeugungen von der Umwelt, von sich selbst oder von dem eigenen Verhalten. Der Begriff Dissonanz beschreibt einen unangenehmen Spannungszustand, ähnlich dem von Hunger, Frustration oder Ungleichgewicht. Die kognitive Dissonanz definiert einen ursächlichen Zustand (Antezedenzbedingung), der zu Aktivitäten führt, welche auf eine Reduktion der Dissonanz abzielen, ebenso wie Hunger zu Aktivitäten führt, die auf eine Reduktion des Hungers gerichtet sind.[57]

Mit diesen Annahmen stellte Festinger folgende Thesen auf:

1. Die Existenz von Dissonanz, die psychologisch unangenehm ist, wird die Person motivieren zu versuchen, die Dissonanz zu reduzieren und Konsonanz herzustellen.
2. Wenn Dissonanz besteht, wird die Person, zusätzlich zu dem Versuch, sie zu reduzieren, aktiv Situationen und Informationen vermeiden, die möglicherweise die Dissonanz erhöhen könnten.[58]
3. Die Stärke der Dissonanz (oder Konsonanz) nimmt in dem Maße zu, wie die Wichtigkeit oder der Wert der betreffenden Elemente zunimmt.[59]

Damit beschreibt er einen Spannungszustand, der entsteht, wenn Entscheidungen, Handlungen oder Informationen widersprechenden Überzeugungen, Gefühlen oder Werten gegenüberstehen. Die dadurch entstandene Dissonanz erzeugt, entsprechend ihrer Intensität, unangenehme bis unerträgliche Gefühle und die dringende Motivation, diesen ungewollten Zustand zu beenden.

---

[57] Vgl. Leon Festinger (1957): „Die Theorie der kognitiven Dissonanz". S. 17.
[58] Ebd.: S. 16.
[59] Ebd.: S. 30.

Hier ein klassisches Beispiel:

> „Sie haben sich nach langem Recherchieren und Überlegen für einen Autokauf entschieden. Nachdem sie den Kaufvertrag unterschrieben haben, lesen sie in einem Autotest, dass ihr Auto sehr schlecht abgeschnitten hat. Wie gehen sie jetzt damit um? Sie haben den Kaufvertrag unterschrieben und können ihn nicht rückgängig machen. Zunächst einmal werden sie ärgerlich oder verunsichert sein. Nach der Theorie der Kognitiven Dissonanz werden sie dann alles tun, um ihre Kaufentscheidung vor sich zu rechtfertigen und nicht allzu viele negative Gefühle aufkommen zu lassen. Vielleicht werten sie die Testergebnisse als nicht zuverlässig ab, oder suchen nach Vorzügen ihres neuen Wagens, die im Test nicht erwähnt wurden. Sie rechtfertigen also vor sich und vielleicht auch vor anderen ihre Kaufentscheidung, um ihre unangenehme kognitive Dissonanz zu reduzieren."[60]

Hier wird im Grunde das Problem unserer Klientel erklärt, mit dem entscheidenden Unterschied, dass es sich hierbei nicht um einen Fehlkauf handelt, sondern um ein massives Fehlverhalten, das den eigenen Wertvorstellungen entgegensteht, denn ihre kriminellen Handlungen stehen in direktem Widerspruch zu ihren moralischen Grundwerten und ihrer persönlichen Grundmotivation. Damit haben wir es mit einer einstellungsdiskrepanten kognitiven Dissonanz zu tun, die maximale Dissonanzstärke erreichen kann. Dieser Widerspruch fühlt sich unerträglich an und muss um jeden Preis verhindert werden, denn er stellt ein tiefgreifendes persönliches und moralisches Versagen dar, das einer erneuten, demütigenden Selbstwertverletzung gleich käme. D.h., die Auflösung dieses Widerspruchs muss so schnell wie möglich angestrebt werden. Oder besser noch: Eine negative Beurteilung des eigenen Verhaltens darf erst gar nicht zugelassen werden.

Bei der Auflösung einer kognitiven Dissonanz werden, wie wir bereits wissen, zunächst die Widerspruchselemente verändert, die den geringsten Widerstand leisten. Dementsprechend wählen unsere Klienten natürlich auch den leichtesten und bequemsten Weg. Und das ist in der Regel der Weg des Selbstbetrugs. Ich tue so, als wäre mein Verhalten moralisch integer und hole mir dafür die Bestätigung, die nötig ist, damit ich es am Ende selber glaube. Die Idee vom eigenen Selbst, das Selbstbild, wird einfach idealisiert, und somit ändert sich in der Realität gar nichts. Alles läuft so weiter wie bisher, keines der Probleme ist

---

[60] Vgl. „Lebenshilfe ABC Lexikon & Nachschlagewerk Psychologie"

gelöst, denn das idealisierte Selbstbild gaukelt positive Veränderung vor, während das reale Selbst so bleiben kann, wie es ist, und das ist ein echtes Dilemma.

Fazit:

Durch Fehlinterpretationen und Fehlinformationen, wie Rechtfertigungen, Verharmlosungen, Übertreibungen, herausfiltern negativer Anteile oder schlichtweg Lügen, wird das eigene destruktive Verhalten gezielt zurecht gebogen, sodass es wieder mit den persönlichen Zielen und den moralischen Grundwerten zu vereinbaren ist. Je öfter diese Fehlinformationen vorgetragen werden, desto mehr gewinnen sie an Wahrheitsgehalt. Am Ende glaubt der Protagonist selbst daran und würde mit echter Überzeugung jeden der Lüge bezichtigen, der etwas anderes behauptet.

Dieses Dilemma wird durch das idealisierte Selbstbild untermauert. Denn das I-S übernimmt nicht mehr die Funktion eines positiven Ziels, das man in seinem Verhalten anstrebt, um sich weiter zu entwickeln, sondern es soll die Sicht auf das eigene destruktive Fehlverhalten verhindern. Das I-S ist damit fehlgeleitet und dient nur noch der Erhaltung des bequemen und destruktiven Status quo.

Die Logik der Gewalt

Wenn wir eine brutale Gewalttat isoliert betrachten, dann erfüllen uns Tat und Täter mit Abscheu, und das zu Recht. Es ist für uns unverständlich, wie ein Mensch so etwas machen kann, wie ein Mensch so sein kann. Betrachten wir allerdings die Entwicklung dieses Täters vom unschuldigen Kind hin zum Gewaltverbrecher, dann wirkt das schon schlüssiger. Es hat eine gewisse Logik. Unkontrollierte und brutale Aggressionen sind keine genetische Erblast und fallen auch nicht einfach so vom Himmel, um zufälligerweise den einen oder den anderen Menschen in einen brutalen Gewalttäter zu verwandeln. Wäre dem so, dann wären auch alle unsere präventiven Bemühungen vergebens. Gewalt ist ein geschlossenes System mit einer eigenen Logik: „Jede aggressive Tat, und sei sie noch so unmenschlich, folgt einer verborgenen

Logik."[61] Kennt man diese Logik und weiß man, wie dieses System funktioniert, ist man auch in der Lage, etwas dagegen zu tun.

Stellen Sie sich vor, Sie sind jung und finden Fußball super. Sie gehen also in einen Verein, um zu trainieren, und hoffen insgeheim auf große Erfolge. Nach einigen Monaten intensivem Training stellen Sie fest, dass alle anderen ihre Leistungen deutlich verbessert haben und nur Sie, als einziger, haben nichts dazugelernt. Sie können nach wie vor keinen Gegner stoppen, keinen Gegner umspielen, keine vernünftigen Pässe schlagen und schon gar kein Tor schießen. Keiner will deswegen mit Ihnen zusammen spielen und der Trainer gibt Ihnen durch die Blume zu verstehen, dass Sie kein Talent zum Fußballspielen haben. Alles in allem Misserfolg auf der ganzen Linie. Was machen Sie mit dieser Erkenntnis? Richtig, Sie geben das Fußballspielen auf und suchen sich einen anderen Sport, für den Sie mehr Talent haben und dadurch auch mehr Erfolg, mehr Freude und mehr Anerkennung.

Genau so habe ich das als Kind selbst erlebt. Meine älteren Brüder waren beide sehr gute Fußballer. Also hat man von mir mindestens die gleichen Erfolge erwartet. Entsprechend groß war die Enttäuschung bei mir, bei meinen Mitspielern und bei den Trainern, als ich diese Erwartungen nicht mal ansatzweise erfüllen konnte. Später habe ich als Basketballer etliche Erfolge erzielen können.

Was aber machen unsere misserfolgsorientierten Jugendlichen mit ihrem Leben? Sie können sich kein anderes, erfolgreicheres Leben suchen. Sie haben nur dieses. Sie haben nur diese Eltern, die ihnen keinen positiven Erziehungsrahmen bieten können, weil sie ihn in der Regel selbst nicht erfahren haben. Sie wohnen in Gegenden, wo Misserfolge in Schule und Beruf üblich sind und fehlendes Selbstwertgefühl mit Äußerlichkeiten, Aggression und Gewalt kompensiert wird. Aber auch diese Jugendlichen sehnen sich danach, etwas wert zu sein, wollen Anerkennung, Freude und Spaß. Also bleibt die Frage bestehen: Was machen diese Jugendlichen mit ihrer Sehnsucht?

Ganz einfach, sie machen es genauso. Sie suchen sich ebenfalls eine neue Bühne, auf der auch sie erfolgreich sein können,

---

[61] Joachim Bauer (2011): „Schmerzgrenze". S. 45.

auf der auch sie sich etwas wert fühlen. An diesem Punkt drängen sich Gewalt und Kriminalität regelrecht auf, denn sie halten auch für die Versager kurzfristige Erfolge bereit. Sie sind bequem und sie sichern Achtung, Anerkennung und Aufwertung unter den Gleichgesinnten.

Fügen wir diese Erkenntnisse zusammen, kann man in der Entwicklung von Gewalt und Kriminalität durchaus eine Logik erkennen. Ursache ist immer ein Mangel an Selbstwert und Antrieb ist immer die Suche nach Selbstwert. Das Resultat ist eine Persönlichkeit, die ihre Problematik nicht erkennen will und mit diesem Verhalten über eine logische Folge von Abläufen in einem Versagerdasein endet. Aus diesem Grund nennen wir die Verhaltensmuster, die diese Fehlentwicklung verursachen, misserfolgsorientierte Persönlichkeitsstrukturen.

1. Die misserfolgsorientierten Persönlichkeitsstrukturen

Dieser Begriff ist in der Arbeit mit unserer Klientel entstanden, denn er beschreibt ein Verhalten, das in sieben Lebensabschnitten die Entwicklung von einem ganz normalen Kind hin zu einem Kriminellen und/oder Gewalttäter beschreibt. Die einzelnen Abschnitte sind chronologisch geordnet und werden als Phasen bezeichnet.

In der Arbeit mit dieser Klientel hat sich herauskristallisiert, dass sich bei nahezu allen Teilnehmern entweder alle oder zumindest Teile dieser Strukturen manifestiert haben. Es wirkt wie eine Offenbarung auf die Protagonisten, wenn sie zum ersten Mal in ihrem Leben die Zusammenhänge ihres verkorksten Lebens deutlich vor Augen haben und logisch nachvollziehen können. Wenn im Verlauf dieser Erörterung von misserfolgsorientierten Persönlichkeitsstrukturen die Rede ist, beziehen wir uns stets auf die hier beschriebenen Inhalte.

Die sieben Phasen der misserfolgsorientierten Persönlichkeitsstrukturen im kurzen Überblick.

Phase 1   Unzureichende Lernbedingungen
             Mangel an Zuwendung und Kontrolle

Kinder können machen, was sie wollen. Sie werden nicht angelei-
tet zum Lernen oder Hausaufgaben machen. Sie sind sich selbst
überlassen und leben so nach ihrem persönlichen Lustprinzip.
Was mir Spaß macht, tue ich, was mich anstrengt, lass' ich bleiben. So spielen sie lieber Fußball und PlayStation oder sie hängen
vor dem TV, anstatt Hausaufgaben zu machen oder für eine anstehende Schulaufgabe zu lernen.

Phase 2   Mangel an Disziplin und Durchhaltevermögen
             Weicheimentalität

Durch das Verhalten aus der Phase 1 lernen sie weder Disziplin
noch Durchhaltevermögen. Sie haben somit nie gelernt, sich für
etwas anzustrengen. Wenn sie mit einer notwendigen, aber unangenehmen Verpflichtung konfrontiert werden, weichen sie aus
und suchen sich lieber eine lustvolle Betätigung. Sie drehen sich
um, wenn der Wecker klingelt, sie empfinden Anweisungen von
Vorgesetzten gegen die eigene Person gerichtet, sie können keine
schmutzige und harte Arbeit verrichten, sie verdienen zu wenig
etc. Sie können also nicht hart gegen sich selbst sein und entwik-
keln sich zum Verlierer – oder Weichei.

Phase 3   Misserfolg in Schule, Beruf und Alltag
             Schulversagen, Ausbildungsabbrüche, Arbeitslo-
             sigkeit, Ärger mit Familie, Arbeitgeber und Behör-
             den

Die Folge solchen Verhaltens sind ständige Misserfolge in der
Schule, im Beruf und im alltäglichen Leben. Schlechte Noten,
Klassen wiederholen, kein Schulabschluss, keine Ausbildung oder
Ausbildungsabbrüche, Arbeitslosigkeit oder Obdachlosigkeit sind
die Folge. Dadurch entstehen Probleme in der Familie, mit dem
Arbeitgeber und mit Behörden (z.B. Schulleitung, Arbeitsamt,
Sozialamt).

Phase 4   Mangel an Selbstwert
               Minderwertigkeitsproblematik

Derart Misserfolg belastet entwickeln unsere Protagonisten einen erheblichen Mangel an Selbstwert. So bieten sie eine große Angriffsfläche für Herabsetzungen aller Art, die sich mit jedem weiteren offiziellen Misserfolg stetig vergrößert. Sie haben auf der gesellschaftlichen Bühne (Schule, Ausbildung, Beruf, Studium) keine Chance mehr und wenden sich deshalb von ihr ab.

Phase 5   Verlangen nach Anerkennung
               Suche nach Selbstwertbestätigung in der Subkultur
               der Gleichgesinnten

Ab der Pubertät sind sie alle in einem Alter, in dem sie als junge Männer zeigen wollen, was sie drauf haben. Deshalb suchen sie sich Freunde, gegenüber denen sie sich nicht minderwertig fühlen, also Gleichgesinnte. Gemeinsam kreieren sie eine Bühne, auf der auch sie oder, besser gesagt, nur sie erfolgreich sein können. Erfolge ohne Anstrengung, ohne Disziplin und ohne Durchhaltevermögen sind aber größtenteils nur auf illegalem Weg möglich.

Phase 6   Abgleiten in Kriminalität und Sucht
               Körperverletzung, Raub, Diebstahl, Drogen etc.

Durch einen gewalttätigen Sieg über einen vermeintlichen Gegner können unsere Versager einen schnellen, sichtbaren Erfolg verbuchen. Sie sind stärker, mächtiger und besser als ihr Opfer und stehen damit weit über ihrem Gegner. Raub, Einbruch, Diebstahl und Dealen bringen schnelle und nicht unerhebliche materielle Erfolge, die in Form von Statussymbolen (hoher Lebensstandard) zur Aufwertung der eigenen Person genutzt werden. Der Konsum von Alkohol und/oder Drogen lassen das Versagen vergessen und bringen zusätzlich Gefühle der Entspannung, des Glücks oder der Selbstbestätigung. An diesem Punkt stellt sich auch für unsere Protagonisten zumindest kurzfristig das Gefühl ein, erfolgreich zu sein.

Phase 7   Knast
                Erhebliche Verminderung des Selbstwertes durch
                Freiheitsentzug

Der schnelle und dauerhafte Erfolg in der Illegalität fühlt sich nur anfangs kriminell an. Mit der Zeit wird dieses Verhalten immer normaler und damit werden unsere Täter immer unvorsichtiger. Über kurz oder lang landen sie deswegen alle im Strafvollzug. Durch den Entzug der Freiheit wird ihr Selbstwert erneut, und zwar erheblich, vermindert. Damit schließt sich der Kreis der misserfolgsorientierten Persönlichkeitsstrukturen.

2. Der sozialisierte Gewalttäter

Was am Ende einer solchen Entwicklung herauskommt, nennen wir den sozialisierten Gewalttäter. Er ist der klassische Teilnehmer einer KGA, denn er erfüllt alle Indikationsvoraussetzungen. Auf Grund dieser Problematik wurden die Methoden der KGA entwickelt. An einem klassischen Beispiel aus der Praxis möchten wir diese Zusammenhänge noch einmal verdeutlichen.

Karsten (Name geändert) wurde mit 17 Jahren vom Jugendgericht durch einen Bewährungsbeschluss zur Teilnehme an einem Anti-Aggressivitäts-Training verpflichtet. Hintergrund dieser Verurteilung waren mehrere Straftaten, darunter einige Körperverletzungen, die sich seit seiner Strafmündigkeit, also seinem 14. Lebensjahr, angehäuft hatten. Um eine endgültige Inhaftierung im Jugendstrafvollzug zu vermeiden, wollte man ihm wieder einmal eine letzte Chance geben, sein Leben zu ändern.

Er ist das zweite von drei Kindern aus zweiter Ehe und hat zwei ältere Brüder aus erster Ehe. Von seinem Vater hält er nicht viel, denn dieser zeigt mehr Interesse am Alkohol als an der Entwicklung seiner Kinder und dem Wohlbefinden seiner Frau.

Häufig alkoholisiert reagiert der Vater auf berechtigte Kritik mit Aggression und Gewalt gegen Frau und Kinder. Üble Laune und willkürliche, gewalttätige Übergriffe sind deshalb an der Tagesordnung. Karstens Mutter verließ ihren ersten Mann wegen dessen Alkohol- und Gewaltproblematik und ist nun mit dem zweiten vom Regen in die Traufe geraten. Sie arbeitet halbtags und ist nicht in der Lage, Karsten und seinen Brüdern genügend Aufmerksamkeit zu widmen, denn den Rest des Tages muss sie sich um den Haushalt und um die kleine Schwester kümmern. Zusätzlich ist sie mit der angespannten Beziehung zu ihrem zweiten Mann völlig überfordert.

In dieser ablehnenden Atmosphäre und ohne die nötige Zuwendung und Anerkennung kann Karsten das Gefühl, etwas wert zu sein, nicht entwickeln. Die emotionale Grundstimmung in der Familie ist für Karsten negativ und aggressiv, sodass er eigentlich nur noch zum Essen und zum Schlafen nach Hause kommt. Die Eltern machen sich darüber nur wenig oder gar keine Gedanken, sondern empfinden das Fernbleiben des schwierigen Sohnes als willkommene Alltagsentlastung.

Somit ist er im Großen und Ganzen sich selbst überlassen, niemand interessiert sich richtig für sein Fortkommen in der Schule und niemand kontrolliert ihn dahingehend. Gelegentlich wird er zwischen Tür und Angel nach den Hausaufgaben gefragt und ob alles klar geht in der Schule. Das bestätigt er immer positiv, denn ‚Blaue Briefe' unterschreibt er inzwischen selbst. Wenn die Eltern in die Schule zitiert werden und sein ganzer Betrug auffliegt, bekommt er zwar Schläge und muss versprechen, dass er zukünftig alles besser machen wird, ist aber anschließend doch wieder sich selbst überlassen.

Also schaut Karsten lieber einen Film, spielt lieber PlayStation oder hängt mit Freunden auf der Straße ab, anstatt Hausaufgaben zu machen oder für eine anstehende Schulaufgabe zu lernen. Im Unterricht kommt er deswegen nicht mehr richtig mit. Schlechte Noten und permanente Misserfolge sind die Konsequenzen und wirken demotivierend. So bleibt er immer öfter dem Unterricht fern. Während dieser Zeit treibt er sich auf der Straße herum und trifft dort Gleichgesinnte. Um das schlechte Gewissen und die Langeweile zu vertreiben, beginnen sie, Alkohol und Drogen zu konsumieren. Der Mangel an Geld wird mit Diebstählen, „Abrippen" oder Drogengeschäften behoben und der Mangel an Selbstwert mit aggressivem und gewaltbereitem Auftreten kompensiert. Als Folge ist Karsten wegen auffälligem und unverbesserlichem Verhalten aus insgesamt acht verschiedenen Schulen, Heimen oder Fortbildungsstätten verwiesen worden. Ohne

Schulabschluss und ohne Ausbildung wechselt er ins Berufsleben.

Er orientiert sich an älteren Jugendlichen und an seinen älteren Brüdern, die eine ähnliche Entwicklung hinter sich haben und die, dank ihrer kriminellen Aktivitäten, einen gewissen materiellen Wohlstand (z.B. Auto, Markenkleidung, Schmuck) und subkulturellen Status (z.B. Knasterfahrung, Gangsterimage) zur Schau stellen können. Er entwickelt seine eigenen Regeln, wodurch Erfolg und Versagen zu seinen Gunsten definiert werden und somit eine völlig neue Bedeutung erhalten.

Ich bin erfolgreich, ich bin etwas wert.

Diese destruktiven Verhaltensmuster bringen zunächst schnellen Erfolg. Selbstwerterhöhung in Form von Zuwendung und Anerkennung aus der Peergroup sowie materielle Vorteile. Weil er seine Mutter nicht enttäuschen will, jobbt er mit Gelegenheitsarbeiten mehr schlecht als recht gegen sein schlechtes Gewissen an. Halb legale und kriminelle Geschäfte und die dazugehörige Gewalt werden alltäglich. Er wird unvorsichtig und bekommt zunehmend Ärger mit der Polizei, mit dem Gericht und damit auch mit seiner Mutter. Verwarnungen, gemeinnützige Arbeitsstunden, Arrest und Bewährung sind als Strafen eigentlich schon ausgereizt, trotzdem bekommt er noch einmal eine allerletzte Chance. Ein Anti-Aggressivitäts-Training als Bewährungsauflage.

Unter diesen Umständen wird durch den äußeren Druck der negativen Wahrheit die Notwendigkeit zur radikalen Veränderung zwar erkannt und formuliert, aber die eigene Unfähigkeit zur Veränderung nicht gesehen. Dass Engagement und Ausdauer als notwendiges Übel vor jedem Erfolgserlebnis stehen, hat Karsten niemand beigebracht. Er hat sich immer um die harte und konstante Anstrengung, die für eine gute Leistung nötig ist, drücken können und somit auch nie das selbstwertsteigernde Gefühl des Erfolgs und der ehrlich verdienten Anerkennung genossen. Die Erfahrung, dass sich konstanter Einsatz lohnt, fehlt ihm und somit auch ein Erfolg bringendes Handlungskonzept. Anstrengen und Durchhalten wird zwar als notwendig erkannt, kann aber nicht geleistet werden und wird somit als unbequem und lästig ausgeblendet und vermieden. Damit reiht er sich ein in das typische Denken von arbeitslosen, abhängenden Jugendlichen.

Ich will arbeiten, ab morgen werde ich mich darum bemühen.

Mit dieser unbewussten Taktik wird einerseits zwar das schlechte Gewissen beruhigt, denn die notwendige Veränderung wird nicht komplett abgelehnt, sondern lediglich in die Zukunft vertagt. Andererseits aber wird der negative Status quo erhalten, weil morgen nicht, wie angekündigt, die notwendige Veränderung angepackt wird, sondern einmal mehr mit der gleichen Aussage nur das schlechte Gewissen beruhigt. Das schwache, träge Real-Selbst ist unangenehm und wird deshalb verdrängt und durch ein idealisiertes Selbstbild ersetzt. Die idealisierte Selbsteinschätzung wird in diesem Fall mit folgenden Aussagen bestätigt:

- Ich will nur heute noch einmal den Tag genießen.
- Ich werde mich morgen bemühen und anstrengen.
- Ich bin kein Versager.

Das reale Verhalten müsste ehrlicherweise mit folgenden Aussagen bestätigt werden:

- Ich will mich nicht bemühen und anstrengen.
- Ich will ausschlafen und abhängen.
- Ich bin ein Versager.

Dieser fatale Selbstbetrug verhindert jeden Tag aufs Neue eine positive Veränderung, sodass letztendlich die eigene Situation als unausweichlich, unveränderbar und schicksalhaft empfunden wird. Karsten ergibt sich in dieses Schicksal, lebt von einem Moment in den nächsten und versucht mit allen Mitteln, die negative Wahrheit zu verdrängen. Das idealisierte Selbstbild wird mit Alkohol, Drogen und Delinquenz aufrechterhalten und durch Gleichgesinnte aus der Peergroup bestätigt. Damit haben wir folgende negative Bedingungskonstellationen.

> Ideal-Selbst wird aktiv → destruktives Real-Selbst wird verdrängt
>
> =
>
> bequeme Lebenslüge → verhindert Verhaltensmodifikation

Die massive einstellungsdiskrepante kognitive Dissonanz wird zum Schein aufgelöst, das Selbstverständnis des Klienten wird positiv, entspricht aber nicht den Tatsachen.

Ich bin eigentlich in Ordnung, also muss ich mich auch nicht großartig verändern.

Fazit:

Gewalttätiges Verhalten ist eine logische Folge misserfolgsorientierter Persönlichkeitsstrukturen. Diese werden vom Protagonisten neutralisiert und somit als Fehlverhalten nicht erkannt. Es entstehen so immer neue Straftaten, die in einen negativen Kreislauf münden und zwangsläufig über kurz oder lang im Strafvollzug enden.

Schlussfolgerungen für eine erfolgsorientierte Behandlungsstrategie

Erfolgreiche Gewaltprävention kann sich nur dann einstellen, wenn sich das Verhalten unserer Klienten nachhaltig verändert. Das Selbstverständnis, das dazu nötig ist, kann also niemals selbstbetrügerisch, sondern muss grundlegend einsichtig und ehrlich sein. Nun ist die Idealisierung ihrer Persönlichkeit über die Jahre längst zum bequemen Überlebensmuster geworden. Zu einem Rückzugsort, an dem man sich entspannt zurücklehnen und alles Ungewünschte auf Abstand halten kann. Diesen Ort will natürlich niemand, der etwas zu verlieren hat, freiwillig verlassen. An diesem Punkt sind alle herkömmlichen pädagogischen Methoden gescheitert. Somit stellt sich die Frage: Gibt es einen Ansatz der das bewerkstelligen kann?

Die Antwort auf diese Frage drängt sich auf, wenn wir uns die Unveränderbarkeit der moralischen Grundwerte ins Gedächtnis zurückrufen. Diese sind der allgemein gültige Maßstab, mit dem auch Gewalttäter ihre negativen und destruktiven Persönlichkeitsanteile bewerten müssen. Tatsächlich hat sich dieser Vergleich in der Praxis hervorragend bewährt, denn ihr gewalttätiges und kriminelles Verhalten kann den persönlichen und moralischen Ansprüchen der Klienten in keiner Weise gerecht werden. Damit wird das I-S zwangsläufig als Selbstbetrug entlarvt und folgende positive Bedingungskonstellationen entstehen.

destruktives R-S rückt ins Bewusstsein → I-S wird als Lüge entlarvt

=

unbequeme Wahrheit → macht Verhaltensmodifikation notwendig

Das Erkennen der eigenen negativen Realität aktiviert eine massive einstellungsdiskrepante kognitive Dissonanz. Das Selbstverständnis des Klienten wird realistisch, aber negativ.

Ich bin nicht in Ordnung, also muss ich mich auch verändern.

Dies ist eine existenzielle Erkenntnis und hat einen entsprechend intensiven Drang, Konsonanz wiederherzustellen, zur Folge, wodurch eine ausgesprochen hohe Motivation zur Veränderung freisetzt wird.[62] Damit haben wir beste Therapievoraussetzungen.

Dafür benötigen wir Methoden, die die Mauer aus Selbstbetrug zerstören können und so die Sicht auf das Reale Selbst wieder freigeben. Das geliebte idealisierte Selbstbild und damit die gesamte Lebenswelt werden als bequemer Selbstbetrug entlarvt. Für eine solche Radikalkur braucht es Behandlungsmethoden, die

- in eindeutiger Weise gewalttätiges Verhalten nach Ursache und Wirkung erklären können.
- in eindeutiger Weise gewalttätiges Verhalten nach allgemein gültigen moralischen Wertmaßstäben bewerten können.
- die Klientel derart beeindrucken, dass für sie Verhaltensmodifikationen unbedingt notwendig werden.
- in Inhalt und Ausführung von der Klientel akzeptiert und mitgetragen werden.
- von Inhalt, Struktur und Techniken so klar und eindeutig definiert sind, dass sie von ausgebildetem Fachpersonal eins zu eins umgesetzt werden können und damit keinen Spielraum für fehlgeleitete Mätzchen und Spielchen bieten.

---

[62] Vgl. Leon Festinger (1957): „Die Theorie der kognitiven Dissonanz". S. 30.

Teil 3: Die Klientzentrierte-Gewalt-Analyse (KGA®)

Gewalt erkennen, Gewalt verstehen, Gewalt vermeiden
Eine Behandlungsmethode der tertiären Gewaltprävention

Im Gegensatz zum „Anti-Aggressivitäts-Training" das mit seinem Namen Aggression ganz allgemein negiert, ist der Titel KGA unmissverständlich, denn er beschreibt genau das, was in der Therapie geschieht. Ursachen, Auslöser, Absichten und Konsequenzen gewalttätigen Verhaltens werden analysiert und individuell mit der Problematik jedes einzelnen Klienten abgestimmt. Damit ist jedem Teilnehmer einer KGA am Ende der Maßnahme bewusst, woher seine Gewaltbereitschaft kommt, wie sie sich aufbaut, wie sie ausgelöst wird, was er damit bezwecken will und vor allem, welche Konsequenzen sie für die primären, die sekundären und die tertiären Opfer hat. Aus dieser Erkenntnis entstehen massive innere Widersprüche zu den eigenen moralischen Wertvorstellungen und damit zu den Bedürfnissen der menschlichen Grundmotivation, die auf soziale Akzeptanz, Kooperation und Fairness ausgerichtet ist. Die große Energie, die zur Auflösung einer einstellungsdiskrepanten kognitiven Dissonanz von diesem Ausmaß frei wird, nutzt die KGA, um destruktive Verhaltensmuster zu löschen und alternative Handlungsstrategien zu installieren.

Bereits am Anfang meiner beruflichen Laufbahn wurden mir von dieser Klientel die Grenzen sozialpädagogischer Bemühungen deutlich vor Augen geführt. Die subkulturellen Normen und Werte innerhalb ihrer delinquenten Peergroup hatten sich als äußerst resistent erwiesen. Ich kann mich noch sehr gut daran erinnern, wie sie während der Vorstellungsrunde einzeln vor der Gruppe standen und mit ihrer Brutalität und kaltschnäuzigen Abgebrühtheit kokettierten.

Hier ein Beispiel:

Einer unserer Klienten war mit seiner Freundin in einem Club. Auf dem Weg zur Toilette wurde sie von einem Fremden massiv angebaggert. Seine Reaktion auf diese Begebenheit schilderte unser Klient mit folgenden Worten.

„Meine Freundin kam aufgebracht von der Toilette zurück und schilderte mir den Vorfall. Dann zeigte sie mir den Typen. Als er dann alleine zum Rauchen vor die Türe ging, bin ich ihm gefolgt. Ohne zu überlegen habe ich ihm ansatzlos die Flasche Sekt, die ich gerade in der Hand hielt, von hinten über den Kopf gezogen. Als er dann blutend am Boden lag, hab' ich ihn angeschrien, was er sich einbildet, meine Freundin anzumachen. Dann bin ich diesem Wichser mit beiden Füßen voll auf den Kopf gesprungen. Danach hat der Arsch nicht mehr gezuckt. Dann habe ich meine Freundin geschnappt und bin mit ihr gegangen."

Der Rest der Gruppe signalisierte vollstes Verständnis für dieses Verhalten, denn sie hätten auf so eine Unverschämtheit genauso reagiert.

So sorgen zutiefst unmoralische und zum Teil abartige Verhaltensweisen bei den Teilnehmern stets für Belustigung und Zustimmung. Eigentlich schwächt dieses Verhalten den inneren Selbstwert des Täters und er müsste sich dafür in Grund und Boden schämen. Weil das aber sein idealisiertes Selbstbild schwächen würde, werden die Zustimmung und die Anerkennung der Gleichgesinnten gerne angenommen, denn diese stärken den äußeren Selbstwert.

Dieser offensichtliche und bequeme Selbstbetrug war wie in Beton gegossen. Einzelgespräche, gruppendynamische Übungen, erlebnispädagogische Freizeiten, Verständnis, Ermahnungen oder moralische Entrüstung waren alles gut gemeinte Ansätze, deren Wirkung allerdings nur bis zur Türe des Gruppenraums reichte. Sobald die Teilnehmer wieder draußen bei ihren Freunden waren, hatten sie meine Bemühungen vergessen oder gar ins Lächerliche gezogen. Um ihnen das eigene Fehlverhalten unumkehrbar ins Bewusstsein zu rücken, mussten andere Geschütze aufgefahren werden. So etwas wie Scham, moralische Enttäuschung, echte Schuldgefühle, Mitgefühl mit den Opfern oder gar den unbedingten Wunsch, sich zu verändern, konnte ich auf diese Weise nur äußerst selten erzeugen. Ich war mit meinem Anliegen und mit meiner Aufgabe hoffnungslos überfordert, nur ein weiterer mahnender Pädagoge auf verlorenem Posten. Das Dilemma, in dem sich unsere Protagonisten befanden, war damals schon klar, aber der Weg, der sie zur Erkenntnis führen konnte, den galt es noch zu finden.

Inzwischen lehne ich mich angesichts dieser obercoolen Selbstdarstellungen gelassen zurück, denn ich weiß genau, dass sie mir mit diesem Verhalten höchstpersönlich den Hebel liefern, mit dem ich sie anschießend von ihrem selbstgefälligen Sockel stürze.

Es gibt aber auch extrem brutale, feige oder schambesetzte Taten, mit denen sich weder der Täter noch die kriminelle Subkultur identifizieren mag. Diese werden zur Erhaltung des idealisierten Selbstbildes über die Jahre einfach verdrängt oder komplett verleugnet.

Hier ein Beispiel:
Thomas war nach einem Discobesuch mit seiner jungen Freundin und seinem einige Jahre jüngeren Freund, der ihn stets als Vorbild bewunderte, im Auto unterwegs. Er ist gelernter Metzger und hatte immer ein scharfes Ausbeinmesser im Handschuhfach. Als er wieder einmal mit seiner Freundin in Streit geriet und diese ihn dabei immer wieder als einen sexuellen Versager beleidigte, hielt er sein Auto an, nahm das Messer aus dem Handschuhfach und hieb es ihr direkt in die Brust, sodass sie in kürzester Zeit auf dem Beifahrersitz verblutete. Um ihr und seinem Freund zu beweisen, dass er kein sexueller Versager ist, zog er die tote Frau aus dem Auto und verging sich an ihrer Leiche. Dafür wurde er zu einer lebenslänglichen Haftstrafe verurteilt.

15 Jahre lang stritt er in jeder Therapie den Tatbestand der Leichenschändung ab, obwohl er auf Grund der Ermittlungen eindeutig bewiesen war. Er hatte sich eine eigene Geschichte zusammengebastelt, um die Ermittlungsergebnisse zu relativieren. Im Laufe der Jahre wurde sie in seinem Kopf zur Realität. Er wollte einfach vor den anderen und vor allem vor sich selbst nicht dieser Täter sein. Er schämte sich abgrundtief für diese Tat. Jetzt

stand die erste Haftprüfung an, und er sollte bei mir ein Anti-Aggressivitäts-Training absolvieren.

Damit man ihn hätte ruhigen Gewissens entlassen können, hätte sichergestellt sein müssen, dass er seine destruktiven Anlagen kontrollieren kann. Dazu müsste er sie aber erstmal erkennen. Es müsste ihm klar sein, unter welchen Umständen so etwas geschehen kann. Er müsste seine Schwächen, seinen Mangel an Selbstwert, erkennen, der so eine abartige Reaktion hervorrufen konnte. Er müsste sich genau mit dem Teil seiner Persönlichkeit auseinandersetzen, den er verdrängt und abgespalten hat, weil er ihn nicht sehen will. Und genau das tat er während der Spiegelung in dieser Therapiegruppe, zum ersten Mal nach 15 Jahren.

Dieses Geständnis hatte, entgegen Thomas' langjähriger Befürchtungen, nicht den Absturz in die Hölle, sondern eine befreiende Wirkung zur Folge. Es ist wohl ähnlich einer Beichte im Beichtstuhl. Drei entscheidende Veränderungen tragen dafür Verantwortung. Er hat die Verantwortung für die Schuld, die er auf sich geladen hat, übernommen und damit endlich moralisch integres Verhalten bewiesen. Von der Gruppe bekam er dafür ehrliches und positives Feedback. Er musste fortan keine Energie mehr in die Aufrechterhaltung jahrelang gepflegter Lügengebäude stecken, er kann so sein, wie er ist, denn alle wissen Bescheid.

Im Folgenden stelle ich eine Behandlungsmethode vor, die aus der jahrelangen praktischen Arbeit mit dieser Klientel entwickelt wurde und die sich speziell im stationären Bereich, also bei inhaftierten Gewalttätern, als äußerst effektiv erwiesen hat. Die Ursachen, die Auslöser, die Zielsetzung und die letztendlichen Konsequenzen von Gewalt, die hier beschrieben werden, stützen sich auf die biografischen Daten, die Dokumentationen, das Denken, das Fühlen und die Handlungen unserer Klienten, die in vielen Gesprächen, schriftlichen Aufgaben, Anamnesen und Übungen dokumentiert wurden. Die methodische Vorgehensweise zur Behandlung dieser Problematik wurde in der praktischen Arbeit ständig weiterentwickelt und optimiert.

Die KGA ist im Wesentlichen der öffentliche Widerstreit zwischen dem Schweinehund und dem Helden. Der Schweinehund repräsentiert das reale Selbst, also die ungewünschten, moralisch nicht integren, aber tatsächlichen Persönlichkeitsanteile. In unseren Beispielen wären das zum einen der feige und brutale Gewalttäter, der einem nichtsahnenden jungen Mann von hinten eine Sektflasche über den Kopf haut und anschließend dem wehrlosen Opfer mit beiden Füßen auf den Kopf springt, und zum anderen der sexuelle Versager, der aus verletztem Stolz seiner Freundin ein Ausbeinmesser in die Brust rammt und anschließend ihre ausgeblutete Leiche schändet. Der Held steht für das zur Schau gestellte ideale Selbst, also die gewünschten, moralisch integren, aber wenig realen Persönlichkeitsanteile. Hier sind das der junge Mann, der sich mutig vor seine Freundin stellt, um ihre Ehre gegen einen unverschämten Angreifer zu verteidigen, und der Macho, der sich selbst und seinem Freund beweist, dass er, wenn es um seine persönliche Ehre geht, auch einer keifenden und lügenden Freundin endgültig das Maul stopfen kann und kein sexueller Versager ist.

Die KGA ist deswegen besonders für Menschen geeignet, die durch ihren Selbstbetrug die Kluft zwischen RS und IS ständig vergrößern und dadurch den bewussten Zugang zu den negativen Anteilen ihres realen Selbst verlieren. Deswegen sind sie in ihrer Fähigkeit, eigenes Handeln kritisch zu überdenken, erheblich eingeschränkt und somit auch nicht mehr in der Lage, persönliche Defizite aus eigenem Antrieb zu erkennen und zu überwinden.

Wenn ich nicht weiß, dass mein Verhalten unter bestimmten Umständen moralisch nicht integer und misserfolgsorientiert ist, dann kann ich weder die ungünstigen Umstände erkennen noch mein negatives Verhalten ändern. Deswegen ist die grundsätzliche Voraussetzung für eine positive Verhaltensveränderung nur mit dem Wissen über die eigenen destruktiven Persönlichkeitsanteile herzustellen.

Wenn mir klar ist,
- dass ich mich unter bestimmten Umständen destruktiv verhalte,
- dass ich dadurch Gegenwart und Zukunft von mir selbst und anderen negativ beeinflusse,

- dass ich diese negativen Konsequenzen für mich selbst und für andere nicht möchte,

dann kann ich durch eigene Entscheidungen solches Verhalten verhindern.

Die KGA ist in fünf Abschnitte gegliedert.
1. Indikation und Anamnese
2. Warm-up
3. Information und Erkenntnis
4. Spiegelung
5. Konsolidierung

Die Spiegelung ist das entscheidende Ereignis der KGA. Sie unterscheidet die KGA grundsätzlich von anderen gewaltpräventiven Methoden. Deswegen wird sie hier ausführlich beschrieben. Alle anderen Abschnitte werden nur kurz in den Kapiteln „Die Vorbereitung" und „Die Nachbereitung" erwähnt. Sie sind zum Teil identisch oder ähnlich mit bereits bekannten Methoden. Alle konkreten Schritte, die in den fünf Abschnitten zur Anwendung kommen, wie Informationen, Aufgaben und Übungen, sind in einem Handbuch zur Praxis[63] aufgelistet und erklärt.

Die Grundlagen

Die Grundlagen der hier vorgestellten Methode bilden drei grundsätzliche Erkenntnisse:

1. Neuere Erkenntnisse aus der Hirnforschung

„Aggression ist ein evolutionär entstandenes, neurobiologisch verankertes Verhaltensprogramm, welches den Menschen in die Lage versetzen soll, seine körperliche Unversehrtheit zu bewahren und Schmerz abzuwehren. Die neurobiologischen Schmerzzentren des menschlichen Gehirns reagieren jedoch nicht nur auf körperlichen Schmerz, sondern werden auch dann aktiv, wenn Menschen ausgegrenzt oder gedemütigt werden. Nach dem Gesetz der Schmerzgrenze

---

[63] Bernd Heyder (in Vorbereitung): Klientzentrierte-Gewalt-Analyse: Das Handbuch. Eine Anleitung zur Resozialisierung Straffälliger in fünf Phasen. ibidem-Verlag, Stuttgart.

wird Aggression nicht nur durch willkürlich zu gefügten Schmerz, sondern auch durch soziale Ausgrenzung hervorgerufen.

Nicht ausgegrenzt zu sein, sondern befriedigende Beziehungen zu anderen zu pflegen, zählt zu den menschlichen Grundmotivationen. Wer Menschen von Beziehungen abschneidet, indem er sie ausgrenzt und demütigt, tangiert die physische und psychische Schmerzgrenze und wird Aggression ernten. Der Aggressionsapparat erweist sich damit als Hilfssystem des neurobiologischen Motivationssystems, welches auf soziale Akzeptanz ausgerichtet ist. Aggression wird erzeugt, wenn wichtige zwischenmenschliche Bindungen fehlen oder bedroht sind. Die Grundregeln der Aggressionserzeugung gelten nicht nur für einzelne Personen, sondern auch für Menschengruppen und Nationen.

Ein Hauptgrund dafür, dass Aggression oder Gewalt häufig unbegründet und unverständlich erscheint, ist das Phänomen der Verschiebung: In einem Menschen entstandene Aggressionsbereitschaft kann vom Gehirn in einem Aggressionsgedächtnis gespeichert werden. Dies kann einerseits zur Folge haben, dass sich das aufgestaute Aggressionspotential nicht gegen diejenige Person richtet, welche die Aggression provoziert hatte, sondern an eine andere Adresse. Andererseits besteht die Möglichkeit, dass sich ein entstandenes Potential erst mit erheblicher zeitlicher Verzögerung entlädt. Verschiebungsphänomene zeigen sich nicht nur bei Einzelpersonen, sondern wiederum auch bei Gruppen und Nationen.

Verschiebungsphänomene sind besonders fatal, weil sie plötzliche Aggression bei anderen unverständlich und unbegründet erscheinen lassen und darüber hinaus der zentralen Funktion der Aggression entgegenstehen, ein soziales Regulativ zu sein."[64]

„Bevor sich die Aggression den Weg nach außen bahnt, durchläuft sie eine Art neurobiologische Kontrollschleife: Nervenbahnen leiten Angst- und Aggressionsimpulse, bevor sie sich nach außen entladen, nach vorne ins Stirnhirn. Dort, in einer als Präfrontaler Cortex bezeichneten Region, sitzen oberhalb unserer Augenhöhlen Nervenzellnetzwerke, die nicht nur Informationen darüber gespeichert haben, welche Folgen sich aus aggressiven Handlungen für die eigene Person rückwirkend ergeben könnten, sondern auch darüber, wie sich andere Personen, an die wir unsere Aggressionen adressieren würden, fühlen würden. Beim Durchlauf durch die sogenannte frontolimbische Schleife erfährt der aggressive Impuls eine Veränderung, zumeist im Sinne einer Mäßigung."[65]

Fassen wir diese neurobiologischen Vorgaben zusammen und setzen sie in eine Beziehung zu unserem Thema, dann sind folgende drei Erkenntnisse für unsere Klientel und die KGA von besonderer Bedeutung.

---

[64] Joachim Bauer (2011): „Schmerzgrenze". S. 192f.
[65] Ebd.: S. 53, 56.

a. Selbstwertverletzungen aktivieren den Aggressionsapparat

„Zu den frühesten Erkenntnissen der Aggressionsforschung zählte die Beobachtung, dass die Zufügung körperlicher Schmerzen zu den zuverlässigsten Aggressionsauslösern zählt. Eine bahnbrechende Beobachtung der neueren Hirnforschung war nun, dass das Schmerz-Wahrnehmungssystem unseres Gehirns (die sogenannte ‚neuronale Schmerzmatrix') nicht nur auf körperlichen Schmerz reagiert, sondern auch auf soziale Ausgrenzung und Demütigung."[66]

Wenn wir uns die wichtigsten Risikofaktoren für Gewalt nochmal vor Augen führen – innerfamiliäre Gewalterfahrung, geringer Bildungsstatus, geringer sozio-ökonomischer Status, Abbruch wichtiger Beziehungen und Suchtabhängigkeit – dann wird klar, dass wir es hier ausschließlich mit Demütigung und sozialer Ausgrenzung, also massiver Selbstwertverletzung, zu tun haben.

Damit ist auch neurobiologisch nachvollziehbar, weshalb Selbstwertverletzungen Aggression und Gewalt verursachen und auslösen können.

Bezug zum Thema:
Unsere Klienten haben durch permanente Selbstwertverletzungen, die zum Teil in die früheste Kindheit zurückreichen, eine hohe Sensibilität für Herabsetzungen aller Art entwickelt. Man könnte es auch als eine geringe Frustrationstoleranz bezeichnen. Im Zuge dessen werden auch Situationen als Demütigung oder Ausgrenzung empfunden, die eine solche Absicht in keiner Weise beinhalten. Die Folge ist ein hochsensibler Aggressionsapparat, der ständig in Alarmbereitschaft gehalten wird und jederzeit abgerufen werden kann.

In der KGA werden über eine ausführliche Anamnese und vertrauliche Gespräche die wichtigsten selbstwertverletzenden Ereignisse im Leben der Klienten erfasst und in einen kausalen Zusammenhang zur eigenen Gewaltbereitschaft gebracht. Damit werden die individuellen Ursachen der übersteigerten Aggressionen für jeden Teilnehmer bewusst und nachvollziehbar.

---

[66] Joachim Bauer (2013): „Aggression und Friedenskompetenz aus Sicht der Hirnforschung", in: ZJJ 4/13, S. 357.

b. Aggressionsverschiebung und Aggressionsgedächtnis

„Aggressive Impulse lassen sich nicht nur von einem Objekt auf ein anderes verschieben, sondern, wie schon erwähnt, auch von einem aktuellen Zeitpunkt auf einen anderen. Erfahrungen, die den Aggressionsapparat aktiviert haben, aber nicht sofort durch Aggression beantwortet werden konnten oder durften, hinterlassen eine emotionale Erinnerungsspur, die den Aggressionsimpuls für einen eventuellen späteren Gebrauch wie eine Konserve aufbewahrt."[67]

Ein permanenter Mangel an Selbstwert entsteht demnach, wenn immer wiederkehrende Demütigungen und Ausgrenzungen nicht aktuell durch eine entsprechende Reaktion abgearbeitet werden können. Aggressionen stauen sich auf und werden dann in eine andere Zeit und an einen anderen Ort verschoben, wo sie sich inadäquat und für alle Beteiligten in einem völlig unverständlichen Zusammenhang entladen.

In der KGA nennen wir solche durch Verschiebung angehäufte und nicht ausgelebte Aggressionen latente Aggressionen. Sie sind da, aber nicht sichtbar. Man kann sie nicht erkennen, weil sie verborgen sind. Trotzdem können sie bei einer Person mit hoher Sensibilität für Selbstwertverletzungen jederzeit aktiviert und abgerufen werden. Die betroffene Person selbst ist sich dessen nicht bewusst, sie wird von diesen Aggressionen regelrecht geflutet. Das macht die latente Aggression und damit die betroffenen Menschen so gefährlich.

Bezug zum Thema:
Im Laufe ihres Lebens haben unsere Klienten häufig und massiv Selbstwertverletzungen hinnehmen müssen. Die dabei aufgebaute Wut musste speziell in der Kindheit häufiger unterdrückt werden. Dabei entstehen verschobene Aggressionen, die an anderer Stelle unangebracht und übertrieben ausgelebt werden. Die Aggression wirkt dann wie ein Gefäß im Inneren, das auf einer Kippe steht. Wenn es voll ist, verliert es sein Gleichgewicht und läuft aus. Ist dieser Zeitpunkt erreicht, dann genügt ein Tropfen, um es zum Überlaufen zu bringen.

So erklären sich die sogenannten Ausraster, wenn Klienten wegen eines eigentlich geringen Anlasses zuschlagen, zutreten

---

[67] Richman Smart, Leary Mr. (2009): Psychol Rev. 116 (2). S. 365-383; zitiert nach: Joachim Bauer (2011): „Schmerzgrenze". S. 77f.

und nicht mehr aufhören können. Sie werden von ihren aufgestauten Aggressionen überrollt und müssen, um Schlimmeres zu vermeiden, mit Gewalt vom Opfer weggezogen werden. Sie selbst erleben den totalen Kontrollverlust, einen sogenannten Blackout, und können oder wollen sich nur schwer oder gar nicht mehr erinnern. Unbeteiligte Zuschauer und selbst Freunde des Täters erleben solche scheinbar sinnlosen Aggressionsentladungen fassungslos und geschockt. Sie können keinen logischen Zusammenhang zwischen Aggression und Auslöser erkennen und empfinden den Täter in diesen Momenten als komplett durchgeknallt und verrückt.

Für die Klienten der KGA ist es ein regelrechtes Aha-Erlebnis, wenn sie zum ersten Mal in ihrem Leben solche Taten, die sie verantworten müssen, für die sie sich schämen und für die sie keinerlei Begründungen haben, verstehen und nachvollziehen können. Im Zuge dieser Erkenntnis beginnen sie, sich logische Gedanken darüber zu machen, wie sie denn zukünftig solche abartigen Ausraster vermeiden können.

c. Das moralische Kontrollzentrum als Teil des Aggressionssystems

„Die vier Komponenten Angst-, Ekel-, Stress-und Erregungszentrum werden als Bottom-up-Drive des menschlichen Aggressionsapparates bezeichnet. (Ich spreche von der Dampfkessel-Komponente.) Bestünde unser Aggressionssystem nur aus diesen vier Komponenten, dann gliche unsere Situation jener von Reptilien.
Was unterscheidet die menschliche Aggression von der des Reptils? Simultan mit jeder Aktivierung des Bottom-up-Drive kommt es beim Menschen zur Mit-Aktivierung eines Nervenzellnetzwerks im Stammhirn, im sogenannten Präfrontalen Cortex. Die Aufgabe dieses Netzwerks besteht darin, Informationen darüber abzuspeichern und verfügbar zu halten, wie Dinge, die ich selbst tue, aus der Perspektive anderer Menschen wahrgenommen werden. Neuroforscher bezeichnen die Funktion dieses Netzwerks als Top-down-Control. (Ich spreche gerne vom moralischen Kontrollzentrum.) Ob und wie stark eine erlebte Verletzung oder Provokation mit einer aggressiven Reaktion beantwortet wird, entscheidet ein Kompromiss, der im Gehirn zwischen Bottom-up-Drive- und Top-down-Control-Netzwerken ausgehandelt wird. Die Kompromissbildung kann unbewusst oder bewusst ablaufen, meist handelt es sich um eine Kombination von beidem. Sie kann, je nach Situation, einen Sekundenbruchteil, wenige Sekunden, Stunden oder Tage dauern. Wie eine Reaktion ausfällt, hängt zum einen von der Stärke des Bottom-up-Drive ab, zum anderen von der Funktionstüchtigkeit der Top-down-Control. Beide Stellgrößen sind keineswegs und insbe-

sondere nicht im Sinne einer genetischen Disposition biologisch vorgegeben. Vielmehr unterliegt sowohl der Bottom-up-Drive als auch der Top-down-Control dem massiven Einfluss sozialer Erfahrungen."[68]

Der Mensch besitzt also mit der Top-down-Control ein moralisches Kontrollzentrum, das die Einhaltung der moralischen Grundwerte einfordert. Dieses Zentrum kann entsprechend der individuellen Sozialisation des Menschen von sehr stark bis äußerst schwach ausgebildet sein.

Bezug zum Thema:
Unsere Klienten zeigen durch ihre Gewaltbereitschaft eine schwach bis ungenügend ausgeprägte Top-down-Control.

In der KGA und hier speziell während der Spiegelung müssen sich die Gewalttäter realistisch und selbstkritisch mit der moralischen Dimension ihrer Taten auseinandersetzen. Rechtfertigung und Idealisierung werden als Selbstbetrug erkannt und haben keine Bedeutung mehr. An ihre Stelle rücken die realen, negativen und destruktiven Persönlichkeitsanteile, die das Handeln während der Gewalttaten bestimmen. Die bisher wahrgenommene idealisierte Lebenswelt (der schöne Schein) löst sich auf und an ihrer Stelle erscheint die reale Welt, die hässliche Fratze der Gewalt. Die moralische Diskrepanz zwischen Anspruch und Wirklichkeit rückt ins Bewusstsein. Der Wunsch, die verlorene moralische Integrität wiederherzustellen, steht im Vordergrund. Gleichzeitig verliert die gewaltbefürwortende Zustimmung der Gleichgesinnten an Bedeutung. Diese tiefgreifende Erfahrung stellt eine außerordentliche Stärkung des moralischen Kontrollzentrums dar. Der Protagonist gewinnt damit erheblich mehr Kontrolle über seine Aggressionen.

2. Das Moralempfinden ist eine intuitive Fähigkeit des Menschen

Wie wir bereits wissen, ist der Mensch mit einem moralischen Kompass ausgestattet und kann schon in den ersten Monaten seines Lebens intuitiv zwischen fairer und unfairer Behandlung unterscheiden. Dabei ist faires Verhalten gewünscht, also gut,

---

[68] Joachim Bauer (2013): „Aggression und Friedenskompetenz aus Sicht der Hirnforschung", in: ZJJ 4/13. S. 358.

und unfaires Verhalten ungewünscht, also schlecht. Damit stellen diese Regeln ein Axiom (Grundregel) im moralischen Wertesystem des Menschen dar und lassen sich auch durch spätere Fehlentwicklungen nicht mehr verändern. Dementsprechend gelten sie auch für unsere Klientel und ihre Straftaten. Dass sie trotzdem unmoralische Taten begehen, liegt nicht daran, dass sie kein Moralempfinden haben, sondern daran, dass sie ihre Taten im Nachhinein schönreden (neutralisieren).

An dieser Stelle möchte ich noch einmal unsere Definition für Moral in Erinnerung rufen.

Moralisches Verhalten = dem Menschen gegenüber fair, also wohlwollend, gerecht, seine Würde und seine Selbstbestimmung achtend.

Unmoralisches Verhalten = dem Menschen gegenüber unfair, also schädigend, ungerecht, seine Würde und seine Selbstbestimmung missachtend.

„Neuere Untersuchungen weisen den Menschen als ein in seinen Grundmotivationen primär auf soziale Akzeptanz, Kooperation und Fairness ausgerichtetes Wesen aus."[69] Damit entsprechen die Verhaltensprinzipien der menschlichen Grundmotivation ziemlich exakt den Verhaltensweisen, die wir als moralisch definiert haben. Verhält sich der Mensch dementsprechend, dann lebt er im Einklang mit sich selbst und empfindet Wohlbehagen und Glück. Verhält er sich gegenteilig, dann wird er sich gegenteilig fühlen, also unwohl und unglücklich. Diesen Umstand machen wir uns in der KGA zunutze, was wir im nächsten Abschnitt näher erläutern werden.

Bezug zum Thema:
Das grundsätzliche Moralempfinden des Menschen macht es überhaupt erst möglich, dass sich auch Gewalttäter an einem

---

[69] Joachim Bauer (2011): „Schmerzgrenze". S. 27.

allgemein gültigen moralischen Wertemaßstab orientieren und messen lassen. Im Zuge dessen sind sie in der Lage, sich selbstkritisch mit ihren negativen und destruktiven Verhaltensstrukturen auseinanderzusetzen.

In der KGA wird diese Auseinandersetzung von den Protagonisten schonungslos ehrlich eingefordert und kognitiv sowie emotional reflektiert. Nie für möglich gehaltene Erkenntnisse bezüglich der eigenen Person und große Scham wegen ihres unmoralischen Verhaltens sind die tiefgreifenden Erfahrungen, die die Wiederholung solchen Fehlverhaltens zukünftig verhindern oder zumindest reduzieren sollen.

3. Die kognitive Dissonanz

Immer wenn Kevin (Name geändert) Drogen brauchte und gerade kein Geld hatte, beging er Straftaten (z.b. Diebstahl, Einbruch, Raub etc.) Um ganz sicher zu gehen, dass es diesmal keine Probleme mit dem Opfer, mit eventuellen Zeugen oder gar der Polizei gibt, suchte er gezielt einen Friedhof als Tatort und eine alte Frau als Opfer aus. Nachdem er sich sicher war, dass sonst niemand in der Nähe war, näherte er sich der alten Frau unauffällig und entriss ihr mit Gewalt ihre Handtasche. Die alte Dame hielt sich vor Schreck an ihrer Handtasche fest und wurde so vom Täter zu Boden gezerrt und einige Meter mitgeschleift, bis sie entkräftet loslassen musste. Sie erlitt einen Schock sowie multiple Prellungen und Hautabschürfungen und musste stationär behandelt werden.

Kevin hat eine zutiefst unmoralische Tat begangen, denn sie war feige, brutal, hinterlistig und egoistisch. Auf meine Frage, was er mit einem Typen machen würde, der dies seiner eigenen Großmutter antun würde, meinte er: „Den mache ich platt." Damit machte er deutlich, dass dieses Verhalten gegen seine eigenen moralischen Wertvorstellungen gerichtet ist. Eigentlich müsste dieser Sachverhalt eine massive kognitive Dissonanz auslösen.

Dies vermied Kevin, wie alle anderen auch, indem er alles, was an Verharmlosungen und Rechtfertigungen möglich ist, vortrug. Z.B.: „Ich wollte ihr nicht weh tun, ich habe sie ja nicht geschlagen, sie tut mir leid, ich war auf Entzug, sie hätte sich ja nicht an der Tasche festhalten müssen, ich bin eigentlich gar nicht so ein Typ, ich weiß gar nicht, warum ich das gemacht habe."

Festingers Theorie der kognitiven Dissonanz nennt drei verschiedene Arten der Dissonanz-Reduzierung. Eine Veränderung des Verhaltens, eine Veränderung der Einstellungen und Vermeiden von Situationen, die den Widerspruch verstärken.[70]

Wir wollen diese drei Möglichkeiten in Bezug auf unsere Klienten und am Beispiel von Kevin näher betrachten.

1. Sie verändern das eigene Verhalten so, dass es wieder mit den moralischen Ansprüchen übereinstimmt.

Diese erste Variante wäre eine echte Lösung. Sie würde nicht nur die kognitive Dissonanz auflösen, sondern auch das gesamte Problem, denn sie würde auch den inneren Selbstwert des Betroffenen stärken. Allerdings stellt sie auch den schwierigsten Weg dar, denn unsere Klienten müssten dafür nicht nur ihr unmoralisches Verhalten zugeben, sondern auch ihre aktuelle Lebenswelt, d.h. ihr komplettes Denken, Fühlen und Handeln verändern. Das würden sie zwar gerne tun, aber das können sie nicht, weil ihnen dazu wichtige Voraussetzungen fehlen, wie der nötige Mut zu Ehrlichkeit, die nötige Disziplin, das nötige Durchhaltevermögen oder ein tragfähiges Selbstwertgefühl.

Kevin müsste sein unmoralisches Verhalten in allen Konsequenzen erkennen und die volle Verantwortung dafür übernehmen. Die unerträglichen Gefühle der Scham, der Trauer und der Wut (kognitive Dissonanz), die das auslösen würde, müsste er zum Anlass nehmen, die Ursachen (den Drogenkonsum) dieses Verhaltens zu beseitigen und niemals mehr solche Taten geschehen zu lassen.

2. Sie verändern die eigenen moralischen Ansprüche so, dass sie mit dem negativen und destruktiven Verhalten übereinstimmen.

Diese Variante wäre ebenfalls eine echte Lösung. Sie müssten sich nur offen und ehrlich eingestehen, dass sie keine Helden,

---

[70] Vgl. Leon Festinger (1957): „Die Theorie der kognitiven Dissonanz". S. 42.

sondern lediglich egoistische Feiglinge sind, die andere Menschen ausnutzen und verletzen, um einen persönlichen Vorteil zu erzielen. Sie müssten dieses negative und destruktive Verhalten in ihrem moralischen Wertemaßstab offiziell als erstrebenswert anerkennen. Diesen Weg können sie auch nicht gehen, weil die moralischen Grundwerte für alle Menschen, also auch für sie, gleichermaßen gelten. Würden sie es trotzdem versuchen, dann könnten sie sich auch nicht mehr entrüsten, wenn sie selbst unfair behandelt werden.

Kevin müsste es als moralisch richtiges Verhalten empfinden und öffentlich dazu stehen, dass er eine unschuldige alte Frau zu Boden gerissen und ihr ganzes Geld geraubt hat, nur um weiterhin Drogen nehmen zu können.

3. Sie verändern gar nichts und vermeiden alles, was auf unmoralisches Verhalten hindeutet. Sie tun so, als würde ihr Verhalten mit ihren moralischen Ansprüchen übereinstimmen.

Diese dritte Variante ist nur eine Scheinlösung, die zwar den Widerspruch an sich und damit auch die unerträglichen Gefühle beseitigt, nicht aber das ursprüngliche Problem. Sie kommt den misserfolgsorientierten Strukturen unserer Klienten sehr entgegen, denn sie müssen tatsächlich gar nichts verändern. Sie machen lediglich sich selbst und dem Rest der Welt möglichst glaubhaft etwas vor. Sie verharmlosen, rechtfertigen oder verbiegen ihr destruktives Verhalten so, dass es wieder in ihr persönliches und moralisches Weltbild passt.

Kevin hat genau das getan.

Der Drang zur Auflösung einer kognitiven Dissonanz kann also den therapeutischen Zielen der KGA komplett entgegenwirken oder sie massiv unterstützen. Das hängt alleine von dem Weg ab, den die Klienten zur Beendigung ihres inneren Konflikts wählen.

Wie wir allerdings wissen und wie es am Beispiel Kevins deutlich wurde, wählen sie, ganz im Sinne der Theorie der kognitiven Dissonanz, stets den leichtesten Weg, und das ist nun mal der Weg des Selbstbetrugs, der gegen die Ziele der KGA gerichtet ist.

Deswegen ist das Setting der KGA so ausgerichtet, dass der Protagonist die ersehnte Konsonanz nur noch mittels einer echten Verhaltensveränderung erreichen kann. Wir entlarven die Scheinauflösung als Selbstbetrug und Lüge und aktivieren damit eine massive einstellungsdiskrepante kognitive Dissonanz. Das starke und dringende Bedürfnis nach Auflösung dieser unerträglichen Gefühle und Gedanken nutzen wir im Sinne einer tatsächlichen und moralisch integren Verhaltensmodifikation.

In der täglichen Arbeit mit Gewalttätern wurde diese Vorgehensweise über die Jahre entwickelt. Sie hat sich in der Praxis als praktikabel, effektiv und nachhaltig erwiesen. Die Theorie der kognitiven Dissonanz liefert dazu einige theoretische Grundlagen.

Voraussetzungen, die eine positive Veränderung des Verhaltens begünstigen:

- „Die Stärke der Dissonanz (Konsonanz) nimmt in dem Maße zu, wie die Wichtigkeit oder der Wert der betreffenden Elemente zunimmt."[71]
- Die Stärke des Drucks zur Auflösung der Dissonanz ist direkt abhängig von der Stärke der Dissonanz.[72]

Zum einen ist die moralische Integrität ein Grundbedürfnis des Menschen und steht in direktem Zusammenhang mit seiner Grundmotivation (entspricht einem Trieb des Menschen[73]). Damit ist es eines der wichtigsten Bedürfnisse des Menschen das er, um sich wohl fühlen zu können, befriedigen muss. Zum anderen stellen die eigenen Familienmitglieder (Mutter, Vater, Frau, Kinder etc.), die der Täter durch sein Verhalten entehrt, belogen und betrogen hat, als wichtigste Bezugspersonen die wichtigsten Elemente im moralischen Kontext dar. Entsprechend stark ist die Dissonanz bei diskrepantem Verhalten, entsprechend stark ist das Bedürfnis zur Wiederherstellung der Konsonanz und entsprechend stark und nachhaltig ist die Konsonanz, wenn sie erreicht wurde. Dieses Bedürfnis ist so stark, dass es auch die fehlenden Vorrausetzungen wie die nötige Disziplin, das nötige

---

[71] Ebd.: S. 30.
[72] Ebd.
[73] Vgl. Joachim Bauer (2011): „Schmerzgrenze". S. 32.

Durchhaltevermögen oder ein tragfähiges Selbstwertgefühl überwinden kann.

- „Die primäre und häufigste Ursache eines Widerstandes gegen eine Änderung ist für jedes kognitive Element die Tatsache, dass es auf die Realität reagiert. Wenn man sieht, dass das Gras grün ist, ist die Vorstellung, dass es nicht grün ist, schwierig."[74]

Verändert sich die Wahrheit, dann verändert sich auch das Verhalten. Die Wahrheit ist also ein starker und wirksamer Veränderungsmotor. Wenn unsere Klienten ihre negativen Wahrheiten erkennen, dann ist es schwierig für sie, wenn nicht gar unmöglich, weiterhin zu glauben, diese Wahrheiten gäbe es nicht. Um hier Konsonanz herzustellen, müssen sie ihr Verhalten so verändern, dass es diese negativen Wahrheiten nicht mehr gibt.

- „Aronson nimmt an, dass Dissonanzerregung und nachfolgende Dissonanzreduktion nur dann einsetzen, wenn ein Verhalten eigenen grundlegenden Kernüberzeugungen und Einstellungen widerspricht. Demnach entsteht Dissonanz nicht, weil lediglich zwei Kognitionen inkonsistent zueinander stehen, sondern weil diese Kognitionen eine selbstbezogene Inkonsistenz hervorrufen, also im Widerstreit mit ganz grundsätzlichen Merkmalen der eigenen Person stehen."[75]

Diese These beschreibt ziemlich genau den Moment der KGA, wenn unseren Klienten ihr unmoralisches und gewalttätiges Verhalten ungeschönt bewusst wird und sie feststellen müssen, dass es gegen ihre moralischen Grundwerte gerichtet ist, dass sie selbst nicht die moralisch integren Menschen sind, für die sie sich gehalten haben.

---

[74] Leon Festinger (1957): „Die Theorie der kognitiven Dissonanz". S. 36.
[75] Elliot, Aronson (1999): „Dissonance, hypocrisy, and the self-concept"; zitiert nach: Sozialpsychologie für Bachelor. Lesen, Hören, Lernen im Web (2013).

Bezug zum Thema:
Gewalttäter verharmlosen ihre Taten und idealisieren ihr Selbstbild. Sie sehen sich als moralisch integre Menschen und glauben gerne an diese Lügen. Sie sind sich ihrer Schuld nicht bewusst. So gehen sie mit einer Scheinauflösung dem inneren Konflikt aus dem Weg und verhindern eine tatsächliche Veränderung ihres Verhaltens.

Wird dieses Manöver als Selbstbetrug aufgedeckt, dann wird der ursprüngliche Widerspruch erneut offensichtlich und es wird eine einstellungsdiskrepante kognitive Dissonanz größten Ausmaßes aktiviert. Eine erneute Scheinauflösung ist jetzt nicht mehr möglich, sie wurde bereits als Selbstbetrug entlarvt. Eine Veränderung der Einstellung ist auch nicht möglich, weil die moralischen Grundprinzipien nicht veränderbar sind. Die Wiederherstellung der ersehnten Konsonanz ist jetzt nur noch über eine nachhaltige Veränderung des eigenen Verhaltens möglich. Die Voraussetzungen für eine radikale Verhaltensveränderung sind nun im Sinne einer echten Auflösung optimal.

Inhalte und Methoden

Wenn die Erziehungsversuche aller Institutionen bisher mehr oder weniger gescheitert sind, dann wird deutlich, dass man die Einsicht in das eigene Fehlverhalten bei dieser Klientel mit konventionellen pädagogischen Mitteln nur schwer oder gar nicht erreichen kann. Wenn man aber genau das zum Ziel hat, muss man neue und eventuell auch unkonventionelle Wege gehen. Bei der inhaltlichen Auseinandersetzung mit diesen Klienten hat sich das Arbeiten mit ihren negativen Verhaltensstrukturen auf der einen und ihren moralischen Grundsätzen auf der anderen Seite als äußerst effektiv erwiesen. Durch die konfrontative und provokative Methodik, die vor allem in den Settings der Spiegelung angewandt werden, können die Inhalte klar, deutlich und nachhaltig vermittelt werden.

1. Arbeiten mit negativen Persönlichkeitsanteilen

„Es war klar, ich merkte, dass die passivere, mehr aufnehmende, traditionelle Rolle des Therapeuten nichts für mich war. Ich wurde immer unfähiger, ausschließlich dem Patienten zuzuhören, während ich die lauten und klaren Signale aus meinem eigenen Inneren und das, was ich über diese Patienten von Familie, Team und anderen Mitpatienten hörte, ignorierte. Ich erinnere mich, dass ich den Leuten ständig erzählte, dass ich den ganzen Kuchen haben wollte. Ich wollte nicht einfach ein einfühlsames, empathisches Verstehen für die Erfahrungen des Patienten in das Gespräch einbringen, sondern ihm auch zeigen, wie andere Leute ihn wahrnehmen und ihm von wo auch immer Rückmeldung geben."[76]

So beschreibt Frank Farrelly seine Erfahrungen als Therapeut, auf Grundlage derer er die Provokative Therapie entwickelte. Mir ging es irgendwann ganz genauso, mit dem Unterschied, dass ich keine ‚normalen' Patienten hatte, sondern Menschen, die ihren Mangel an Selbstwert durch die Ausübung massiver Gewalt kompensieren. Diese Persönlichkeiten bieten jede Menge Anlass zu kritischen, konfrontativen und provokativen Rückmeldungen.

Eigentlich sollte man Menschen mit einem erheblichen Selbstwertproblem positiv verstärken, damit sie sich in ihrem

---

[76] Frank Farrelly und Jeffrey Brandsma (1974): „Provokative Therapie". S. 26.

Wert stärker, also bestätigt, fühlen. Konfrontiere ich solche Menschen mit ihrem eigenen Versagen, füge ich ihnen schließlich nur eine weitere Selbstwertverletzung zu, was ihr ursprüngliches Problem nicht löst, sondern weiter vertieft. Diese Art der Behandlung wäre damit im Sinne einer Verhaltensveränderung kontraproduktiv. Aus dieser Sicht erscheint das ausschließliche Arbeiten mit negativen Persönlichkeitsanteilen doch eher unüblich, wenn nicht sogar unprofessionell. Doch die Erfahrung mit den Klienten hat mich genau das Gegenteil gelehrt.

Ich weiß natürlich, dass jeder einzelne Teilnehmer nicht nur brutal und gewalttätig, sondern auch nett, hilfsbereit, freundlich, respektvoll etc. sein kann. Schließlich präsentieren sich alle Teilnehmer genauso in den Kursen. Es gibt eher selten Klienten, die ich in ihrer Persönlichkeit allgemein als unangenehm bezeichnen würde, die meisten sind tatsächlich mehr oder weniger sympathisch. Außerdem nehmen die Momente, in denen sie sich gewalttätig, also negativ und destruktiv, verhalten, nur einen verschwindend geringen Teil ihres Lebens ein. Die mit Abstand meiste Zeit sind sie mehr oder weniger nette Jungs. Also, wieso sollten wir nicht, wie in der Pädagogik üblich, auch mit ihren positiven Ressourcen arbeiten? Die Antwort lautet: Weil sie so nicht ihre Fehler, sondern nur ihr idealisiertes Selbstbild bestätigt sehen. Man kann es vielleicht am ehesten mit einer Impfung vergleichen. Dabei werden dem Körper schädliche Substanzen zugeführt, damit er diese erkennen und eine entsprechende Abwehr aufbauen kann. Unsere Klienten müssen schließlich ihre schädlichen Verhaltensmuster auch erst mal erkennen, um sie verändern zu können.

Früher habe ich meiner Ausbildung und meinem pädagogischen Selbstverständnis entsprechend vorwiegend mit den positiven Anteilen der Klienten gearbeitet. Das nahmen diese auch gerne an, denn es bestätigte sie in ihrem positiven Selbstbild. Die pädagogische Arbeit verlief reibungslos und harmonisch. So mancher Teilnehmer konnte an der richtigen Stelle auch eine Träne vergießen, was meinen Eindruck von effektiver pädagogischer Arbeit bestätigte. Eine tatsächliche Verhaltensveränderung im Sinne moralischer Integrität hat sich allerdings bei den wenigsten eingestellt.

Heute spielen die positiven Anteile nur im persönlichen Umgang mit den Klienten eine Rolle, während der Therapiesequenz, der Spiegelung, bleiben sie völlig außer Acht. Respekt, Lob und Empathie gibt es nur, wenn durch konstruktive Mitarbeit ein offensichtlicher Erkenntnisgewinn sichtbar wird, und das passiert meistens erst am Ende dieser Sequenz. Ansonsten stehen Kritik und Konfrontation im Vordergrund. Schließlich wollen wir zementierte Verhaltensmuster aufbrechen, die von den Klienten hartnäckig verteidigt werden. Was nutzt den Klienten die Erkenntnis, dass sie zu 99% nette Kerle sind, wenn sie das eine Prozent zum Straftäter macht. Wenn dieses eine Prozent nicht nur das Leben ihrer Opfer zerstört, sondern auch ihr eigenes und das ihrer Familien. In der KGA ist deswegen das erste Ziel das Erkennen der eigenen negativen und destruktiven Persönlichkeitsanteile.

Das Arbeiten mit positiven Persönlichkeitsanteilen ist bei unserer Klientel deshalb eher kontra-indikativ. Wenn ich der positiven Beurteilung von freundlichem, hilfsbereitem und respektvollem Verhalten unserer Klientel breiten Raum einräume, dann gieße ich Wasser auf die Mühle ihrer idealisierten Selbstbestätigung und vertiefe damit nur das Dilemma. Denn das ist es, was sie wollen. Sie wollen es von offizieller Seite bestätigt haben, dass sie nette Jungs sind. Denn damit haben sie einen weiteren Baustein in die Wand zementiert, die ihnen die Sicht auf ihre negativen Persönlichkeitsanteile versperrt. Wird eine Person, die aus der Sehnsucht nach mehr Selbstwert ihr Selbstbild hoffnungslos idealisiert, positiv verstärkt, dann fühlt sie sich in ihrer falschen Selbsteinschätzung bestätigt, und das wird bei unserer Klientel nur den negativen Status quo erhalten und, wie bereits beschrieben, unkalkulierbare Folgen für alle Beteiligten haben.

Alle Teilnehmer werden zu Beginn der Maßnahme über dieses Vorgehen informiert. Sie wissen, dass ausschließlich mit ihren negativen Persönlichkeitsanteilen, die vor allem während der Straftaten sichtbar werden, gearbeitet wird. Sie verstehen auch meine Begründung, nur dort etwas dazulernen zu können, wo sie Fehler begehen. Wo alles positiv verläuft, gibt es auch keinen Bedarf zur Veränderung.

Eine Ausnahme bilden die Teilnehmer, die ihren Selbstwertmangel defensiv kompensieren. Diese Klienten neigen zur
Depression, deswegen muss man vorsichtig mit der Konfrontation der negativen Persönlichkeitsanteile umgehen. Dieses Vorgehen kann eine Depression auslösen oder vertiefen. Ich hatte in
den letzten fünfzehn Jahren zwei Klienten, die im Gegensatz zu
allen anderen Teilnehmern eher ängstlich und in sich gekehrt
erschienen. Bei beiden verzichtete ich während der Spiegelung
auf die Konfrontation mit den negativen Persönlichkeitsanteilen
komplett und führte stattdessen eine intensive Übung zur positiven Verstärkung ihrer Selbstbehauptung durch. Beide konnten
zum Ende der Therapie Auge in Auge mit jedem einzelnen Teilnehmer ihre Meinung über diesen klar und deutlich, offen und
ehrlich zum Ausdruck bringen. Sie konnten sich dabei entweder
deutlich abgrenzen oder ihre Sympathie bekunden. Genau das
war es, was sie lernen mussten, denn aus mangelnder Selbstbehauptung konnten sie sich nicht genügend abgrenzen, was
schließlich ihre Straftaten verursachte.

2. Arbeiten mit moralischen Grundwerten

Ziel der Klientzentrierten-Gewalt-Analyse ist es, die Teilnehmer
so zu informieren und vor allem so zu beeindrucken, dass sie
zukünftig keine Gewalt- und Straftaten mehr begehen. Das zentrale Ereignis der KGA ist deshalb die Spiegelung. Diese Therapiesequenz beschreibt einen Prozess, während dem das idealisierte Selbstbild der Klienten kritisch hinterfragt und zerstört
wird. Dadurch tritt die negative, kriminelle, moralisch nicht integre und für die Klienten beschämende Wahrheit ungeschminkt in
den Vordergrund.

Damit diese Wahrheit alle Abwehrmechanismen ungehindert überwinden und letztendlich in das Bewusstsein der Protagonisten vordringen kann, bedienen wir uns der moralischen
Grundwerte. Diese sind, wie wir wissen, für alle Menschen
gleichermaßen bindend. Damit diese Werte für die Teilnehmer
keine abstrakten Begriffe bleiben, lasse ich sie deshalb in einer
Hausaufgabe ihre persönlichen Vorstellungen von Moral mit ihren eigenen Worten niederschreiben. Dabei beschreiben sie ausführlich, was für sie Mut und Ehre bedeuten, was sie über Men-

schen denken, von denen sie belogen, betrogen oder geschlagen wurden, wie wichtig ihnen ihre Familie ist usw. Und so beschreiben sie ihre persönlichen moralischen Grundwerte. Alles, was zu diesen Themen bisher zu Papier gebracht wurde, deckt sich zu 100 Prozent mit den allgemein gültigen moralischen Grundwerten: Faires Verhalten ist gut und wird gewünscht und unfaires Verhalten ist schlecht und wird abgelehnt. Und es entspricht in vollem Umfang den Bedürfnissen der menschlichen Grundmotivation nach sozialer Akzeptanz, Kooperation und Fairness.

Die Gegenüberstellung ihres realen Verhaltens mit ihren eigenen moralischen Grundsätzen bringt die ganze negative Wahrheit ins Licht. Dieser Vorgang ist in der Regel ein sehr schmerzhafter Prozess, denn jetzt können die Klienten sich nicht mehr aus der Verantwortung stehlen. Schließlich haben sie den Wertemaßstab, an dem sie gemessen werden, selbst aufgestellt. Zum ersten Mal in ihrem Leben wird ihnen die Tragweite ihrer Lebenslüge bewusst. Ihre jahrelangen Verdrängungsmechanismen und damit ihre gesamte Lebenslüge (Lebenswelt) fallen in sich zusammen wie ein Kartenhaus.

Wenn verdrängte und ungewünschte, aber unumstößliche Wahrheiten über das eigene Verhalten (verhaltensrelevante Kognitionen) ins Spiel kommen, entstehen massive einstellungsdiskrepante kognitive Dissonanzen. Widersprüche von solchem Ausmaß können, wie wir bereits wissen, im Zuge ihrer Auflösung tiefgreifende Verhaltensveränderungen bewirken. Und genau das ist es, was wir wollen. Dieses einschneidende Erlebnis stellt einen radikalen Wendepunkt im Leben unserer Klienten dar, denn alle sind an diesem Punkt der Therapie zutiefst beeindruckt. Noch nie zuvor in ihrem Leben haben sie ihr bisheriges Verhalten so realistisch betrachtet, und kein einziger möchte sich durch sein zukünftiges Verhalten weiterhin selbst beschämen und entehren.

Damit hat die moralische Integrität wieder den Platz eingenommen, der ihr zur Erhaltung und Steigerung des inneren Selbstwertes gebührt. Und das ist es, was in diesen Momenten bei den Klienten in Gang gesetzt wird. Sie übernehmen endlich Verantwortung für ihr Fehlverhalten und zeigen damit moralisch integres Verhalten. Dabei entstehen nicht nur Scham und Reue wegen der unmoralischen Taten, sondern auch Erleichterung und

Stolz darüber, dass sie ihre Fehler nicht mehr leugnen müssen, sondern offen und ehrlich zu ihnen stehen können.

3. Arbeiten mit konfrontativen und provokativen Methoden

Konfrontative und provokative Methoden haben sich seit der Einführung des Anti-Aggressivitäts-Trainings in der Arbeit mit schwieriger Klientel vielerorts durchgesetzt. Allerdings sind sie auch in die Kritik geraten. Einerseits haben sie einige Praktiker als Freibrief betrachtet, um einmal so richtig auf den Putz zu hauen und dabei in sich unstimmige und völlig übertriebene Praktiken angewandt. Andererseits haben etliche Verfechter herkömmlicher humanistischer Methoden dies als Anlass genommen, ganz allgemein vernichtende Kritiken über die gesamte Konfrontative Pädagogik zu ergießen. „Demütigend" und „menschenverachtend" waren die am meisten genannten Kritikpunkte.

Die dadurch entstandene öffentliche Diskussion, ob nun die Konfrontation, also das Arbeiten mit den negativen Persönlichkeitsanteilen, auf der einen Seite oder die Empathie, also das Arbeiten mit den positiven Ressourcen, auf der anderen Seite die sinnvollere Behandlungsmethode für diese Klientel sei, war getragen von der Annahme, dass Konfrontation und Empathie wie Feuer und Wasser unwiederbringlich gegeneinander stehen. Das ist natürlich Unsinn, denn Konfrontation und Empathie stellen keinen Widerspruch dar, sondern bedingen sich gegenseitig. Konfrontation ohne Empathie werden unsere Klienten als Angriff auf ihre Person und ihre idealisierte Lebenswelt empfinden und darauf entsprechend mit Abwehr reagieren. Empathie ohne Konfrontation werden sie gerne annehmen, weil es ihr idealisiertes Selbstbild bestätigt. Das eine ohne das andere bringt uns in unserem Bemühen, den Teilnehmern die Augen zu öffnen, nicht wirklich voran.

Was wir benötigen, ist nicht Konfrontation um des Konfrontierens willen oder Empathie um des lieben Friedens willen, sondern Konfrontation der Empathie wegen. Ist es nicht ein hoch empathischer Akt, wenn ich meinem Gegenüber, ungeachtet aller Konsequenzen, sozusagen Face-to-Face, seine Wahrheit vor Augen führe, in der einzigen Absicht, für ihn eine Veränderung ins Positive zu bewirken? Ich zeige mit diesem Verhalten, dass mir mein Gegenüber wichtig ist. Und genauso empfinden das übrigens auch die Teilnehmer. Anstatt sauer auf mich zu sein, weil sie sich vor sich selbst und vor der ganzen Gruppe schämen mussten, bekunden sie mir gegenüber ihre Dankbarkeit, und zwar direkt im Anschluss an die Spiegelung. Sie stehen öffentlich zu ihren Fehlern, sie entschuldigen sich bei ihren Opfern und zeigen damit echten Mut und Verantwortung. Sie bekunden ihren klaren und eindeutigen Willen, dass sie so nicht sein wollen, und sie wissen jetzt auch, wie das geht. Sie haben ihre moralische Integrität wiedergewonnen, das stärkt ihren inneren Selbstwert und dafür bedanken sie sich.

Dagegen fühlt sich das ausschließliche Arbeiten mit positiven Ressourcen bei dieser Klientel eher an, wie ein Austausch platter Komplimente um des lieben Friedens willen. Es herrscht Friede, Freude, Eierkuchen, nach dem Motto: Tust du mir nichts, dann tue ich dir auch nichts. Pädagogen und Klienten haben ein schönes und friedliches Treffen, aber nichts verändert sich tatsächlich, denn alles wurde so bestätigt, wie es ist.

Konfrontative und provokative Methoden in der Therapie sind nichts Neues. Spätestens seit 1974, als Farrelly und Brandsma ihre bahnbrechenden Erfahrungen mit provokativen Methoden in der Therapie veröffentlichten (Provokative Therapie), müsste jedem Fachmann klar sein, dass diese Art zu arbeiten nicht nur seine Berechtigung hat, sondern bei bestimmten Klienten auch schneller und zielgerichteter zum Erfolg führen kann. Über die Art und Weise, wie man Menschen möglichst effektiv zu einer Verhaltensveränderung motivieren kann, schreiben Farrelly und Brandsma:

„Es gibt viele Wege, wie sich Menschen anpassen, lernen oder sich verändern können. Eine wichtige Methode ist es, den Menschen vor eine Herausforderung zu stellen, die er zu meistern gezwungen ist und die er nicht umgehen kann. Wenn dazu konstruktiver Ärger über sich selbst kommt, kann die Veränderung in der Tat schnell geschehen. Im Zusammenhang mit hoher Erwartung ist konstruktiver Ärger auf sich selbst ein mächtiger Antrieb zur Veränderung. Die Aufgabe des Therapeuten ist es, den Patienten genügend aber nicht maßlos herauszufordern, um ihn zu provozieren, neue Verhaltensmuster zu benutzen. Kampfreaktionen auf Probleme sind beinahe immer Fluchtreaktionen vorzuziehen. Einer der charakteristischen Züge der provokativen Therapie ist die Art, wie der Therapeut die Vermeidung des Patienten nicht duldet, auch nicht beim ersten Kontakt."[77]

Diese Ausführungen beschreiben exakt die Arbeit und Zielsetzung in der KGA, besonders während der Spiegelung. Sinnvolle und effektive Konfrontation oder ganz einfach empathische Konfrontation, wie sie in der KGA angewandt wird, hat aber auch Regeln, die es unbedingt zu beachten gilt. Hier die fünf wichtigsten:

Regel 1:   Orientierung an objektiven Sachverhalten.
Bezüglich der Konfrontationsthemen, wie z.B. unmoralisches Verhalten, Straftaten, negative Persönlichkeitsanteile, muss ich mich, soweit es möglich ist, an dem tatsächlichen Sachverhalt orientieren. Das ist zugegebenermaßen oft nicht einfach, wenn sich beispielsweise der Klient gegen eine unangenehme Wahrheit wehrt oder ein richterliches Urteil nicht den tatsächlichen Sachverhalt widerspiegelt. Hier sind eine ausführliche Anamnese, logisch kriminalistische Schlussfolgerungen und viel Einfühlungsvermögen gefragt.

Regel 2:   Die Würde des Klienten muss gewährleistet bleiben.
Der Klient wird weder durch Beleidigungen noch durch Tätlichkeiten angegriffen. Sollte er sich trotzdem angegriffen oder beleidigt fühlen, dann wird das ernst genommen, thematisiert und sich gegebenenfalls dafür entschuldigt.

Regel 3:   Konfrontative oder provokative Methoden müssen einen logisch nachvollziehbaren Zusammenhang zur Problematik des Klienten haben.
Einzelne provokante und konfrontative Settings, wie z.B. die Inszenierung oder das Bewusstmachen der negativen Persönlichkeitsanteile, müssen unbedingt in einem logischen, verständlichen Zusammenhang mit der Problematik des Klienten stehen, damit er auch weiß, warum er das macht und wohin es führen soll.

---

[77] Ebd.: S. 46.

Regel 4:   Der Klient hat immer die letzte
             Entscheidungsgewalt
Ich kann mit dem Klienten um Wahrheiten diskutieren und regelrecht ringen, aber letzten Endes muss ich ihm die Entscheidung
selbst überlassen, ob und wie er damit arbeiten will. Damit wahre
ich seine Integrität. Dass sich der Klient trotzdem auf alles (oder,
besser, fast alles) einlässt, ist eine Frage der sinnvollen Vorgehensweise, die die Technik der KGA gewährleistet.

Regel 5:   Der KGA-Therapeut leitet die Konfrontation und ist
             nicht auf die Mitarbeit der restlichen Klienten an-
             gewiesen.
Oft sind die übrigen Teilnehmer einer Spiegelung so beeindruckt,
dass sie in den alles entscheidenden Phasen gar nichts sagen
können oder wollen. In solchen Momenten auf ihre Mitarbeit zu
drängen, zerstört das sensible Setting und ist kontraproduktiv.
Die Teilnehmer können bei der Konfrontation mitwirken, müssen
aber nicht, wenn sie es nicht wollen. Das Setting ist so struktu-
riert, dass der Therapeut die Mitarbeit der Gruppe nicht benötigt,
um sein Ziel zu erreichen. Damit ist die unseelige Abhängigkeit
von der Mitarbeit der anderen Teilnehmer, wie es üblicherweise
bei allen anderen konfrontativen Gruppenmaßnahmen der Fall
ist, aufgehoben.

4. Persönliche Erfahrungen

Wenn sie mit ihren Bemühungen bei besonders problematischer
Klientel eine umfassende Verhaltensveränderung bewirken wollen, müssen sie in der Lage sein, diese Menschen nachhaltig zu
beeindrucken. Ein gut gefüllter Methodenkoffer alleine wird dabei nicht ausreichen. Wie sie als Trainer/Therapeut und als
Mensch auf die Klienten wirken, ist dabei von ebenso großer Bedeutung. Den Trainer/Therapeuten machen nicht nur sein Wissen, sondern auch seine Berufs- und Lebenserfahrung aus. So ist
er für die Klienten nicht nur ein Fachmann in Sachen Gewalt,
sondern auch ein Mensch, den man ernst nimmt oder nicht, den
man respektiert oder nicht und dem man Glauben schenkt oder
nicht.

Aber nicht jeder Therapeut oder Trainer kann ein altgedienter Hase sein, der auf Grund seiner umfassenden Erfahrungen eine gute Therapie oder ein gutes Training aus dem Ärmel schüttelt. Deswegen ist es wichtig, dass allen unerfahrenen Therapeuten Methoden an die Hand gegeben werden, die diese Erfahrungsdifferenz weitgehend ausgleichen können.

Welches Vorgehen dabei gut oder weniger gut geeignet ist, wird sich immer erst durch viele praktische Versuche herausstellen. Die Effektivität der Methoden, die letztendlich zur Anwendung kommen, ist zum großen Teil davon abhängig, wie oft und wie gut sich diese in der individuellen Praxis bewähren. Es liegt auf der Hand, dass bei der Entwicklung dieser Methoden umfangreiche berufliche sowie persönliche Erfahrungen eine nicht zu unterschätzende Bedeutung haben.

Alle Erfahrungen, die ich in meinem Leben beruflich sowie privat gemacht habe, machen den Menschen aus, der mit therapeutischen Absichten vor eine Gruppe massiver Gewalttäter tritt und ihre ungeteilte Aufmerksamkeit einfordert, um ihnen eine ungewünschte Verhaltensveränderung schmackhaft zu machen. Alle Themen und Methoden, die zu diesem Zweck entwickelt wurden, sind natürlich auch Ausdruck dieser Erfahrungen. Sie orientieren sich an den Einstellungen, Gepflogenheiten und Ritualen der Klientel. Es ist daher auch sinnvoll, dass bei der Besprechung der Methoden dieser Faktor ausreichend erwähnt wird.

a. Erfahrungen aus der Praxis

Die Themen und Behandlungsmethoden der KGA sind im Sinne der Zielsetzung erfolgsorientiert auf die Klientel abgestimmt. Sie werden von den Teilnehmern anerkannt und wohlwollend mitgetragen. Der Grund dafür liegt im Wesentlichen an der Tatsache, dass sie vorwiegend in der Praxis, also in der Arbeit mit diesen Klienten, entwickelt wurden. Das bedeutet, alle Übungen und Vorgehensweisen, die im Sinne ihrer Zielsetzung funktionieren, werden beibehalten und stets optimiert. Alle anderen werden eliminiert.

Was den Unterschied zwischen Theorie und Praxis ausmacht, weiß jeder, der nach langem theoretischem Studium ein offizielles Diplom erworben hat und damit in die Praxis entlassen wird. Ich kann mich noch gut an meine ersten Arbeitswochen erinnern, in denen alles, aber auch wirklich alles, anders gekommen ist, als ich es mir vorgestellt und vorgenommen hatte. Der Grund dafür liegt hauptsächlich darin, dass man es in der Praxis nicht mit anonymen Klienten, sondern mit leibhaftigen Menschen zu tun hat. Dieser Umstand ist ganz besonders von Bedeutung, wenn man sein Fachwissen in Berufsfeldern erworben hat, in denen vorwiegend im persönlichen Kontakt mit problembeladenen Menschen gearbeitet wird.

Während des Studiums wurden uns Theorien vorgestellt, wie man welche Probleme erfassen kann, und welche Methoden zur Lösung führen. Im sterilen, klinisch sauberen Rahmen der Arbeitsseminare war das logisch und nachvollziehbar. Wir waren mit Begeisterung bei der Sache und konnten uns richtig gut vorstellen, wie wir im praktischen Leben die Menschheit retten. In der Praxis ist das Arbeitsfeld aber nicht sauber und steril, sondern kontaminiert mit lebenden Menschen, die die Probleme, die es zu bearbeiten gilt, mit sich herumschleppen und die entsprechende Energie ausstrahlen.

Ich werde einige Beispiele aus der Praxis schildern, um zu verdeutlichen, wie unsere Klienten ticken und wie man sie am besten motivieren kann.

Es war am Anfang meiner Arbeit in der Gewaltprävention. Ich hatte einen jugendlichen Gewalttäter zum Anamnesegespräch eingeladen. Das ist in der Regel der erste persönliche Kontakt, und so waren wir wahrscheinlich beide gespannt, was uns erwartet. Mit fünfzehnminütiger Verspätung klingelte er an meiner Türe. Als ich öffnete, stand da ein mürrischer junger Mann, der seine Baseballmütze tief in die Augen gezogen hatte. Zur Begrüßung reichte er mir nur widerwillig die Hand, schaute dabei demonstrativ zur Seite und nuschelte Unverständliches in den hochgestellten Kragen seiner übergroßen Jacke. Er signalisierte Abwehr mit jeder Faser seiner Person, und ich dachte mir: „Das fängt ja gut an!" Die Stimmung im Gespräch war dann entsprechend angespannt und wenig erbauend.

Das war zum Glück kein typischer Fall, aber solche Klienten tauchen speziell bei Jugendlichen immer wieder mal auf, wobei nicht nur Abwehr, sondern auch mangelndes Selbstvertrauen die Ursache für solches Verhalten sein kann. Wenn ich heute so einen Klienten begrüße, halte ich seine Hand so lange fest, bis er mich verwundert anschaut. Dann erkläre ich ihm freundlich, dass Wegschauen Respektlosigkeit signalisiert und führe ihm vor, wie sich das auf der anderen Seite anfühlt. So nebenbei erwähne ich noch, dass sich „Männer", wenn sie miteinander reden, in die Augen schauen.

Auf dem Tisch, an dem wir zum Gespräch Platz nehmen, steht ein Glas Wasser, und nachdem wir uns vorgestellt haben, frage ich ihn höflich, ob es für ihn in Ordnung ist, wenn ich während des Gesprächs von diesem Wasser trinke. Mit dieser Geste gebe ich ihm Entscheidungsgewalt über mein Verhalten, löse die Hierarchie zwischen uns auf und stärke so sein Selbstwertgefühl. Die Gespräche, die dann entstehen, verlaufen stets in entspannter Atmosphäre.

Dieses kleine Beispiel ist nicht stellvertretend für diese Klientel, zeigt aber auch, dass alleine das zwischenmenschliche Verhalten des Trainers/Therapeuten mit kleinen Gesten große Hindernisse und Widerstände auflösen kann. Im Gegenzug können kontraproduktive Reaktionen diese Hindernisse und Widerstände noch verstärken.

Zum besseren Verständnis der oft unverständlichen Verhaltensweisen unserer schwierigen Klienten möchte ich noch ein klassisches, immer wiederkehrendes Beispiel aus dem praktischen Alltag in der Prävention mit jugendlichen Gewalttätern vorstellen.

Kursbeginn eines ambulanten Anti-Aggressivitäts-Trainings für jugendliche Intensivtäter. Es ist Mittwochabend, 18.00 Uhr. Ich sitze gemeinsam mit meinem Kollegen und acht jugendlichen Gewalttätern im Stuhlkreis unseres Gruppenraums. Um die optimale Gruppengröße von sechs Teilnehmern zu erreichen, muss ich zehn bis zwölf Jugendliche einladen, denn innerhalb der ersten drei Gruppensitzungen werden ca. 40 bis 50 Prozent der Teilnehmer erst gar nicht erscheinen oder abspringen. Diese Tatsache spiegelt die Motivation der Jugendlichen für alles, was ihnen keinen Spaß macht, ziemlich realistisch wider, und damit ist nicht nur dieses aufgezwungene Training gemeint, sondern auch ihre alltäglichen Verpflichtungen, in der Schule, in der Ausbildung oder in der Arbeit.

Die Luft im Raum ist zum Schneiden dick, denn die Stimmung der einzelnen ist dem Anlass entsprechend negativ und destruktiv. Schließlich wurden sie durch höchst richterlichen Beschuss gezwungen, sich auf etwas einzulassen, das sie mit jeder Faser ihres Körpers und mit ihrem durch die Gruppendynamik ihrer Subkultur einseitig konditionierten Denken aufs Tiefste ablehnen. Sie sollen friedfertig werden. Sie sollen, wenn sie beleidigt werden, weghören, wenn sie dumm angemacht werden, sollen sie sich zurückziehen, wenn einer die Freundin anbaggert, sollen sie das verbal klären, sozusagen mit diesem „Spasti" reden. Kurzum, sie sollen keine echten Kerle mehr sein, die ihren Mann stehen und sich zu wehren wissen, sondern „Pussis", „Pickos" oder „Schwuchteln", die ihren Schwanz einziehen und sich damit vor sich selbst, den Kumpels und dem Rest der Welt lächerlich machen.

Sie haben alle vor Gericht das Anti-Aggressivitäts-Training als Auflage akzeptiert, nicht weil sie denken, dass sie es nötig haben, sondern weil es im Vergleich mit dem drohenden Knast das kleinere Übel darstellt. Sie sind allesamt Wiederholungstäter und zum größten Teil mehrfach delinquent. Sie sind in ihrem Denken und Handeln fest verankert in der kriminellen Subkultur der Gleichgesinnten, deren Normen und Werte ihnen einen Rahmen geben, in dem sie sich behaupten und beweisen können. Hier können sie ihren Selbstwert neu definieren. Hier finden sie die Anerkennung und die Bestätigung, die sie sich zu Hause, in der Schule, in der Ausbildung, in der Öffentlichkeit etc. durch wohlwollendes und leistungsorientiertes Verhalten nicht verdienen konnten oder wollten.

Ich arbeite seit mehr als dreißig Jahren in der Resozialisierung delinquenter junger Menschen und könnte locker der Großvater dieser Klienten sein. Ich bin Diplom-Sozialpädagoge und Anti-Aggressivitäts-Trainer und als solcher ein offizieller Vertreter unseres Rechtssystems. So sitze ich nun zusammen mit diesen gewaltbereiten Jungs im „schwulen" Stuhlkreis und soll ihnen den Pfad der Tugend schmackhaft machen.

Normalerweise ist jeder Pädagoge in dieser Situation mit der massiven Ablehnung und der entsprechend negativen Energie der Teilnehmer konfrontiert. Die Voraussetzungen für konstruktive pädagogische Arbeit sind damit denkbar ungünstig und auf den ersten Blick scheint dieses Unterfangen aussichtslos. Ich kenne dieses Szenario zur Genüge, und das ist nicht der einzige Vorteil, den ich habe und der es mir in dieser Situation wesentlich einfacher macht, denn man kennt mich auch vom Hörensagen.

Viele der jungen Schläger und Kriminellen kennen sich untereinander, und so kennen die meisten auch einen, der bei mir schon mal einen Kurs gemacht hat. Einen älteren Bruder, einen Freund, einen Mittäter oder einen ehemaligen Gegner. Aus diesen Quellen wissen sie, dass sie hier nicht mit erhobenem Finger gescholten und „zugetextet" werden, sondern dass sie unter anderem auch Dinge sehen, hören und erleben werden, die sie so noch nicht gekannt haben. Dinge, die spannend, witzig und außergewöhnlich sind, wie z.B. einen Besuch in einem Gefängnis der Sicherheitsstufe eins, wo sie mit Gefangenen reden können, die wegen ihrer Gewalttaten langjährige Haftstrafen absitzen müssen.

Aus diesen Quellen erfahren sie auch, dass die Kursleiter Leute sind, mit denen man reden kann, die ihnen zuhören und die sie ernst nehmen – aber auch unangenehme Wahrheiten aussprechen und sie dabei alt aussehen lassen. Kurzum, dass die Kursleiter korrekte Typen sind, die sie nicht verarschen, aber sich auch nicht verarschen lassen. Damit habe ich zwar einen kleinen Bonus, aber gleichzeitig auch eine Verpflichtung, der ich nun gerecht werden muss.

Es ist für den Pädagogen stets ein Tanz auf schmalem Grat, wo zwischen Wohlwollen und Kumpanei, zwischen locker-lässig und starker Hand, zwischen Mitgefühl und radikaler, niederschmetternder Kritik ständig der Absturz droht, denn im Verlauf dieses Trainings geht es letzten Endes um Wahrheit. Es geht um die Wahrheit, die man nicht wahr haben will, weil sie weh tut, weil sie gegen die eigenen moralischen Werte steht, weil sie negativ und entehrend ist.

Ich möchte, dass sie ihre negativen Wahrheiten, die sie gemeinsam erfolgreich verdrängen, erkennen und annehmen. Ich möchte, dass ihnen ihre Legenden, Verharmlosungen und Lügen bezüglich ihrer Straftaten bewusst werden und sie stattdessen ihre destruktiven Persönlichkeitsanteile, die im Augenblick der Straftat ihr Handeln bestimmen, erkennen. Und so geht es auch am ersten Gruppenabend um Wahrheit, und die ist alles andere als angenehm, denn die Stimmung ist ablehnend und negativ. Keiner ist freiwillig hier, jeder würde jetzt gerne etwas anderes machen.

Ich brauche aber ihre freiwillige Aufmerksamkeit, sonst geht gar nichts, also verhalte ich mich so, wie sie es am wenigsten erwarten. Ich rede nicht über diesen Kurs und auch nicht über ihre Straftaten. Ich nehme die momentane Stimmung auf, so wie sie ist, und verbalisiere ihre Gedanken. Ich gebe ihnen Recht und erzähle ihnen, dass es mir genauso geht. Dass ich auch keinen Bock habe auf diesen Kurs und schon gar nicht auf diese negative Stimmung. Dass ich jetzt viel lieber auf den Bahamas in einer Strandbar sitzen würde und mir von einer heißen karibischen Schönheit einen coolen Drink servieren lassen würde, und ich frage sie, was wir jetzt mit dieser Erkenntnis machen, ob wir zusammen einen trinken gehen oder ob wir mit dem Kurs beginnen.

Tatsächlich hat das Training bereits begonnen und wir sind, ohne dass sie es merken, mitten in ihrem Thema, nämlich Null-Bock-Mentalität auf der einen und unangenehme, aber wichtige Verpflichtungen auf der anderen Seite. Sie haben eine richterliche Auflage, die sie erfüllen müssen, sonst drohen ihnen härtere Strafen, bis hin zu Knast. Ich habe einen Job, für den ich bezahlt werde, ohne den ich meine Familie nicht ernähren kann.

Ich habe sie beobachtet, als sie nacheinander hier angekommen sind, und spiele jetzt ihr obercooles Gehabe überzeichnet nach. Ich bringe sie zum Lachen, und sie erfahren ganz nebenbei ein erstes kleines Stück ihrer persönlichen Wahrheit. Ich mache mich hier freiwillig zum Affen und frage sie anschließend, ob sie deswegen weniger Respekt vor mir haben. Ich kann über mich selbst lachen und gewinne dabei noch an Respekt, das ist neu für diese Jungs. Sie entspannen sich allmählich und im Verlauf des Abends werden sie sich noch gegenseitig vorstellen und dabei auch über ihre Straftaten reden. Um 20.00 Uhr ist die Stimmung locker und gelöst, und das war unser Ziel. Wir verabschieden uns alle per Handschlag, mit Augenkontakt, voneinander und verabreden uns für den nächsten Mittwoch.

Wenn hier immer von der Klientel die Rede ist, dann sind das nicht irgendwelche anonymen Massen, sondern lebende Menschen. Jeder einzelne ein Individuum, mit vielen unterschiedlichen Facetten im Denken, Fühlen und Handeln, die weit über das hinausgehen, was man mit anonymen Statistiken erheben, empirischen Studien erforschen oder in einem Gutachten feststellen kann. Es sind die Reaktionen, die erst im persönlichen Umgang deutlich werden, es sind die feinen emotionalen Nuancen, die man dabei zwischen den Zeilen lesen kann, es ist die Einstellung, die im vertraulichen Gespräch geäußert wird, und es sind vor allem die versteckten und übertünchten Schwächen, die nur im engen persönlichen Umgang erkennbar werden. Da sind auf der einen Seite das starke Bild, das sie nach außen demonstrieren, und auf der anderen Seite die Verletzungen, die sich dahinter verbergen. Mit diesen jungen Menschen muss eine Vertrauensbasis aufgebaut werden, ohne die gar nichts geht. Es muss ein Weg gefunden werden, der den Zugang zu ihren Hirnen und Herzen, ihrem Denken und Fühlen ermöglicht.

All diese Erfahrungen, Erfolge und Enttäuschungen haben mich angetrieben, die Vorgehensweisen immer wieder zu überdenken und weiterzuentwickeln. Die KGA ist deswegen nicht aus einer wissenschaftlichen Theorie entstanden, die sich an den Ergebnissen statistischer Erhebungen oder empirischer Studien orientiert, sondern in erster Linie aus der Praxis. Dabei war mir wichtig, dass die einzelnen Informationen und Settings in ihrem Inhalt und ihrer Struktur so klar und deutlich sind, dass zum einen alle Teilnehmer sie zu jeder Zeit nachvollziehen können und zum anderen auch ein ungeübter und unerfahrener Trainer/Therapeut ganz genau weiß, was er zu tun und zu lassen hat, um zielgerichtet damit umzugehen. Ob und wie effektiv er diese Kommunikation zwischen Klienten und Therapeut mit Leben füllen kann, das ist eine andere Frage, denn dafür steht er mit seiner eigenen Persönlichkeit.

b. Erfahrungen aus dem Leben

Die meisten Teilnehmer, die ich bisher behandelt habe, waren durchaus lebenstauglich oder, wie der Volksmund sagen würde, „mit allen Wassern gewaschen". Sie hatten trotz ihres eher jungen Alters (die meisten waren Anfang 20 bis Mitte 30) jede Menge Lebenserfahrung, denn sie konnten auf Grund ihrer speziellen Sozialisation und dem daraus resultierenden Lebenswandel vieles erleben, was dem Normalbürger wohl für immer verschlossen bleibt. Diese Überlebensspezialisten sind auf ihrer Bühne auch Menschenkenner und merken sehr schnell, wen sie vor sich haben, denn nicht nur ich habe einen ersten Eindruck von ihnen, auch sie haben einen ersten Eindruck von mir und ordnen mich dementsprechend in ihre Raster ein.

In der Alkohol- und Drogentherapie sagt man, dass die besten Therapeuten ehemalige Abhängige sind. Das ist auch logisch, denn sie können nicht nur die Suchtproblematik der Klienten nachempfinden, sie kennen auch deren Verdrängungs- und Vertuschungsmechanismen aus eigener Erfahrung. Das gleiche würde auch für eine Gewalttätertherapie gelten. Allerdings habe ich noch keinen ehemaligen Gewalttäter kennengelernt, der nach seiner Haftzeit ein Studium begonnen hat, um sich dann zum Therapeuten ausbilden zu lassen. Trotzdem ist es auch hier wichtig, dass man als Trainer/Therapeut ein gewisses Maß an Empathie, also authentisches Verständnis, für die Situation der Klienten aufbringen kann. Aber wie soll das funktionieren, wenn man von Geburt an eine nahezu gegenteilige Sozialisation durchlaufen hat?

Es geht mit Authentizität, und diese erwirbt man mit Erfahrungen. Indem man sich unbekannten Situationen stellt und lernt, mit ihnen umzugehen. Ich bin als jüngster von drei Brüdern in einfachen Verhältnissen aber mit viel Zuwendung und Liebe großgeworden. Meine alleinerziehende Mutter hat mir auf der einen Seite eine klare moralische Struktur gegeben und auf der anderen Seite alle Freiheiten gelassen mich auszuprobieren und Erfahrungen zu sammeln. So bin ich in die Welt gezogen und habe jede Menge mögliche und unmögliche Situationen erleben dürfen oder erleben müssen. Mein unbändiges Gerechtigkeitsempfinden und mein grenzenloser Freiheitsdrang bescherten mir dann nicht nur einen holprigen Bildungsverlauf, sondern auch (als achtzehnjähriger Hippie) das zweifelhafte Vergnügen, ein südspanisches Franko-Gefängnis einige Tage von innen zu erleben. Die Demütigungen und Schläge sowie die Gesichter der Täter sind mir heute noch so lebendig vor Augen als wäre das alles erst gestern passiert.

Ich erwähne diese kurze autobiographische Notiz, weil ich denke, dass gerade solche massiven Opfererlebnisse meinen Umgang mit diesem Thema nachhaltig beeinflusst haben.

Die Durchführung

„Neue psychotherapeutische Systeme werden gewöhnlich nicht von Therapeuten formuliert, ohne dass sie in einem ständigen psychotherapeutischen Prozess stehen und Erfahrungen sammeln. In scharfem Gegensatz zum mythischen Verhaltenswissenschaftler, der wahrscheinlich in seinem Elfenbeinturm sitzt, seine Annahmen betreffs des menschlichen Verhaltens aufzeigt und dann deduktiv fortschreitet, um jene Verhaltensweisen, die therapeutisch sind, abzuleiten, ist meine Erfahrung, dass therapeutische Systeme sich induktiv entwickeln, aus sich ansammelnden und unmittelbaren Therapieerfahrungen, in denen der Therapeut darum kämpft, Sinn in seinen Erfahrungen zu finden.“[78]

So beschreibt Farrelly die Entstehung seiner provokativen Therapie. Ich zitiere diese Zeilen, weil sie mich doch sehr an meine eigenen, jahrelangen Erfahrungen mit den Klienten erinnern. In meinem Streben, den Dingen auf den Grund zu gehen, habe ich stets nach Gemeinsamkeiten und Regeln gesucht und dabei herkömmliches Wissen über die Klientel immer wieder in Frage gestellt und an neue Erkenntnisse und Herausforderungen angepasst, was letzten Endes in die KGA mündete.

Bei der konkreten Umsetzung der hier vorgestellten Methoden spielt in jedem Fall die praktische Erfahrung mit der Klientel eine nicht unerhebliche Rolle. Ob überhaupt, wann und wie diese Methoden zum Einsatz kommen, ist für den Erfolg von entscheidender Bedeutung. Die hier beschriebenen Settings haben sich im

---

[78] Ebd.: S. 39f.

Laufe der Jahre als äußerst zuverlässig und im Sinne unserer Zielsetzung auch als erfolgreich herausgestellt.

1. Die Spiegelung

Stellt sich ein Mensch vor den Spiegel, dann möchte er sich selbst sehen. Das sollte man zumindest annehmen. Aber so einfach ist das nicht, denn um sich selbst zu sehen, müsste er sich nackt und ungeschminkt vor dem Spiegel präsentieren. Und weil es wahrscheinlich nur sehr wenige Menschen auf dieser Welt gibt, die komplett ihrem eigenen Schönheitsideal entsprechen und deswegen mit dem Anblick ihrer nackten Tatsachen rundum zufrieden sind, steht der Mensch nicht vor dem Spiegel, um sich selbst zu sehen, sondern lediglich, um zu überprüfen, ob er seine körperlichen Unzulänglichkeiten erfolgreich vertuschen konnte.

Zu diesem Zweck versucht er sein Aussehen mit allen Mitteln aufzumotzen, um so seinem Ideal möglichst nahe zu kommen. Dafür gibt es echte Lösungen, die den Körper tatsächlich verändern, wie z.B. Sport, gesunde Ernährung, Vermeidung von Stress, Schönheitsoperationen etc., und es gibt Scheinlösungen, die eine Veränderung des Körpers nur vorgaukeln, wie z.B. Kleidung, Schminke, Frisuren, Haarfarben, Perücken, Schmuck, High Heels etc.

Genauso verhält es sich mit der Psyche des Menschen. Auch in seinem Verhalten möchte er seinem Ideal möglichst nahe kommen. Um diesbezüglich vorhandene Schwächen zu beseitigen, hat er auch hier echte und scheinbare Lösungen zur Verfügung. Eine echte Lösung wäre eine tatsächliche Verhaltensveränderung, die dem Ideal möglichst nahe kommt. Das heißt, er müsste sich nur so verhalten, wie er gerne wäre. Aber so einfach, wie das scheint, ist es nicht. Denn ein massives moralisches Fehlverhalten, wie das unserer Klienten, stellt eine bedrohliche oder tabuisierte Vorstellung dar, vor der sich der Mensch schützen will. Diese wird ins Unterbewusste verdrängt und dort unter Verschluss gehalten.[79]

---

[79] Vgl. Online Lexikon für Psychologie und Pädagogik>Verdrängung.

Im Gegensatz zu den körperlichen Mängeln sind ausgeprägte psychische Defizite dem Menschen mehr oder weniger nicht bewusst. Also werden in diesen Fällen die Scheinlösungen vorgezogen und der eigenen Psyche ideales Verhalten lediglich vorgegaukelt. Das wurde in den Kapiteln moralischer Selbstbetrug, persönlicher Selbstbetrug und kognitive Dissonanz schon ausführlich behandelt.

Damit unsere Klienten ihr Verhalten den eigenen moralischen Wertvorstellungen anpassen können, müssen sie zuerst erkennen, dass ihr aktuelles Verhalten unmoralisch ist. Das heißt, wir müssen die Abwehrmechanismen der Psyche umgehen oder austricksen und unangenehme, verdrängte Wahrheiten ins Bewusstsein heben. Zu diesem Zweck stehen sie, im übertragenen Sinn, vor einem Spiegel und bekommen Stück für Stück alle Hüllen genommen, bis sie nackt und ungeschminkt sehen können, wer sie wirklich sind.

Die Spiegelung ist sowohl zeitlich als auch inhaltlich das zentrale Ereignis der KGA. Alle vorher stattgefundenen Therapiesequenzen leisten die Vorarbeit, die nötig ist, um die Klienten auf dieses Ereignis vorzubereiten. Alle danach stattfindenden Sequenzen bauen auf den hier gewonnenen Erfahrungen auf und sollen zur Konsolidierung neuer Verhaltensstrategien beitragen.

In ihrer Wirkungsweise sind die Techniken, die im Folgenden vorgestellt werden, den sogenannten Impact-Techniken zuzuordnen.

> „Impact-Techniken sind wirksam, weil sie es den Klienten ermöglichen, schneller und dauerhaft wichtige Botschaften aufzunehmen. Denn sie beachten mnemotechnische Prinzipien (Anm. Erinnerungstechniken), die dem Gedächtnis gestatten, Informationen leicht und nachhaltig aufzunehmen. Die Impact-Therapie wird charakterisiert als eine Kommunikation, die alle Sinne anspricht und sich in den verschiedenen Ausdrucksformen des Körpers zeigt. Es geht dabei also darum, nicht allein die Ohren, sondern ebenso die Augen und die Gesamtheit der sensorischen Modalitäten anzusprechen. Das Gedächtnis versteht mehr als nur Worte!"[80]

Als mnemotechnische Prinzipien kommen in der KGA vor allem das multisensorische Lernen, das Konkret-Machen abstrakter

---

[80] Danie Beaulieu (2005): „Impact-Techniken für die Psychotherapie". S. 8f.

Konzepte, das Nutzen bereits bekannter Informationen und das Auslösen von Emotionen zum Einsatz.[81]

Die Spiegelung ist ein kompaktes Setting, in dem permanent neue Erkenntnisse auf den Protagonisten einströmen, die alle kognitiv erfasst und emotional verarbeitet werden müssen. Die Vielzahl an intensiven und zum Teil tief greifenden Ereignissen verlangt vom Klienten eine umfassende Auffassungsgabe und Erinnerungskapazität. Weil aber die Erfahrungen aus der Therapie mit zunehmendem zeitlichem Abstand verblassen, wird dieses gesamte Setting per Video aufgezeichnet. Jeder Teilnehmer bekommt zum Abschluss der Therapie seine eigene Spiegelung als DVD. Damit wird nicht nur dem achten mnemotechnischen Prinzip (häufige Wiederholung) der Impact-Therapie[82] Rechnung getragen, sondern dem Protagonisten auch die Möglichkeit eröffnet, im Nachhinein neue Erkenntnisse zu gewinnen und alte aufzufrischen.

Die Spiegelung ist das therapeutische Setting, das die radikale Verhaltensmodifikation, die wir anstreben, möglich machen soll. Sie stellt ein einmaliges und tiefgreifendes Erlebnis dar, in dem Grenzerfahrungen gemacht werden. Damit ist sie im Sinne der provokativen Therapie die konfrontative Herausforderung, die die Klienten nicht vermeiden können und die eine umfassende und nachhaltige Verhaltensveränderung bewirken kann.

In drei aufeinander folgenden Schritten (Settings) werden das idealisierte Selbstbild kritisch hinterfragt, die unmoralischen Verhaltensweisen am eigenen moralischen Anspruch gemessen und die daraus hervortretenden negativen und destruktiven Persönlichkeitsstrukturen visualisiert und ins Bewusstsein gehoben, sodass die altbewährten Verdrängungs- und Idealisierungsmechanismen nicht mehr funktionieren können. Dabei wird vom Klienten permanent sowohl die kognitive als auch die emotionale Reflexion aller Inhalte eingefordert. Will er vor sich selbst und vor anderen nicht als Verlierer, Lügner oder Versager dastehen, ist er nun gezwungen, neue Wege zu gehen. Diese Auseinandersetzung mit sich selbst ist hart, aber auch heilend, denn er erkennt vielleicht zum ersten Mal in seinem Leben, wer er wirklich

---

[81] Vgl. ebd.: S. 27.
[82] Ebd.

ist, oder, im Sinne einer positiven Veränderung ausgedrückt, wer er bis heute wirklich war.

a. Die individuelle Problemanalyse

Zu Beginn der Spiegelung wird dem Protagonisten die Problemanalyse zu seinem individuellen negativen Lebensweg vorgetragen. Ursachen, Hintergründe und Bedingungskonstellationen seiner destruktiven Verhaltensmuster werden aufgezeigt und in Beziehung zu seinem bisherigen Leben gesetzt. Dabei unterscheiden wir eindeutig zwischen Ursachen, für die er keine Verantwortung trägt, wie z.B. alle frühkindlichen und kindlichen Erfahrungen mit erheblichen negativen Auswirkungen (Gewalt, Lieblosigkeit, Gleichgültigkeit etc.) und Ursachen, für die er Verantwortung übernehmen muss, wie z.B. Disziplinlosigkeit, Unzuverlässigkeit, Drogenkonsum, Gewaltbereitschaft, Faulheit, Delinquenz usw.

Die Basis dieser Problemanalyse bilden alle Informationen, die wir aus offiziellen Akten der Gerichte (Urteile, Gutachten, etc.), Jugendämter, JVA-en, aus zielgerichteten Befragungen der Klienten, aus schriftlichen Hausaufgaben, aus Übungen und dem persönlichen Verhalten in den Therapiesequenzen gewinnen. Der Protagonist nimmt dazu Stellung und kann eventuelle Missverständnisse oder Ungereimtheiten ausräumen, sodass er sich mit dem Bild, das bezüglich seines Lebensweges und seiner Persönlichkeitsentwicklung aufgezeigt wird, in vollem Umfang identifizieren kann. Diese endgültige individuelle Problemanalyse bildet die Basis für den inhaltlichen Verlauf des folgenden Settings.

b. Der erste Schritt: Erkennen des Selbstbetrugs

Der erste Schritt dient zum einen der kognitiven und emotionalen Einstimmung des Klienten in das für ihn ungewohnte, konfrontative und emotionale therapeutische Setting und zum anderen der Zerstörung des idealisierten Selbstbildes.

Zu diesem Zweck schlüpft der Protagonist in eine andere Rolle, die er mittels einer kleinen Verkleidung auch optisch darstellt. Dieses Verkleiden wird, der Anzahl der dazu notwendigen Utensilien entsprechend, Schritt für Schritt erklärend aber auch belustigend vorgenommen. Es lockert die angespannte Stimmung und gewöhnt den Protagonisten an die exponierte Stellung, die er für die nächsten beiden Stunden innehaben wird. Zudem ist es eine erste Gelegenheit, eigene Aggressionsauslöser zu erkennen und zu neutralisieren, denn die Belustigung der anderen Teilnehmer wird von vielen Protagonisten als Angriff auf die eigene Person und damit als Selbstwertverletzung wahrgenommen. Hier wird der Mangel an Selbstwert deutlich. Die heftigen Abwehrmechanismen, die das hervorrufen kann, werden von den restlichen Teilnehmern negativ wahrgenommen, denn für sie wird der Protagonist dadurch zum Spaßverderber. Thematisiert man diese Problematik, wird sie zu einer ersten Erkenntnis für den Protagonisten. Denn wenn er den Spaß mit den anderen teilen und über sich selbst lachen kann, wird er als lässiger, lustiger und unterhaltsamer Typ, also positiv, wahrgenommen. Hier zeigt sich eine selbstbewusste Persönlichkeit. Damit die negative Wahrnehmung beim Protagonisten nicht überhandnimmt, wird er zu Beginn dieser Inszenierung und wenn nötig auch währenddessen immer wieder über ihren eigentlichen Sinn informiert, nämlich das Erkennen eigener Defizite.

Die Belustigung und das Spielen mit Aggressionsauslösern dienen nur der Einführung in die Spiegelung. Der eigentliche Zweck der Verkleidung ist das Erkennen des Selbstbetrugs. Deswegen hat die Maskerade auch immer etwas mit der individuellen Problematik des Klienten zu tun. Sie kann seine Problematik entweder überzeichnen oder ins Gegenteil verkehren. Beide Varianten sollen beim Klienten Abwehrmechanismen auflösen und selbstkritische Denkanstöße verursachen. Daher lauten die ersten Fragen auch immer:

* Warum, glaubst du, hast du diese Verkleidung bekommen?
* Was will dir diese Verkleidung sagen?
* Macht diese Verkleidung für dich einen Sinn?

Die meisten Klienten haben keine schlüssigen Antworten auf diese Fragen, denn sie sind sich der Idealisierung ihres Selbstbildes nicht bewusst. Entsprechend unreflektiert ist ihre Einstellung zu sich selbst. In diesen Fällen werden Schritt für Schritt alle ver-

drängten negativen Wahrheiten ausgegraben und in die Öffentlichkeit der Gruppe gehoben. Damit stehen sie auch wieder dem
Bewusstsein des Protagonisten zur Verfügung. In diesem Moment
erkennt er auch den Sinn seiner Verkleidung und wird sich, wenn
er sich nicht weiter selbst belügen will, wohl oder übel mit ihr
identifizieren müssen.

Dieser Moment ruft abgesehen von ersten Erkenntnissen
über sich selbst auch Gefühle der Trauer und der Wut über das
eigene Versagen hervor und stellt so einen ersten emotionalen
Höhepunkt dar.

Hier ein Beispiel aus der KGA:
Achilleas (Name geändert) ist ein sportlicher und attraktiver junger Deutscher griechischer Abstammung. Er ist Mitte zwanzig
und hat ein langes Strafregister, das sich ab seiner Strafmündigkeit (14 Jahre) bis hin zu seiner aktuellen Inhaftierung lückenlos
aufgefüllt hat. Raub, räuberische Erpressung, Körperverletzung
und Diebstahl sind die hauptsächlichen Delikte seiner kriminellen Laufbahn. Vier Wochen Jugendarrest und eine dreijährige
Jugendstrafe hatten bisher keinen positiven Einfluss.

Sein Vater, ein ehemaliger Berufssoldat, der auch zu kriminellen Aktivitäten neigte, ist eine ambivalente Persönlichkeit. Auf
der einen Seite schlug er seinen Sohn häufig und massiv, sodass
es auch zu Verletzungen kam, die ärztlich behandelt werden
mussten, und auf der anderen Seite überhäufte er ihn mit Ge-
schenken, damit dieser, wie er sagt, nicht stehlen gehen müsse.
Achilleas sagt, er habe von seinem Vater alles bekommen, was er
wollte. Ansonsten kümmerte sich der Vater nur wenig um seinen
Sohn. Die Mutter stand dazwischen und schützte den Sohn vor
dem aggressiven Vater, was immer wieder zu stressigen und zum
Teil gewalttätigen Familienszenen führte.

Schon im Kindergarten war er auffällig aggressiv und stahl
auch des Öfteren. Er hatte ja nie gelernt, auf Dinge, die er sich
wünschte, zu verzichten. In der Schule setzte sich dieses auffäl-
lige Verhalten verstärkt fort. Dort schlug er auch seinen Lehrer
und einmal sogar den Direktor, weil dieser seine Eltern kritisiert
hatte. Eigentlich ist er ein intelligenter Junge, aber wegen mangelnder Unterstützung und Kontrolle seitens seiner Eltern, wegen

seines destruktiven Verhaltens, wegen seiner permanenten Lern-verweigerung und wegen einer diagnostizierten ADHS-Problematik entwickelte er sich zum Schulversager. Die zweite und die vierte Klasse musste er wiederholen und in der Folge flog er aus einer Gesamtschule, einer griechischen Privatschule und verschiedenen Bildungsmaßnahmen raus. Ohne Schulabschluss und ohne Berufsausbildung ging er ins Arbeitsleben, wo er keine Arbeit längere Zeit durchhalten konnte. Gewalttätige Erziehungs-versuche, permanente Misserfolge, ständiger Ärger zu Hause, in der Schule, mit dem Jugendamt, mit der Polizei und mit dem Gericht hinterließen ein angeschlagenes und empfindliches Selbstwertgefühl.

Mit elf Jahren raucht er seinen ersten Joint, mit dreizehn Jahren zog er das erste Koks und mit fünfzehn Jahren war er bereits Dauerkonsument. Die Drogen beeinflussten sein Verhal-ten negativ, THC machte ihn träge und Koks machte ihn aggres-siv. Nebenbei boten ihm die Drogen eine gute Möglichkeit, sein Versagen zu kompensieren. So zog sich auch der Drogenkonsum wie ein roter Faden durch sein bisheriges Leben. Kriminelle Akti-vitäten begleiteten ihn auf diesem Weg und der erste richtig er-folgreiche Raub bestätige ihn in seinem Verhalten. Nicht arbeiten zu müssen, immer ausschlafen zu können und trotzdem stets Geld in der Tasche zu haben, das war sein Schlüsselerlebnis, das war sein Leben. Er sieht gut aus, er hatte Erfolg bei Mädchen, zudem ist er ein hervorragender Breakdancer, womit er sich auch in der Öffentlichkeit Zuwendung und Anerkennung sichern konn-te, und er verfügte über Geld. Seine Welt ist in Ordnung. Er ist ein Held, und damit sieht er sich selbst nicht als Versager, sondern als erfolgreichen jungen Mann.

Das bisherige Ende dieser Karriere war ein bewaffneter Raub, den er zusammen mit zwei Mittätern aus Geldnot spontan begang. Opfer war ein 69-jähriger Rentner, den sie mitten in der Nacht, mit einem Messer am Hals, seines Lebens bedroht und damit zur Herausgabe seines Geldes gezwungen hatten. Die Beu-te betrug 260 Euro und ein Handy.

Jetzt sitzt er sechs Jahre und einen Monat wegen schwerem Raub und einer Körperverletzung, die er zusätzlich während der Haft beging, in einer JVA der Sicherheitsstufe eins. Hier ist er eingesperrt in einer kleinen Zelle, seines Selbstbestimmungsrechtes beraubt. Die Zellentüre hat innen keinen Griff und aus seinem Fenster kann er nicht hinaussehen, dazu müsste er einen Klimmzug machen. Die Toilette befindet sich direkt neben seinem Esstisch, und wenn er in der Mitte seiner Zelle die Arme ausbreitet, kann er fast beide Wände berühren. Er trägt einheitliche Gefängniskleidung und ist wie alle anderen eine graue Maus, nur einer von 500 Gefangenen. Dieser Abstieg frustriert ihn zutiefst, wodurch permanent unterschwellig aggressives Verhalten hervorgerufen wird. Deshalb und wegen seiner einschlägigen Straftaten soll er ein Anti-Aggressivitäts-Training absolvieren und bei mir an einer KGA teilnehmen.

Im ersten Schritt wird Achilleas schonungslos mit seinen negativen Wahrheiten konfrontiert. Alle bisher verdrängten Misserfolge werden nun öffentlich vor der Gruppe ausgebreitet. In chronologischer Reihenfolge wird jede einzelne Station aufgelistet, mit dem Protagonisten ausgiebig besprochen, auf ihren Wahrheitsgehalt hin abgestimmt und für alle sichtbar um ihn herum plakatiert. Unterstützend für die angestrebte Erkenntnis wirkt die individuelle Verkleidung, die in unserem Beispiel das ursprüngliche Problem überzeichnend darstellen soll.

Achilleas sitzt auf einem stilisierten Thron, trägt eine goldene Krone mit der Aufschrift „König der Versager" und hält als Zepter eine Klobürste in der Hand. Am Ende dieser Zeremonie hängen hinter ihm an der Wand vierzehn DinA4- Blätter, jedes mit einer Versagerstation aus seinem Leben beschriftet. Jetzt liest er alle seine Misserfolge in der Öffentlichkeit der Gruppe vor und identifiziert sich mit ihrem Wahrheitsgehalt. Ihm gegenüber steht eine Videokamera, die das ganze Szenario (ausschließlich für ihn bestimmt) als wichtige Erinnerung an seine misserfolgsorientierten Verhaltensstrukturen aufnimmt.

In diesem Moment löst sich das idealisierte Selbstbild auf, denn es hat seine Funktion verloren. Einerseits die Vermeidung von Öffentlichkeit (z.B. bei den Eltern, den Freunden, der Freundin oder im weiteren sozialen Umfeld) und andererseits die Vermeidung der eigenen Identifikation (ich bin ein Versager). Die angenehme und bequeme Selbsteinschätzung „Ich bin ein cooler und erfolgreicher Junge" erscheint als oberflächlicher und ei-

gentlich lächerlicher Selbstbetrug angesichts seiner nieder-
schmetternden, aber realistischen Wahrheiten. Er hat nie etwas
durchgehalten, nie etwas abgeschlossen und nichts erreicht. Er
ist ein Versager auf ganzer Linie.

Angesichts der scheinbar demütigenden Verkleidung und
Zeremonie, der sich unser Protagonist unterziehen musste, könnte man als humanistischer Pädagoge erschrocken oder gar geschockt sein. Losgelöst vom Gesamtzusammenhang, würde ich
diese Entrüstung sicher teilen. Wegen der Besonderheiten unserer Klientel möchte ich an dieser Stelle noch einmal kurz auf die
bereits beschriebenen und hier angewendeten konfrontativen
und provokativen Methoden eingehen.

Die meisten unserer Klienten schlagen und treten hemmungslos und brutal zu, wenn es um die eigene ‚Ehre' geht. Die
‚Ehre' der Familie, die ‚Ehre' der Freundin. Wenn es darum geht,
jemanden zu berauben, gewalttätige Freunde zu unterstützen
oder einfach aus Lust und Laune. Dabei kennen sie kein Mitgefühl, keine Gnade und keine Grenzen, denn sie sind in diesen
Momenten hoch aggressiv und immer im Recht. Dabei fühlen sie
sich stark, stolz, mutig und cool und dafür lassen sie sich von
ihren Freunden feiern und bestätigen. Sie sind keine feigen Gewalttäter, sondern Helden und kein Pädagoge, Psychologe oder
Richter konnte sie bisher (mit welcher Methode auch immer) vom
Gegenteil überzeugen.

Achilleas, der Mann mit der Versagerkrone auf dem Kopf
und der Klobürste in der Hand, hat selbst in absolut egoistischer
und menschenverachtender Weise viele Menschen äußerst brutal
verletzt, beraubt, bestohlen oder gedemütigt. Er hat, um seine
Straftaten zu vertuschen, seine eigene Mutter, die er vorgibt,
über alles zu lieben, permanent belogen, betrogen und immer
wieder zutiefst enttäuscht. Gemessen an diesen Tatsachen ist
diese Verkleidung, dieser kleine Wachrüttler, als eher harmlos zu
betrachten, zumal sie tatsächlich die persönliche Wahrheit des
Protagonisten widerspiegelt. Er ist ein Versager.

„Die psychische Zerbrechlichkeit der Patienten wird in hohem Maße
überschätzt - von ihnen selbst und von anderen."[83]

---

[83] Frank Farrelly und Jeffrey Brandsma (1974): „Provokative Therapie". S. 55.

Das sagt Farrelly über seine Patienten, und das gilt in besonderem Maße für unsere Klientel: Sozialisierte Gewalttäter, die ihren Mangel an Selbstwert offensiv kompensieren wollen.

Zum besseren Verständnis noch ein Beispiel aus der therapeutischen Praxis von Farrelly:

„1959 hatte ich Gelegenheit mit einem Patienten zu arbeiten, der durch einen Gerichtsbeschluss eingewiesen wurde und als gefährlich galt. Ich hatte eine ausführliche Sozialanamnese von seiner Familie aufgenommen. Er wusste, dass ich seine Frau und Mutter gesprochen hatte und meine Befunde noch in derselben Woche dem diagnostischen Team vorlegen würde. Mit dem Psychiater und dem Psychologen hatte er bereits gesprochen, und jetzt wollte er mich sehen. In einer gut ausgedachten und geordneten Art sprach er 20 Minuten darüber, dass er Zeit zum Nachdenken habe, seitdem er im Krankenhaus war. Er habe eingesehen, was für einen Mist er aus seinem Leben gemacht habe. Er sei sich dessen bewusst, dass er und seine Frau eine Eheberatung bräuchten, die er nach seiner Entlassung anstreben wolle. Darüber hinaus sehe er auch ein, dass er berufliche Bildung nötig hätte, um einige gefragte berufliche Fertigkeiten zu lernen usw.
Während dieses Vortrags saß ich da und hörte zu; am Ende fragte er mich: ‚Nun Herr Farrelley, was denken Sie über meinen Fall?' In diesem Augenblick sah ich vor meinem inneren Auge, wie auf eine Tafel geschrieben: ‚Da ich mit diesem Patienten keine Therapie machen werde, kann ich es mir leisten, ehrlich mit ihm zu sein.' Als ich diesen Satz ‚las', zuckte ich zusammen, aber, um Zeit zu gewinnen, fragte ich den Patienten: ‚Wollen Sie das wirklich wissen, was ich denke?', der Patient nickte ernst und ehrlich und sagte: ‚Ja, deshalb frage ich.' Ich atmete tief ein und meinte: ‚Nun, ich denke, das ist der glatteste Betrug, den ich mir je angehört habe.' Sich vorlehnend zischte er mit wütendem Gesichtsausdruck: ‚Am liebsten würde ich Ihnen sagen: Leck mich, aufstehen und hier rausgehen.' Worauf ich antwortete: ‚Gut, warum tun Sie es denn nicht?' ‚Weil ich an Sie rankommen will', brüllte er. Danach veränderte sich sein Verhalten total. Mehr als eine halbe Stunde sprach er in gebrochenen Sätzen, sprang von einem Punkt zum anderen, zeigte primitive Wutausbrüche, die kaum kontrollierbar erschienen, veränderte deutlich den Ton seiner Stimme, das Sprachtempo und auch die Wortwahl. Er schien Angst zu haben, er könne ‚den Verstand verlieren'. Mit einem Wort, es gab einen deutlichen Kontrast zwischen der ersten und zweiten Hälfte des Gesprächs, und der zweite Teil stand unter den unmissverständlichen Eindruck der Authentizität. Ich erklärte ihm, dass ich innerhalb des Krankenhausareals zu einem anderen Gebäude fahren müsste. Während wir mit dem Auto zu dem anderen Gebäude fuhren, fragte er mich: ‚Werde ich dem Gericht zur Verurteilung übergeben oder freigelassen?' Ich antwortete: ‚Ich weiß es nicht, aber sobald ich es herausgefunden habe, nach der Sitzung des Diagnostikteams, werden Sie der Erste sein, der es erfährt.' Er fuhr fort: ‚Wenn ich hier rauskomme, darf ich zu einer Therapie zu Ihnen zurückkommen?' ‚Warum?', fragte ich. Er rieb nachdenklich den Auto-

sitz neben seinem Bein und antwortete sanft: ‚Nun, ich bin an Psychologie interessiert…‘ Irritiert erwiderte ich: ‚Lass die Blumen – warum bei mir?‘ Er machte eine Pause und sagte in unterwürfigem Ton: ‚Ich werde es Ihnen mit meinen Worten sagen.‘ ‚Schieß los‘, antwortete ich. ‚Weil Sie mir keinen Scheißdreck erzählen.‘[84]

„Durch die Konfrontation und die ‚emotionale Ehrlichkeit‘ mit diesem Patienten konnte ich also in einer Stunde mehr gegenseitiges Vertrauen herstellen als in monatelangen psychotherapeutischen Gesprächen mit anderen Patienten."[85]

c. Der zweite Schritt: Moralische Grundwerte als Maßstab eigenen Verhaltens

In dieser Phase der Therapie werden die Straftaten sowie das alltägliche negative Verhalten des Protagonisten seinen eigenen moralischen Wertvorstellungen gegenübergestellt. Ich nenne diesen Prozess der Therapie das moralische Gericht. Grundlagen dieses Settings bilden einerseits alle negativen und destruktiven Verhaltensweisen, die im bisherigen Verlauf der KGA dokumentiert wurden, und andererseits seine individuelle Vorstellung von moralischer Integrität.

Von entscheidender Bedeutung sind in dieser Phase der Therapie die moralischen Wertvorstellungen der Klienten selbst. Die Frage, wie diese Wertvorstellungen festgestellt und so dokumentiert werden können, dass sich die Klienten, auch wenn es schwierig für sie wird, damit identifizieren, steht dabei im Vordergrund. Die moralischen Themen und die Vorgehensweise der Dokumentation wurden im Laufe der Jahre aus den Erfahrungen mit den Klienten entwickelt und stets weiter optimiert. Das Ergebnis ist denkbar einfach. In Form einer schriftlichen Hausaufgabe müssen die Klienten siebzehn spezifisch formulierte Fragen zu moralischer Integrität beantworten. Dabei werden nicht moralische Grundsätze abgefragt, sondern ihre persönliche Betroffenheit, wenn sie selbst Opfer unmoralischen Verhaltens werden. Durch diese Hintertüre erfahren wir, wie sie selbst gerne behandelt werden möchten und damit auch ihre Vorstellungen von korrektem, also moralisch integrem, Verhalten. So wird z.B. bei dem Thema Lügen nicht nach dem Lügen an sich gefragt, son-

---

[84] Vgl. ebd.: S. 18f.
[85] Ebd.: S. 19.

dern wie es sich anfühlt, wenn man selbst belogen wird und wie man über den Lügner denkt. Z.B.:

Was denkst du über Menschen, die dich belügen?

Neun von zehn Antworten fallen in der Beurteilung für den Lügner verheerend aus. Damit haben sie, ohne es zu bemerken, ihre eigene Persönlichkeit beurteilt, denn neun von zehn Teilnehmern haben ihr ganzes Leben auf Lügen aufgebaut. Natürlich lügen alle Menschen und das täglich. Aber in Bezug auf die moralische Integrität macht es den entscheidenden Unterschied, ob ich für den eigenen Vorteil mal hier und mal da etwas über- oder untertreibe (z.B. beim Autoverkauf), ob ich irgendjemanden gegenüber die Unwahrheit sage, weil es gerade bequemer ist (z.B. ein übertriebenes Kompliment), ob ich falsche Angaben mache, um mich zu schützen (z.B. bei einer Verkehrskontrolle), oder ob ich die Menschen, die mir sehr nahe stehen und die mir am wichtigsten sind, ständig belüge und betrüge, nur um mein idealisiertes Selbstbild aufrechtzuerhalten.

Eventuelle Befürchtungen, dass die Klienten in dieser Hausaufgabe aus taktischen Gründen einfach ihre moralischen Grundsätze so an ihr negatives Verhalten anpassen, dass in der Therapie keine Widersprüche und somit auch keine Angriffsmöglichkeiten entstehen, sind unbegründet, denn zwei grundsätzliche Erkenntnisse stehen dem entgegen. Zum einen sind sich unsere Klienten ihrer negativen Verhaltensweisen nicht bewusst und zum anderen sind die moralischen Grundwerte nicht veränderbar.

Wir können also völlig entspannt den Klienten diese Aufgabe komplett selbst überlassen. Sie werden sich dabei, ganz im Sinne der therapeutischen Zielsetzung, zu moralisch integrem Verhalten bekennen. Damit liefern sie eigenhändig den Vorschlaghammer, der die Mauer des Selbstbetrugs zertrümmert und so die Sicht auf ihr reales Selbst wieder frei gibt. In allen bisher abgelieferten Hausaufgaben (das waren einige hundert) wurden individuelle Vorstellungen von gutem und schlechtem Verhalten dokumentiert, die den allgemein gültigen moralischen Grundwerten in vollem Umfang entsprechen, nämlich dass faires Verhalten gewünscht und unfaires Verhalten abgelehnt und verurteilt wird.

Im Fall von Achilleas möchte ich an einigen Beispielen die Vorgehensweise dieses Therapieabschnittes verdeutlichen. Auf die Frage: „Was bin ich für ein Typ, wie würde ich mich selbst beschreiben, was denke ich über mich?" antwortete er folgendermaßen.

„Ich bin humorvoll, so der Entertainer-Typ immer locker, aber ich kann auch sehr gemein sein, wenn ich mich verarscht fühle."

Mit dieser Antwort will er klarstellen, dass er kein brutaler und egoistischer Gewalttäter ist. Dass er in Ordnung ist, ein korrekter, netter Junge, der sich nur wehrt, wenn er angegriffen wird.

Im ersten Teil dieser Antwort beschreibt er kurz und bündig sein idealisiertes Selbstbild. So wie er gerne wäre, wie er gerne von anderen gesehen werden möchte. Der lockere, humorvolle Entertainer. Im zweiten Teil gibt er zwar gemeines Verhalten zu, denn er ist schließlich nicht dumm und weiß genau, dass es im AAT um seine Gewalttaten geht, neutralisiert allerdings diese Aussage wieder, indem er die Rechtfertigungsstrategien gleich mitliefert. Er kann zwar gemein sein, aber nur, wenn er vorher verarscht, also selbst gemein behandelt wurde. Damit bestätigt er sein I-S, denn er bleibt trotz seiner menschenverachtenden Gewalttaten und trotz seines egoistischen Verhaltens der moralisch integre Mensch, der er gerne wäre und als den er sich nach wie vor sieht.

Nun werden sein Fehlverhalten und alle seine Straftaten mit seiner Aussage verglichen und dabei entpuppt er sich als Lügner und Selbstbetrüger, denn bei keinem seiner brutalen Raubüberfälle „verarschte" ihn das Opfer vorher, was nach seiner Aussage sein gewalttätiges Verhalten als Reaktion gerechtfertigt hätte. Er kannte seine Opfer gar nicht, denn er hatte sie vorher noch nie gesehen.

Auf die Frage, ob seine Opfer, die er beleidigte, brutal schlug und beraubte, von ihm denken, dass er ein humorvoller, lockerer Entertainer ist, meinte er, dass sie das wohl nicht denken, dass das aber eine ganz andere Situation sei. Auf meine Frage, was das denn für eine Situation gewesen sei und wer sich denn so mies verhalten hatte und wie er dieses Verhalten beurteilen würde, senkte er nur den Kopf und antwortete nicht mehr. Als letztes habe ich ihn dann gefragt, was seine Mutter von ihm denke, wo er sie doch mit jedem seiner zahllosen Versprechen belogen, betrogen und ihr Vertrauen missbraucht habe. Ob sie denke, er sei ein lockerer, humorvoller Entertainer? Weil er nicht mehr antwortete, habe ich ihn gefragt, wie er denn anstelle seiner Mutter über sich selbst denken würde. Nach einer Weile antwortete Achilleas, dass er sich selbst als großen Lügner, totalen Versager und Mensch ohne Charakter sehen würde, einfach als ein kleines mieses Arschloch.

Beim Thema Familie sollte er die Frage beantworten: „Wie wichtig ist mir meine Familie?" Weil er weiß, dass nur seine Familie über die Jahre im Knast zu ihm hielt, weil er denkt, dass es zu einem ehrenhaften Verhalten gehört, seine Familie zu achten, weil er weiß, dass dies alle anderen Gefangenen genauso sehen, und weil er weiß, dass er seinen Vater, aber vor allem seine Mutter immer wieder zutiefst enttäuscht hat, antwortete er:

> „Meine Familie ist mir am wichtigsten im Leben, ich liebe und ehre sie, auch wenn ich seit Jahren im Streit mit meinem Vater bin."

Mit dieser Antwort bestätigt er einmal mehr sein I-S. Er liebt seine Familie über alles. Der einzige Schwachpunkt ist der Streit mit seinem Vater, den der Vater allerdings auch selbst mitverschuldet hat. Sein eigenes negatives Verhalten gegenüber seiner Familie wird mit keiner Silbe erwähnt. Mit der Realität hat das gar nichts mehr zu tun.

Von Anfang an war er ein schwieriges und rebellisches Kind, das den Eltern vorwiegend Sorge und Kummer bereitete. Ab seiner Strafmündigkeit tat er nur noch das, wozu er Lust hatte. Die Wünsche seiner Eltern waren ihm egal. Verpflichtungen gab es für ihn keine. Immer wieder flog er aus einer Schule. Die Eltern finanzierten aus diesem Grund sogar eine griechische Privatschule. Immer wieder beging er Straftaten, immer wieder war die Polizei zu Hause, immer wieder war er vor Gericht. Er beging innerhalb von vier Wochen zwölf schwerwiegende Straftaten, zwei Mal schweren Raub, drei räuberische Erpressungen, eine Körperverletzung und etliche schwere Diebstähle. Keinen einzigen Schulabschluss, vier Wochen Jugendarrest, drei Jahre Jugendstrafe und sechs Jahre Haft. Das ist die Erfolgsbilanz, die er seinen Eltern bieten konnte. Darüber ist seine Mutter chronisch krank geworden. Die Diskussion, die auf Grund dieser Widersprüche entbrennt, hatte für ihn eine weitere schwerwiegende Erkenntnis zur Folge. Wichtig war ihm nicht seine Familie, sondern nur er sich selbst.

Hier haben wir eine einstellungsdiskrepante kognitive Dissonanz von größtmöglicher Bedeutung, denn die Mutter ist die wichtigste Person in seinem Leben. Entsprechend werden stärkste Kräfte frei für eine Konsonanz bildende Verhaltensveränderung.[86]

Auf diese Weise wurden Achilleas komplette moralische Grundwerte auf sein Verhalten hin überprüft. Das Ergebnis ist für ihn niederschmetternd. Er ist nicht annähernd der moralisch integre Mensch, der er sein will, den er nach außen hin versucht darzustellen. Er ist ein Lügner, der aus Bequemlichkeit alle anderen, aber vor allem sich selbst belogen hat.

In dieser Phase der Spiegelung werden auch die Leiden der primären, sekundären und tertiären Opfer behandelt. Ehrliches Mitgefühl und echte Reue mit den primären Opfern ist bei den Tätern nicht in jedem Fall herzustellen, denn es kommt immer wieder vor, dass sich die späteren Opfer im Vorfeld der Tat selbst höchst unmoralisch verhalten haben und so die Gewaltbereitschaft der späteren Täter erst auf sich gezogen haben. So z.B. wenn der Protagonist einem Opfer zu Hilfe kommt, um es vor einem Täter zu schützen, dabei die Kontrolle verliert und die Grenzen der Nothilfe massiv überschreitet. So wird er selbst zum Täter und der ursprüngliche Täter zum Opfer.

Um in diesen Fällen einen inneren Widerspruch (kognitive Dissonanz) zu erzeugen, der eine nachhaltige Verhaltensveränderung bewirken kann, konzentrieren wir uns auf die Leiden der sekundären Opfer und hier vor allem auf die Familie des Täters. Die Mitglieder seiner Familie sind in der Regel auch seine wichtigsten Menschen und bilden damit eine äußerst starke Kognition. Mutter, Vater, Geschwister, Ehefrau, Freundin, Kinder des Täters sind auf der einen Seite geschockt von seinem unverständlichen und brutalen Verhalten und sehen dadurch auch die moralische Integrität der Familie bedroht. Auf der anderen Seite lieben sie ihn nach wie vor und leiden darunter, dass sie von ihm getrennt sind und dass er in Gefangenschaft leben muss. Wenn die

---

[86] Vgl. Leon Festinger (1957): „Die Theorie der kognitiven Dissonanz“. S. 30.

Besuchszeit im Gefängnis zu Ende geht, kommt es aus diesem Grund auch immer wieder zu hochemotionalen und tränenreichen Verabschiedungsszenen.

Die Täter wissen um die Gefühle ihrer Mütter Väter, Geschwister, Ehefrauen, Freundinnen oder Kinder, und es ist nicht schwer, ihnen ihre Verantwortung und die entsprechenden Schuldgefühle zu verdeutlichen. Diese inneren Widersprüche zwischen eigenem moralischen Anspruch und tatsächlichem Verhalten sind mächtig und haben das Potenzial, eine umfassende und nachhaltige Verhaltensveränderung einzuleiten.

d. Der dritte Schritt: Erkennen der eigenen negativen Persönlichkeitsstrukturen

Nachdem nun das idealisierte Selbstbild zerstört und die vorgetäuschte moralische Integrität in Frage gestellt ist, wird im dritten Schritt die Identifikation mit dem negativen Teil der eigenen Persönlichkeit angestrebt. Diese destruktiven Persönlichkeitsanteile verursachen alle Handlungen, die gegen die eigene moralische Integrität gerichtet sind und schwächen das innere Selbstwertgefühl. Sie bestimmen das Verhalten des Klienten während der Straftaten und sind verantwortlich für alles Leid, das den primären Opfern (Opfer der Gewalttaten), den sekundären Opfern (Familienmitglieder der primären Opfer, Familienmitglieder des Täters) und ihm selbst (Selbstwertverlust, sozialer Abstieg, Inhaftierung) zugefügt wurde.

Jedes moralisch nicht integre Verhalten wird nun in allen Einzelheiten beschrieben und benannt. Dabei werden moralische Begriffe benutzt, die der Protagonist entweder im Vorfeld bereits definiert hat, oder deren Bedeutung er klar verstehen und nachvollziehen kann. Alle Begriffe, die dabei zur Sprache kommen, werden mit dem Protagonisten auf ihren Wahrheitsgehalt hin überprüft und abgesprochen. Stimmt der Klient zu, dann wird dieser Begriff visualisiert. Für alle gut lesbar wird er mit großer, deutlicher Schrift auf ein DINA4-Blatt geschrieben und an den Körper des Protagonisten geheftet, als Zeichen dafür, dass das Verhalten, für das der Begriff steht, ein Teil von ihm selbst ist. Auch diese Zeremonie wird, wie alle anderen Settings der Spiegelung, per Video aufgezeichnet.

In dieser Phase der Spiegelung sitzt Achilleas in der Mitte der Gruppe auf einem Stuhl und hat zehn beschriftete Zettel an seinen Körper geheftet. Allesamt bezeichnen sie den negativen und destruktiven Teil seiner Persönlichkeit. Es sind genau die Anteile, die nicht seinen moralischen Wertvorstellungen entsprechen, für die er sich schämen muss. Deswegen hat er sie bisher erfolgreich geleugnet, verdrängt oder verharmlost. Er wollte sie nicht sehen, und deswegen konnte er sie auch nicht verändern. Folgende Charakterschwächen waren auf den Zetteln zu lesen: „feige", „faul", „brutal", „Angeber", „ehrlos", „Lügner", „Betrüger", „schlechter Sohn", „Frauenschläger" und „Dealer". Der Protagonist wird nun aufgefordert, diese Erkenntnisse kognitiv und emotional zu reflektieren. Kognitiv geschieht das, indem er sich verbal mit den negativen Persönlichkeitsanteilen identifiziert. Zu diesem Zweck nimmt er die Zettel vom Körper und hält sie in der Hand. Nun liest er eine Charakterschwäche nach der anderen vor und begründet deren Wahrheitsgehalt, indem er Beispiele aus seinem Leben nennt. Und jeder Satz beginnt mit den beiden Worten: „Ich bin ...". Z.B.:

Ich bin feige,
> weil wir zu dritt einen alten Mann brutal ausgeraubt haben,
> weil ich meine Freundin geschlagen habe,
> weil ich vor meinem Versagen davonlaufe und nicht zu meiner Wahrheit stehe,
> weil ich ...

Ich bin faul,
> weil ich nichts durchgehalten habe,
> weil ich nie Hausaufgaben gemacht habe,
> weil ich nie für die Schule gelernt habe,
> weil ich alle unangenehmen Verpflichtungen von mir weggeschoben habe,
> weil ich immer nur das gemacht habe, was mir gerade Spaß gemacht hat,
> weil ich mein Geld nicht mit ehrlicher Arbeit verdiene,
> weil ich ...

Die emotionale Reflexion erfolgt durch das Benennen und Ausdrücken der Gefühle, die während der kognitiven Reflexion entstehen. Dabei wird immer wieder nachgefragt, wie sich das Gesagte anfühlt und welche Emotionen es auslöst. Wie es z.B. ist, ein Feigling zu sein. Wir beschränken uns hierbei auf die vier Basisgefühle Freude, Trauer, Wut und Angst, die dem Protagonisten immer wieder zur Auswahl genannt werden. Z.B.:

- Macht dir das Angst?
- Bist du deswegen traurig?
- Macht es dich wütend?
- Freust du dich darüber?

Dem unangenehmen Thema entsprechend, kommt das Gefühl von Freude so gut wie gar nicht auf. Auch Angst ist keine typische Emotion einer Spiegelung, obwohl das hier und da vorkommen kann. Dagegen sind Trauer und Wut die vorherrschenden Gefühle, die hierbei ausgelöst werden. An dieser Stelle bekommt der Protagonist genügend Hilfestellung und Raum, seine Gefühle zu erkennen, sie adäquat, d.h. verbal und gegebenenfalls auch über Körpersprache (Gestik, Mimik, Körperhaltung), zu äußern und letzten Endes auch richtig zu deuten. Dabei ist es wichtig zu wissen, warum eine Emotion entsteht, an wen sie gerichtet ist und wie sie sich auswirkt. Also: Wer oder was hat sie ausgelöst, gilt sie mir selbst oder anderen und hat sie positive oder negative Konsequenzen für die Beteiligten?

Zum Abschluss der Spiegelung richtet der Protagonist eine Botschaft direkt in die Kamera. An den Menschen, der ihm der wichtigste überhaupt ist. In der Regel sind das Mutter oder Vater, Frau oder Freundin oder die Kinder des Klienten. Diese wurden durch seine negativen Verhaltensweisen immer wieder zutiefst enttäuscht und verletzt. Deswegen beinhaltet diese Botschaft zum einen Erkenntnis, Scham und Reue über sein Fehlverhalten und zum anderen Wiedergutmachung in Form positiver Versprechen für die Zukunft. An dieser Stelle wird der Protagonist daran erinnert, dass er schon so oft falsche Versprechen gegeben hat. Deshalb soll er sich jetzt genau überlegen, was er sagt, damit er nicht in seine alten Fehler verfällt.

Weil sich die Klienten zu diesem Zeitpunkt der Spiegelung schon in einem äußerst emotionalen Zustand befinden und weil sie gefühlsmäßig enge Bindungen an die Adressaten ihrer Botschaft haben, wird dieser Teil der Spiegelung oft zum emotionalsten Moment der gesamten Therapie. Radikale Selbsterkenntnis, ehrliche, tiefgründige Reue und große Gefühle beherrschen dabei den Raum und alle Beteiligten. Dem Moment der Stille, der danach entsteht, wird viel Zeit gegeben, damit der Protagonist den gebührenden Respekt erfährt und seine Leistung die entsprechende Achtung.

Am Ende dieses Settings schalte ich die Kamera aus und erkläre die Spiegelung für beendet. In diesem Moment bekommen fast alle Protagonisten unaufgefordert lauten Beifall, ehrlichen Zuspruch, körperliche Zuwendung (Schulterklopfen, Umarmung etc.) und großen Respekt für die erbrachte Leistung. Denn die restlichen Teilnehmer haben ähnliche Probleme und wissen nun genau was auf sie zukommt.

Jetzt verlässt der Protagonist die exponierte Stellung, die er während der Spiegelung inne hatte, und nimmt wieder im Stuhlkreis Platz. Die Teilnehmer können dem Protagonisten nun ein ehrliches Feedback geben. Hat er sich auf alle Herausforderungen eingelassen, dann bekommt er jetzt als Lohn ausschließlich positive Rückmeldungen zu seiner Person. Diese beinhalten in der Regel große Wertschätzung für seine Ehrlichkeit und seinen Mut im Umgang mit seinen eigenen Schwächen. Jetzt ist er bezüglich seiner Fehler zum ersten Mal im Einklang mit sich selbst, denn er muss keine Rolle mehr spielen. Er bekommt Achtung und Anerkennung für das, was er ist, für sein reales Selbst. Vielleicht wird ihm auch bewusst, dass er zum ersten Mal überhaupt in seinem Leben den bequemen Weg der Lebenslüge verlassen und den unbequemen, aber notwendigen Weg der Erkenntnis gewählt hat. Diese Erfahrung stärkt in außerordentlichem Maße den inneren Selbstwert, denn die Protagonisten haben hierbei moralische Integrität bewiesen und sind entsprechend stolz auf ihre geleistete Arbeit.

Hat sich der Protagonist nicht auf alles eingelassen, dann bekommt er an dieser Stelle kritische Rückmeldungen. Zu Beginn des AAT kommentierten die anderen Teilnehmer verweigerndes

Verhalten noch wohlwollend und anerkennend. Jetzt lehnen sie dieses Verhalten ab und kritisieren es. Die Peergroup oder die Gleichgesinnten verweigern nun ihre Anerkennung für selbstbetrügerische, negative und destruktive Aktivitäten. Aber sie lehnen nicht den Protagonisten ab, sondern lediglich sein Verhalten, denn sie geben ihm konstruktive Anregungen und machen konkrete Vorschläge. Diese sind oft hilfreich, denn sie sind geprägt von den eigenen Erfahrungen. In jedem Fall sind die Beiträge der Teilnehmer ehrlich, denn das ist es, was sie alle in den letzten drei Stunden gelernt haben, und das ist der Einstieg in ein erfolgsorientiertes Handlungskonzept.

Einige Wochen nach Beendigung der KGA habe ich Achilleas in seiner Zelle besucht, um mich nach seinem allgemeinen Befinden und seinem persönlichen Fortkommen zu erkundigen. Er freute sich sehr, mich wiederzusehen und bedankte sich nochmals dafür, dass ich ihm die Augen geöffnet habe. Er habe sein erstes psychologisches Gutachten hinter sich gebracht, das für ihn sehr gut gelaufen sei. Die Spiegelung sei, wie er sagte, für ihn sehr hart gewesen, denn er sei durch seine persönliche Hölle gegangen, durch die schlimmsten Gefühle. Aber eine Sache sei ganz speziell hängen geblieben und habe sich als traumatische Erfahrung in sein Gedächtnis eingebrannt, nämlich die Maskerade und das Anheften der negativen Persönlichkeitsanteile. Er sagte, er werde alles dafür tun, dass er nie mehr in seinem Leben auf einem Stuhl sitzen müsse mit einer Versagerkrone auf dem Kopf und einer Klobürste in der Hand oder mit lauter negativen Charaktereigenschaften behaftet und nichts dagegen sagen könne, weil es tatsächlich seine persönliche Wahrheit widerspiegelt.

2. Die Vorarbeit: Voraussetzungen schaffen für konfrontatives Arbeiten

Wie bereits erwähnt, dienen alle Sequenzen im ersten Drittel der Vorbereitung auf die Spiegelung. Diese Phase der KGA umfasst die Indikation, die Anamnese, das Warm-up und das kognitive Erfassen der Ursachen, Auslöser, Zielsetzung und Konsequenzen der Gewaltproblematik (Informationen, Aufgaben und Übungen zu diesen Themen sind in einem Handbuch[87] aufgelistet und er-klärt). Sie ist sozusagen die Einstimmung erziehungsresistenter Klienten auf eine Behandlung, die konfrontativ und provokativ ausgerichtet ist. Sie ist die Einstimmung auf Herausforderungen, die sie üblicherweise vehement ablehnen, auf die sie aggressiv und zuweilen auch gewalttätig reagieren. Damit therapeutisch so gearbeitet werden kann und damit dieses Arbeiten einen Sinn macht, müssen im Vorfeld einige vorbereitende Maßnahmen mit der Klientel erfolgreich abgeschlossen werden.

a. Eine tragfähige Vertrauensbasis zwischen Klient und Therapeut

Ein auf Verhaltensmodifikation zielendes pädagogisches Training oder eine Therapie können nur dann erfolgreich werden, wenn die Einsicht des Klienten in eigenes Fehlverhalten und damit in die Notwendigkeit dieser Maßnahme vorhanden ist.

Die Teilnehmer an einer KGA sind in der Regel durch ein Gerichtsurteil, durch eine Bewährungsauflage, durch eine richter-liche Weisung oder durch die Vollzugsplanung einer JVA aufge-fordert, an dieser Therapie teilzunehmen. Nur wenige dieser Kli-enten würden sich freiwillig (z.B. aus Einsicht in die eigenen per-sönlichen Defizite) zur Teilnahme an dieser Maßnahme entschei-den, denn die Notwendigkeit einer solchen Maßnahme wird we-gen der Idealisierung des Selbstbildes meistens nicht erkannt.

Die primäre Motivation der Klientel für dieses Training ist also nicht die Einsicht in eigenes Fehlverhalten und die Notwen-digkeit, dieses zu ändern, sondern schlichtweg Druck oder Zwang. Dies allerdings sind die schlechtesten aller Vorausset-zungen für konstruktives, auf die Einsicht des Klienten abzielen-des pädagogisches oder therapeutisches Handeln. Druck und Zwang sind zwar mit zu erwartenden persönlichen Vorteilen für den Klienten garniert (z.B. Vermeidung von Haft, Hafterleichte-rungen oder vorzeitige Haftentlassung) und somit leichter ver-daulich, aber die notwendige Einsicht in eigenes Fehlverhalten ist damit noch nicht gegeben.

---

[87] Bernd Heyder (in Vorbereitung): Klientzentrierte-Gewalt-Analyse: Das Hand-buch. Eine Anleitung zur Resozialisierung Straffälliger in fünf Phasen. ibidem-Verlag, Stuttgart.

Erstes Ziel des Trainings muss es also sein, die Motivation des Klienten so zu verändern, dass eine im Sinne der Maßnahme konstruktive Arbeitsebene möglich wird. Vertrauen zwischen Trainer und Klient ist hierbei eine erste wichtige Voraussetzung.

> „Bereits die bloße Erfahrung, freundlich zugewandten anderen Menschen zu begegnen, erweist sich beim Menschen als eine biologisch verankerte Grundmotivation. Von anderen Vertrauen zu erhalten und zu erleben, dass Mitmenschen bereit sind, in einer konkreten Situation mit der eigenen Person zu kooperieren, wird vom Motivationssystem des Menschen mit einer sofortigen positiven Reaktion beantwortet. Umgekehrt ist ein auf diese Weise in Gang gesetztes Motivationssystem – auch dies ließ sich experimentell belegen – ein sicheres Zeichen dafür, dass die Betroffenen sich ihrerseits vertrauensvoll und kooperativ verhalten werden."[88]

Die Grundhaltung des Trainers sowie die Methoden und Übungen sind in der KGA so angelegt, dass im Indikationsgespräch, im Anamnesegespräch und in den ersten Gruppensequenzen die notwendige Vertrauensbasis entstehen wird. Freundlichkeit, Augenhöhe und Empathie für die negativen und destruktiven Anteile der eigenen Sozialisation (eigene Opferrolle), für die der Klient letztlich keine Verantwortung trägt, stehen dabei im Vordergrund.

b. Die Bereitschaft des Klienten, negative Wahrheiten anzunehmen

Diese Bereitschaft wird vom Klienten als Grundvoraussetzung zur Teilnahme an der KGA bereits im Indikationsgespräch eingefordert und dort in der Regel auch ohne großen Widerspruch zugesagt. Allerdings drückt diese Zusage nicht unbedingt die innere Haltung des Klienten aus, sondern ist lediglich ein taktisches Versprechen, das wegen der zu erwartenden Vorteile schnell geleistet ist. Im Verlauf der Therapie, wenn es um die eigene negative Wahrheit geht, werden die Teilnehmer also noch einmal vor der Alternative stehen, sich entweder auf die Therapie einzulassen oder sich zu verweigern und damit die Maßnahme abzubrechen.

Ist die Vertrauensbasis zwischen Therapeut und Klient und den Klienten untereinander erst einmal hergestellt, beginnt die eigentliche Arbeit mit den negativen und destruktiven Verhal-

---

[88] Joachim Bauer (2011): „Schmerzgrenze". S. 35.

tensmustern. In dieser Phase gerät das idealisierte Selbstbild der Klienten zunehmend ins Wanken. Sie beginnen zu begreifen, dass sie sich ihrer eigenen negativen Wahrheit stellen müssen, um ihr misserfolgsorientiertes Leben verändern zu können. Schließlich haben genau diese negativen Anteile zur Delinquenz geführt. Für den erfolgreichen Verlauf des Trainings ist es also unbedingt notwendig, dass die Teilnehmer die Verantwortung für ihr delinquentes Verhalten übernehmen. Verweigert jetzt ein Klient die Mitarbeit, dann muss er unverzüglich die Therapie verlassen.

c. Die Bereitschaft des Klienten zu tiefgreifender Veränderung

Durch die Auseinandersetzung mit der verdrängten, negativen Wahrheit wird dem Klient deutlich, dass er eine radikale Veränderung seiner Gewohnheiten anstreben muss, will er die misserfolgsorientierte Verhaltensebene verlassen. Alle guten Absichten aus der Vergangenheit haben letztendlich keine Veränderung gebracht und werden als Lippenbekenntnisse oder bequeme Lügen geoutet. Einzig und allein verändertes Verhalten ist das, was zählt. Will der Klient weitere Probleme, z.B. mit Drogen, Alkohol, Justiz, Arbeit, Eltern, Frau, Kindern vermeiden, muss er zwangsläufig sein zukünftiges Verhalten verändern. Das heißt, er muss sich von bequemen Gewohnheiten verabschieden. Der Teilnehmer muss den unbedingten Willen zu einer solchen Veränderung signalisieren und sich auf entsprechende Verhaltensaufträge einlassen, ansonsten ist ein Erfolg dieser Maßnahme nicht möglich.

d. Die Bereitschaft des Therapeuten, unangenehme Wahrheiten zu vertreten

In der Vergangenheit mussten sich unsere Klienten bezüglich ihres gewaltbereiten und delinquenten Verhaltens häufig mit Pädagogen, Psychologen oder Erziehern auseinandersetzen. Diese Erziehungsbemühungen blieben weitgehend erfolglos, weil alle pädagogischen oder psychologischen Interventionen für unsere Klientel ein Angriff auf ihr idealisiertes Selbstbild und das damit verbundene bequeme Leben darstellen. Zur Erhaltung ihres Status quo muss dieser Angriff also abgewehrt werden. Das heißt, sie müssen, um weitere erzieherische Interventionen oder Sanktionen zu vermeiden, einerseits die Helfer zufriedenstellen und andererseits die Offenbarung ihrer Verdrängungsstrategien verhindern.

Die pädagogische und psychologische Methodik der professionellen Helfer ist häufig ausschließlich auf Verständnis und Mitgefühl angelegt. Die derart ausgerichteten Erwartungen an die Klienten sind für diese leicht zu durchschauen und gut berechenbar. Dementsprechend haben sie Verhaltensstrategien entwickelt, welche die Helfer zufriedenstellen und gleichzeitig eine tiefgreifende Einsicht in eigenes Fehlverhalten verhindern. Sie spielen die Rolle der einsichtigen und reumütigen Täter, die Opfer ihrer eigenen Sozialisation (Willkür, Ungerechtigkeit) sind, können aber nicht die Verantwortung für ihr Fehlverhalten übernehmen, weil sie dadurch ihr idealisiertes Selbstbild zerstören müssten.

Durch das außergewöhnliche, nicht der üblichen pädagogischen Vorgehensweise entsprechende Verhalten des KGA- Therapeuten sollen die Teilnehmer schnell erkennen, dass sie sich mit ihren eingeübten und manifestierten Verdrängungsmechanismen nicht aus der Verantwortung stehlen können. Der Therapeut ist verpflichtet, die Verantwortung der Teilnehmer für alle ihre bekannten negativen Wahrheiten kompromisslos einzufordern. Dabei ist er angehalten, seinen eigenen Emotionen, z.B. Misstrauen, Enttäuschung, Wut, Trauer, Angst, Vertrauen, Zuneigung, Mitgefühl, Ausdruck zu verleihen.

Dementsprechend soll die Haltung des Therapeuten offen und ehrlich sowie klar und deutlich zum Ausdruck kommen. Er darf aus falscher Höflichkeit oder aus Angst vor der Reaktion des Klienten oder der Gruppe unangenehme Wahrheiten nicht beschönigen, verwässern oder verschweigen. Er darf sich nicht mit Verharmlosungen, Idealisierungen oder Verleugnungen negativer Wahrheiten zufriedengeben. Er muss diese erkennen, benennen und immer wieder zur Disposition stellen, und zwar möglichst so lange, bis der Verursacher ausnahmslos die Verantwortung übernommen hat und dies durch seine emotionale Betroffenheit für alle Anwesenden erkennbar wird.

Ein Beispiel aus meiner Praxis:

Ich hatte einen 31 Jahre alten Teilnehmer, der unter den Mitgefangenen dafür bekannt war, äußerst heftig und gewalttätig auf die Beleidigung „Hurensohn" zu reagieren. Er war wegen mehrerer massiver Gewalttaten zu einer mehrjährigen Haftstrafe verurteilt, wobei die meisten seiner Gewaltattacken durch die besagte Beleidigung ausgelöst wurden. Er wurde, wie alle anderen auch, im Vorgespräch über die Vorgehensweise während der Spiegelung informiert und hatte sich, wie alle anderen auch, damit einverstanden erklärt.

Bevor die Spiegelung beginnt, werden die Protagonisten noch einmal auf dieses Ereignis eingeschworen. Sie werden noch einmal ausführlich über die konfrontativen und zum Teil provokativen Methoden informiert, und es wird ihnen noch einmal eindeutig zugesichert, dass alles, was dort geschieht, nicht gegen sie persönlich gerichtet ist, sondern ausschließlich ihrer angestrebten positiven Persönlichkeitsentwicklung dient. Sie sollen ihre Fehler erkennen, damit sie diese ausmerzen können.

Das Problem unseres Protagonisten war eindeutig und jedem im Raum bekannt. Es war also auch logisch, dass dieses Problem während seiner Spiegelung zur Sprache kommen muss. Diese Erkenntnis hat ihn so verängstigt, dass er allen Teilnehmern und mir selbst Gewalt androhte, sollten wir ihn mit seinem Gewaltauslöser „Hurensohn" konfrontieren. Ich kann mich noch sehr gut erinnern, wie er sagte, dass wir alles mit ihm machen können, nur dürfen wir dabei niemals das Wort Hurensohn in den Mund nehmen. Er stellte ziemlich erregt klar, dass es ihm egal sei, wer ihn beleidigte, ob das ein Mitgefangener sei oder ein Therapeut, dass es ihm egal sei, in welchem Zusammenhang wir diese Beleidigung benutzten, und dass es ihm egal sei, wenn er anschließend lebenslänglich dafür bekäme. Wenn einer seine Mutter beleidigt, mache er ihn alle, basta. Nach dieser Ansage war erst einmal Totenstille im Raum. Ich konnte ihn dann mit der Zusicherung beruhigen, dass nichts geschehe ohne seine Zustimmung.

Allerdings hatte ich jetzt ein Problem. Wenn ich meinen Job ernst nehmen und eine Erkenntnis bei ihm bewirken wollte, dann musste ich dieses Problem mit all seinen Konsequenzen auf den

Tisch bringen. Andererseits musste ich seine Drohungen durchaus ernst nehmen, schließlich hatte er schon mehrfach bewiesen, dass er unkontrolliert und massiv gewalttätig auf diese Anmache reagierte.

Wir hatten eine Woche Zeit, und nachdem das Ganze Für und Wider mit meinem Kollegen besprochen war, entschieden wir uns, unseren Job zu machen.

Es war uns klar, dass wir vor uns selbst und allen anderen einpacken könnten, wenn wir uns mit Gewaltandrohungen erpressen lassen, wenn wir einen Teilnehmer spiegeln, ohne sein größtes Problem beim Namen zu nennen. Denn genau das war unser Job, das war unser Selbstverständnis. Allerdings sind wir auch keine Kamikaze und stürzen uns sehenden Auges in unser Verderben. Deswegen haben wir unseren wildgewordenen Retter der Familienehre kurzerhand ausgetrickst.

Zu Beginn seiner Spiegelung vereinbarten wir unter den Augen der restlichen Teilnehmer per Handschlag einen Deal mit ihm. Wir versprachen ihm, dass niemand im Raum das Wort Hurensohn in den Mund nehmen würde, und er versprach, dass er unter dieser Voraussetzung alles mitmache. Beide Parteien hielten ihr Wort. Dass wir sein großes Thema nicht nur theoretisch, sondern auch praktisch in allen Einzelheiten und durchaus erfolgreich bearbeiten konnten, haben wir einer kleinen List zu verdanken. Wir hängten ihm einfach, ohne viele Worte zu verschwenden, ein Schild um den Hals, auf dem in großen Lettern zu lesen war „Ich bin ein Hurensohn".

3. Die Nacharbeit: Installieren erfolgsorientierter Handlungsstrategien

Diese Phase der Therapie dient ausschließlich der Konsolidierung der bisher gewonnenen Erkenntnisse und gemachten Erfahrungen. Durch das Erkennen misserfolgsorientierter Handlungsstrategien entsteht Einsicht in das eigene Fehlverhalten. Bequeme Verhaltensmuster werden als Ursache für die aktuelle persönliche Misere erkannt und deshalb als nicht mehr adäquat empfunden. Allerdings ist das anstrengende, konstruktive und erfolgsorientierte Handeln nicht Teil der Persönlichkeit und gehört somit noch nicht zum Verhaltensrepertoire des Klienten. So entsteht ein Verhaltensvakuum, das sich durch Unsicherheit und Orientierungslosigkeit bei alten und neuen Verhaltensweisen äußern kann. Es ist unbedingt notwendig, dass dieses Vakuum zielgerichtet mit Aufgaben gefüllt wird. Andernfalls ist es nur eine Frage der Zeit, bis der Klient in seine alten, ihm vertrauten Verhaltensmuster zurückfällt.

Durch kleine und machbare Aufgaben stellen sich erste Erfolgserlebnisse ein. Diese ebnen den Weg in die gewünschte Richtung. Als Konsequenz werden erfolgsorientierte Handlungsweisen deutlich.

> Selbstbetrug wird ersetzt durch Eigenverantwortung.
> Bequemlichkeit wird ersetzt durch Anstrengung.

a. Verstärkung durch Erfolgserlebnisse

Eine ursächliche Bedingung für das Abgleiten in die Delinquenz war das Ausbleiben von Erfolgserlebnissen in der legalen Welt. Zur Installierung nicht delinquenter, erfolgsorientierter Verhaltensweisen sind deshalb Erfolgserlebnisse ein unausweichliches Muss. Wie aber kann ich Erfolge erzielen, wenn mir die dafür notwendigen Grundvoraussetzungen, wie z.B. Durchhaltevermögen, Frustrationstoleranz oder Leistungsbereitschaft, fehlen? Die Lösung liegt einerseits in der Entwicklung einer realistischen Zukunftsperspektive und andererseits darin, die dazu notwendigen Anstrengungen in kleinen, machbaren Portionen zu servieren.

b. Realistische Zukunftsperspektive

Wie bereits zu Beginn dieser Ausführungen beschrieben, zeichnen sich unsere Teilnehmer unter anderem auch dadurch aus, dass sie völlig unrealistische und unerreichbare Zukunftspläne als Alibi vor sich hertragen. Sie haben ein großes Ziel, kennen aber nicht die einzelnen Schritte, die sie dort hinbringen können. So laufen sie ständig ins Leere und produzieren einen Misserfolg nach dem anderen. Der negative Status quo wird erhalten und das bereits angeschlagene Selbstwertgefühl immer wieder aufs Neue verletzt.

Es ist deshalb unumgänglich, eine realistische Zukunftsperspektive zu erarbeiten, die erste Erfolgserlebnisse ermöglicht und dadurch den negativen Kreislauf misserfolgsorientierter Handlungsstrategien durchbricht. Machbare Aufgaben und Verhaltensaufträge steigern die Motivation und bringen den Klienten Schritt für Schritt nach vorne. Er hat einen Marshallplan, dessen einzelne Stationen er erkennt und auch erreichen kann. Am Ende ist das große Ziel, das jetzt nicht mehr, wie eine Fata Morgana, unerreichbar erscheint. Dieser Plan sollte auch Aufgaben enthalten, die sofort erledigt werden müssen, damit er erst gar nicht auf die Idee kommt, in alte Verhaltensmuster, nämlich das tägliche Vertagen unangenehmer Verpflichtungen, zurückzufallen.

c. Verhaltensaufträge: Kleine, machbare Schritte in die richtige Richtung

An dieser Stelle sollte man darauf achten, dass sich die Teilnehmer durch ihre hohe Anfangsmotivation nicht selbst überfordern und auf diese Weise erneutes Versagen provozieren. Misserfolgserlebnisse in dieser Phase schwächen die Motivation und gefährden den Erfolg der ganzen Maßnahme.

Kleine, machbare Aufgaben, die in einem überschaubaren zeitlichen Rahmen zu erledigen sind, bieten Erfolgserlebnisse, die die Motivation stärken und somit die Möglichkeit zur erfolgreichen Erledigung größerer Aufgaben eröffnen. Das sind die ersten Schritte in ein erfolgsorientiertes Persönlichkeitskonzept.

Ein Beispiel aus der Praxis.
Sven, 17 Jahre, hatte die Schule abgebrochen, ging nicht mehr ins Training und hatte sich heillos mit seinen Eltern zerstritten. Er hing nur noch mit Gleichgesinnten ab und betäubte seinen Frust mit Alkohol, Drogen und Gewalt. Seinen Lebensunterhalt bestritt er mit Diebstählen, Kleindealereien und Gelegenheitsarbeiten. Nach der Spiegelung sah er deutlich, dass er seiner Zukunft nur schadete. Er würde nun gerne eine Ausbildung beginnen.

Die Voraussetzungen für eine erfolgversprechende Bewerbung sind wegen des fehlenden Hauptschulabschlusses allerdings äußerst ungünstig. Unter diesen Bedingungen wären ernst gemeinte Bewerbungen vom Scheitern bedroht und würden somit als erneuter Beweis des persönlichen Versagens äußerst demotivierend wirken. Folgerichtig muss er zuerst den Hautschulabschluss nachmachen. Zu diesem Zweck erhielt Sven den Verhaltensauftrag, morgens um 8.00 Uhr aufzustehen und abends vor 24.00 Uhr zu Bett zu gehen, damit er fit und ausgeruht mindestens zwei Stunden am Tag in seinen Hauptschulabschuss investieren konnte.

Zudem sollte er Informationen zu folgenden Fragen sammeln:

- Wo kann ich den Hauptschulabschluss machen?
- Welche Voraussetzungen brauche ich dafür?
- Wie kann ich mich auf den Hauptschulabschluss vorbereiten?
- Wie sieht die zeitliche Organisation aus?

Für den Verhaltensauftrag und die Aufgabe bekam Sven von uns die notwendigen Adressen sowie Telefonnummern von Institutionen und Organisationen, die über solche Fragen Auskunft geben können, und eine Woche Zeit.

Nach einer Woche kam er ausgeschlafen und gut gelaunt in den Kurs und berichtete, dass er zwar nicht jeden Tag früh aufgestanden sei, dass er aber stets acht Stunden geschlafen habe und sich körperlich richtig fit fühle und dass ihm das gut tue. Und dass er seine Aufgaben schon in den ersten drei Tagen erledigt und sich bereits für den HS angemeldet habe. Seine Eltern fänden die plötzliche Kehrtwende auch gut. Er wirkt hoch motiviert und sieht seiner Zukunft positiv entgegen. Er hat den Silberstreif am Horizont entdeckt.

Natürlich geht das nicht immer so reibungslos wie in diesem Fall. Sollten die Aufträge nur teilweise oder gar nicht erledigt werden, werden sie der aktuellen Leistungsbereitschaft der Klienten angepasst und von neuem vergeben. Dadurch lernen sie etwas über ihre tatsächliche Leistungsfähigkeit. Lob und Anerkennung gibt es für alle, die offen und ehrlich über ihr Verhalten berichtet haben. Alle anderen müssen akzeptieren, dass sich an ihrem negativen Status so schnell nichts ändert und damit haben alle Verantwortung für ihre aktuelle Lebenssituation übernommen.

Anwendungsmöglichkeiten der KGA

Der Mensch wird nicht als Gewalttäter geboren. Er kommt auf diese Welt und ist ein unbeschriebenes Blatt. Alle Eindrücke und alle Erfahrungen, die auf ihn einwirken, hinterlassen ihre Handschrift auf diesem Papier. Sie prägen ihn bewusst oder unbewusst. Sie können seine Entscheidungen zwar beeinflussen, aber treffen muss der Mensch sie immer noch selbst. Das ist auch der Grund, weshalb nicht jeder, der unter ungünstigen Voraussetzungen groß geworden ist, zum Kriminellen oder Gewalttäter wird. Viele dieser Menschen haben sich anders entschieden. Damit gibt es auch eine Möglichkeit, auf diese Entscheidungen einzuwirken, und damit sind wir bei den Anwendungsmöglichkeiten der KGA angekommen.

Mit der Pubertät beginnen der Ausstieg aus dem Abhängigkeitsverhältnis der Kindheit und der Einstieg in die sukzessive Übernahme von Eigenverantwortung. Das bedeutet, dass ab diesem Zeitpunkt die Verantwortung für gewalttätiges oder straffälliges Verhalten allgemein nicht auf eine schwierige Kindheit oder andere ungünstige Bedingungen abgeschoben werden kann, sondern vom Täter selbst voll und ganz übernommen werden muss. Aus diesem Grund müssen unsere Protagonisten, wenn sie keine Gewalttäter mehr sein wollen, auch nicht ihre gesamte schwierige Kindheit oder gar ungünstige gesellschaftliche Bedingungen verändern, sondern einfach nur sich selbst.

Die Entwicklung vom Ersttäter hin zum sozialisierten Gewalttäter verläuft in drei Abschnitten.

- Die Einstiegsphase
  Erste unkontrollierte und ungeplante Erfahrungen mit gewalttätigen und kriminellen Handlungen. Besonders häufig erleben Täter diese Phase während der Pubertät.

- Die kritische Phase
  Kriminelles und gewalttätiges Verhalten, das bereits zielgerichtet und geplant eingesetzt wird. Sie schließt sich übergangslos an die erste Phase an.

- Die chronische Phase
  Kriminelles und gewalttätiges Verhalten, das als solches nicht mehr wahrgenommen wird. Es hat sich als Möglichkeit zur Lösung alltäglicher Probleme, wie z.B. der Erhaltung des Selbstwerts oder der Sicherung des Lebensstandards, manifestiert. Diese Phase löst übergangslos die kritische Phase ab und endet entweder nur vorübergehend, wenn der Protagonist inhaftiert wird, oder endgültig, wenn er sein kriminelles und gewalttätiges Verhalten erkennt und verändert.

Mit den Erkenntnissen und Methoden der KGA kann nicht nur in der chronischen Phase, also in der Arbeit mit massiven Gewalttätern Einfluss genommen werden, sondern bereits in der Einstiegs- und der kritischen Phase, sodass diese negative Entwicklung unterbrochen oder beendet werden kann.

Doch beginnen werden wir die Anwendungsmöglichkeiten mit der klassischen KGA, so wie sie zuvor in unseren Beispielen beschrieben wurde.

1. Die „Klientzentrierte-Gewalt-Analyse" im „Anti-Aggressivitäts-Training"

Wie bereits im Titel erwähnt, stelle ich die KGA als neue Methode im AAT vor, denn zum einen wurden diese Methode aus dem AAT entwickelt und zum anderen muss man das Rad nicht neu erfinden, wenn man auf einen bekannten und bewährten Rahmen zurückgreifen kann. Trotzdem habe ich dieser Methode einen eigenständigen Namen gegeben, denn sie stellt ein in sich geschlossenes therapeutisches System dar. Die Anforderungen an Therapeut/Trainer und Klienten unterscheiden sich zwar von denen im AAT, doch in seiner Zielsetzung stellt die KGA eine optimale Ergänzung zum AAT dar.

a. Stationäre Maßnahmen für Jugendliche und Erwachsene

Die KGA in der hier vorgestellten Form ist besonders geeignet für inhaftierte Gewalttäter. Das liegt daran, dass sie überwiegend aus den Erfahrungen mit dieser Klientel entwickelt wurde und dass langjährig verurteilte Gewalttäter in der Regel alle Indikations-voraussetzungen nahezu ideal erfüllen. Klienten und Fachdienste bestätigen diese Einschätzung, denn alle bisher durchgeführten Maßnahmen haben tiefgreifende Eindrücke bei den Teilnehmern hinterlassen.

b. Ambulante Maßnahmen für Jugendliche und Erwachsene

Abgesehen von der Tatsache, dass die Teilnehmer außerhalb von Gefängnismauern wesentlich unzuverlässiger sind, lässt sich die KGA auch ambulant erfolgreich anwenden. So habe ich in den letzten Jahren im Rahmen des Anti-Aggressivitäts-Trainings und der Sozialen Trainingskurse zahlreiche ambulante Maßnahmen durchgeführt. Sie lösten bei den Teilnehmern und den beteiligten Fachdiensten ausschließlich positive Rückmeldungen aus und haben bezüglich der Legalbewährung der Protagonisten signifi-kant positive Ergebnisse erzielt.

c. Die Einzeltherapie

Alle mir bekannten, gewaltpräventiven Angebote nutzen grup-pendynamische Prozesse und haben deshalb auch eine vorge-schriebene Gruppenstärke von mindestens fünf Teilnehmern.

In der KGA spielt das Feedback der Gruppe für die Effek-tivität der Maßnahme keine Rolle. Deswegen eignet sie sich auch hervorragend als Einzeltherapie. Das ist ein besonderer Vorteil, denn es gibt immer wieder Klienten, die sich aus den unter-schiedlichsten Gründen nicht für eine Gruppenmaßnahme eig-nen. Sie können deswegen an keinen gewaltpräventiven Pro-grammen teilnehmen, obwohl sie es dringend nötig hätten.

So gab es auch immer wieder Anfragen aus der Justiz oder dem Justizvollzug, ob denn eine Einzeltherapie für bestimmte Klienten möglich sei. Um diesem Bedarf gerecht zu werden, biete ich im Rahmen des AAT die KGA als Einzelfallvariante an.

Inzwischen habe ich etliche Einzeltherapien mit erwachse-nen Straftätern ambulant und stationär durchgeführt und keine Nachteile zur Gruppentherapie feststellen können. Die Mitarbeit, die Reaktionen auf die Settings sowie der Erkenntnisgewinn der Protagonisten stehen denen der Gruppentherapie in nichts nach. Im Gegenteil, die Tatsache, dass nur ein einzelner Teilnehmer zu behandeln ist, macht viele Aufgaben und Übungen intensiver und weniger zeitaufwendig.

d. Die Spiegelung als methodische Basis für den „Heißen Stuhl"

Das AAT nutzt den heißen Stuhl (Perls ‚hot seat'), um die Neutralisierungsmechanismen der Klienten aufzubrechen. Die wichtigsten Themen sind hierbei die Sensibilisierung für die Aggressionsauslöser, eine realistische Tateinschätzung, Opferempathie und Selbsterfahrung. In allen vier Bereichen bietet die Methodik der Spiegelung klare Settings, die zielgerichtet zum einen Erkenntnis und zum anderen eine entsprechende Verhaltensmodifikation bei den Klienten anstreben. Die Spiegelung ist damit eine echte Bereicherung für die Durchführung eines heißen Stuhls.

Ich wurde immer wieder von frisch ausgebildeten Anti-Aggressivitäts-Trainern um die Möglichkeit einer Hospitation in meinen Kursen gebeten. Obwohl sie allesamt gestandene Sozialpädagogen oder Psychologen waren, fühlten sie sich trotzdem noch nicht in der Lage, diesen schwierigen Job in Alleinregie durchzuführen. Die Ursachen dieser Unsicherheit sehe ich zum einen in der rein theoretischen Ausbildung, die keine Praxiserfahrung bietet, und zum anderen in der Tatsache, dass die Handlungsanweisungen für den heißen Stuhl inhaltlich und methodisch viel Spielraum lassen. Das kann natürlich auch ein Vorteil sein, denn es gibt erfahrenen AA-Trainern die Möglichkeit, neue Methoden auszutesten und weiterzuentwickeln. Doch zu Beginn einer Trainerkarriere gibt ein strukturierter und erfolgsorientierter Rahmen die nötige Sicherheit, sich in diesem schwierigen Arbeitsfeld zurechtzufinden. Alle Hospitanten fühlten sich nach den praktischen Erfahrungen mit der Spiegelung und hier vor allem durch die strukturierten und eindeutigen Handlungsanweisungen gut auf die Praxis vorbereitet

2. Die Persönlichkeitsanalyse

Einmal behandelte ich einen jungen Mann, der überhaupt keine Gewaltproblematik aufwies. Er stammte aus einer wohlhabenden Familie, war Mitte zwanzig und hatte ein aufgeblasenes, idealisiertes Selbstbild, wodurch der Kontakt zu seinem realen Selbst weitgehend verloren ging. Er lebte seit Jahren auf Kosten seiner

Eltern und hatte eine Ausbildung nach der anderen (Schulen, Berufe, Studiengänge) angefangen und wieder abgebrochen. Nach außen und seinen Eltern gegenüber stellte er sich als der talentierte, fleißige, erfolgreiche junge Mann dar, der noch nicht genau weiß, was er werden will. Seine Realität allerdings wies ihn als Versager auf, der von Beruf Sohn war, weil er nichts durchhalten konnte, wenn es mal unangenehm zu werden schien.

Sein Vater wusste von meiner Arbeit und hatte mich gebeten, mit seinem Sohn zu reden. In diesem Gespräch wurde deutlich, dass der junge Mann durch sein widersprüchliches Verhalten eine ausgeprägte einstellungsdiskrepante kognitive Dissonanz erzeugte, die er einfach mittels Idealisierung seines Selbstbildes zum Schein aufgelöst hatte. Sein schlechtes Gewissen und die dazugehörigen unangenehmen Gefühle, die trotz Idealisierung immer wieder durchkamen, hatte er einfach ‚weggekifft‘. Im Grunde war dies die gleiche Problematik, die unsere Klientel aufweist. Wenn die Grundlagen der KGA also funktionieren, dann musste ich nur eine Spiegelung durchführen, um die Idealisierung und die Kifferei als Selbstbetrug zu entlarven und so die ursprüngliche Dissonanz wieder zu aktivieren. Das erneute Bedürfnis nach Auflösung dieser Dissonanz wäre dann nur noch durch eine echte Auflösung, also eine Verhaltensveränderung, möglich.

Nach einigen intensiven Informationsgesprächen mit den Beteiligten und nachdem ich das Einverständnis des jungen Mannes hatte, führte ich die Maßnahme durch als wäre es eine KGA. Das Endergebnis war das gleiche. Das idealisierte Selbstbild war zerstört und die Realität rückte wieder in den Vordergrund. Der junge Mann war nach der Spiegelung emotional total aufgelöst, aber gleichzeitig euphorisch, was seine Zukunft betraf. Im Grunde hatte er sich nach dieser Klarheit gesehnt, denn er hatte seine negative Wahrheit immer im Hinterkopf. Er sprach sich anschließend mit seinem Vater offen und ehrlich aus, was für ihn eine erhebliche Stabilisierung seines Selbstwertes zur Folge hatte. So ausgestattet begann er, seine Zukunft neu zu organisieren.

Weil er absolut keine Gewaltproblematik aufwies, nannte ich diese Maßnahme nicht Klientzentrierte-Gewalt-Analyse, sondern Persönlichkeitsanalyse. Diese Bezeichnung gefällt mir, denn sie trifft in diesem Fall den Nagel auf den Kopf. Heute denke ich, dass diese Anwendungsmöglichkeit in Fällen, in denen das idealisierte Selbstbild eine positive Entwicklung verhindert, weil es den kritischen Blick auf einen negativen realen Zustand verwehrt, auch eine Zukunft haben könnte.

3. Gewaltprävention an Schulen

Um die richtige Vorgehensweise für die Gewaltprävention bei Kindern und Jugendlichen zu verdeutlichen, möchte ich an dieser Stelle noch einmal den Unterschied zwischen Gewalt und Aggression hervorheben. Nicht Aggressionen sollen verhindert werden, sondern ausschließlich Gewalt. Zu diesem Zweck gehen wir noch einmal zurück zum Anfang dieses Buches, zu dem Beispiel der beiden Schüler, die sich nach einer Auseinandersetzung im Sportunterricht zum Kräftemessen verabredet haben. Sie wollten miteinander kämpfen, weil sich einer über den anderen geärgert hatte, und wollten nun herausfinden, wer der Stärkere von ihnen ist.

Es gibt heute zahllose Präventionsprogramme, speziell für Schulen, die sich zum Ziel gesetzt haben, der zunehmenden Gewaltbereitschaft unter jungen Menschen entgegenzuwirken. Allesamt wenden sich generell gegen jede Form der Aggression und schießen damit völlig über das Ziel hinaus. Unsere beiden Kontrahenten wären in diesem Fall sofort voneinander getrennt worden. Sie hätten miteinander reden und sich schließlich die Hände reichen müssen, um sich wieder zu vertragen. Das mag manchmal funktionieren, aber im Grunde sind solche Programme kontraproduktiv. Sie unterdrücken Aggressionen, die heraus wollen und die auch heraus müssen. Unterdrückte Aggressionen sind nur scheinbar verschwunden. In Wirklichkeit sind sie nur verschoben und treten an anderer Stelle, in unangebrachter Form, wieder zu Tage.

„Aus dem Blickwinkel ihrer evolutionären Entstehungsgeschichte betrachtet, ist die Aggression ein kommunikatives Signal, welches der Umwelt eines Individuums ein Zeichen geben soll, dass ein nicht akzeptabler körperlicher oder seelischer Schmerz empfunden wird. Wenn die Aggression ihre kommunikative Funktion des Aufmerksammachens behält, ist sie konstruktiv. Wenn sie diese Funktion eingebüßt hat, wird sie destruktiv und zum Auslöser von Gewaltkreisläufen."[89]

Warum also sollen Jungs nicht aggressiv sein? Was spricht dagegen? Es liegt in der Natur eines pubertierenden Jungen, dass er aggressiver ist als andere, denn er unterliegt schließlich einem enormen Testosteronschub. Wie dieser Schub die männliche Psyche beeinflussen kann, zeigt eine berühmte Studie, die Steve Bedulph, der wohl bekannteste australische Familientherapeut, in seinem Buch „Jungen! Wie sie glücklich heranwachsen" beschreibt.

> „Wissenschaftler beobachteten in einem Laboratorium einige Affen, um etwas über die soziale Struktur der Gruppe herauszufinden. Dabei stellten die Forscher fest, dass sich die männlichen Affen einer genau definierten Hierarchie oder Rangordnung unterwarfen. Die Hierarchie der Weibchen hingegen war wesentlich lockerer gefügt und hing davon ab, wer wem das Haar pflegte. Aber die Männchen wussten stets, wer der Boss, der Unterboss und der ihm Untergeordnete war und mussten stets neue Kämpfe bestehen, um ihren Rang zu bestätigen. Nachdem die Wissenschaftler diese Gruppendynamik ergründet hatten, sorgten sie für Unruhe im Gehege: Sie spritzten dem in der Hierarchie am tiefsten stehenden männlichen Affen Testosteron und setzten ihn dann wieder ins Gehege. Bestimmt werden sie erahnen, was als nächstes geschah. Der Affe begann einen Boxkampf mit seinem nächsten Vorgesetzten. Und zu seiner eigenen Verwunderung siegte er sogar. Als nächstes nahm er sich dann den nächsthöheren Artgenossen zur Brust. Innerhalb von nur zwanzig Minuten hatte er sich bis oben durchgeboxt und den stärksten Affen vom höchsten Ast gestoßen. Unser Held war zwar klein gewachsen, aber sein Testosteronspiegel war besonders hoch. Und so wurde er innerhalb kürzester Zeit zum neuen Manager vom Dienst."[90]
>
> „Irgendwann zwischen dem elften und dreizehnten Lebensjahr steigt bei Jungen der Testosteronspiegel so steil, dass er schließlich ein Niveau erreicht, das 800% über dem liegt, was für die Kleinkindphase typisch ist."[91]

Wenn sie sich jetzt vor Augen führen, wie Testosteron das Gehirn beeinflusst und die Rang- und Wettbewerbsorientierung des männlichen Nachwuchses stärkt, dann ist es nur logisch, dass für Jungen in der Pubertät Rangordnungsrituale notwendig sind.

Man sollte den Kindern unter Aufsicht (z.B. im Sportunterricht) die Möglichkeiten bieten, ihre Aggressionen auszuleben,

---

[89] Ebd.: S. 193.
[90] Steve Bedulph (1997): „Jungen! Wie sie glücklich heranwachsen". S. 51f.
[91] Ebd.: S. 49.

ohne dass andere und damit auch sie selbst zu Schaden kommen. Kleine Anschaffungen wie z.B. ein Box-Sack, gepolsterte Handschuhe, gepolsterte Schlagstöcke, Kopfschutz oder dicke Kampfsportpolster sind dafür hervorragend geeignet.

Auch das Kämpfen miteinander, wenn es fair und nach festgelegten Regeln stattfindet, kann sich nur positiv auf das Selbstwertgefühl der Teilnehmer auswirken. Denn selbst wenn ich gegen einen stärkeren Gegner verliere, habe ich immer noch Mut bewiesen und die Achtung der Mitschüler verdient, weil ich gegen ihn angetreten bin. Eingreifen sollte man erst dann, wenn Aggression in Gewalt umschlägt. Wenn aus dem einen Kontrahenten ein Täter und aus dem anderen ein Opfer wird. Entsprechend unserer Definition von Gewalt werden dann nicht nur die Gesundheit und das Selbstwertgefühl des Opfers beschädigt, sondern auch das des Täters, der unter dem ungebremsten Einfluss seiner Aggressionen zum Feigling wird.

a. Feminisierung in der Pädagogik

Dass Aggressionen in den Schulen generell negativ gesehen und dementsprechend behandelt werden, liegt wohl hauptsächlich daran, dass wir dort einen enormen Überhang an weiblichen Pädagogen haben. Ich erinnere mich an einen Artikel in unserer lokalen Zeitung, in dem die Vereidigung von 43 neuen Junglehrern für die Region mitgeteilt wurde. Nur zwei davon waren männlich. Das soll nicht heißen, dass Frauen die schlechteren Pädagogen sind, sondern es soll lediglich darauf hinweisen, dass Frauen bezüglich Aggression anderen biologischen Prozessen unterworfen sind. Deswegen können sie das aggressive Verhalten pubertierender Jungen nicht nachvollziehen. In einem Artikel der Zeit zum Thema „Feminisierung in der Pädagogik" war bereits 2002 folgende Aussage zu lesen:

> „Wer sich heute auf dem Schulhof oder in der Klasse der traditionellen Jungenrolle gemäß aufführt, wird von den Lehrern als aggressiv und sozial defizitär empfunden und entsprechend behandelt. Was noch vor 20 Jahren als Rauferei auf dem Schulhof durchgegangen wäre, ist heute ein Gewaltvorfall."[92]

---

[92] Sabine Etzold: „Die neuen Prügelknaben", in: DIE ZEIT, 31/2002.

2009 schreibt Mehlmann zum Thema „Feminisierung in der Bildung":

> „Die Schule hat sich aufgrund der Dominanz von Frauen und/oder einer fehlgeleiten und einseitig an den Bedürfnissen von Mädchen orientierten Gender-Pädagogik in ein weibliches Biotop verwandelt, das den Interessen und Bedürfnissen von Jungen nicht mehr entspricht. Jungen dürften in der Schule nicht mehr Jungen sein, ‚typisches' Jungenverhalten (raufen, viel bewegen, stören etc.) werde in zunehmendem Maße nur noch negativ bewertet."[93]

Das spiegelt ziemlich genau den Sachverhalt wider, der auch heute noch an den meisten mir bekannten Schulen vorherrscht.

Als ich wieder einmal zu einer aggressiven Klasse gerufen wurde, um präventiv tätig zu werden, hatte ich jede Woche eine andere Lehrkraft an meiner Seite. Es waren allesamt Frauen, und zuletzt hatte ich die Direktorin höchstpersönlich zu Gast. Am Anfang dachte ich noch, dass das der übliche Ablauf für diese Klasse wäre, aber später wurde mir klar, dass die Lehrerinnen meine Art zu arbeiten höchst kritisch betrachteten und dass sich alle persönlich ein Bild von diesem seltsamen Anti-Aggressivitäts-Trainer machen wollten. Dementsprechend hielt sich die Unterstützung für meine Arbeit an dieser Schule sehr in Grenzen und so hatte ich jede Woche erneut das Gefühl, ich müsste mit den Schülern wieder ganz von vorne beginnen.

Vielleicht noch ein interessantes Beispiel aus meiner Praxis, das die unterschiedliche Betrachtungsweise von Aggression verdeutlicht:

Im letzten Jahr wandten sich die Pädagogen/innen der Nachmittagsbetreuung in den Schulen des Landkreises hilfesuchend an mich, weil sie eine zunehmende Aggressionsbereitschaft ihrer Schüler feststellten. Nachdem sie mir einige Beispiele aus ihrem Alltag nannten, schlug ich ihnen vor, zunächst einen Vortrag zum Thema: „Was ist Aggression und was ist Gewalt?" zu halten. Zum verabredeten Termin reiste ich bewaffnet mit etlichen Kampfsportutensilien, wie Boxhandschuhen, Kopfschutz, gepolsterten Schlagstöcken, Schlagpolstern etc., an. Als mich einige Teilnehmerinnen derart bepackt einlaufen sahen, traten

---

[93] Sabine Mehlmann (2009): „Von Alphamädchen und Schulversagern – geschlechterpolitische Implikationen der Debatte über die ‚Feminisierung der Bildung'". S. 5.

sie gleich einen Schritt zurück und meinten: „Das sieht aber gefährlich aus."

Die drei männlichen Kollegen standen schon vorher an der Straße, halfen mir beim Ausladen und meinten zu meinem Gepäck: „Das sieht aber interessant aus."

Schon hatte ich den idealen Aufhänger für meinen Vortrag.

Es war ein sehr heißer Juniabend und ich war deswegen auf eine eher geringe Beteiligung eingestellt. Aber wider Erwarten waren bis auf eine krankgemeldete Kollegin alle 34 anwesend, drei waren männlich (die übliche Quote). Ich war über die zahlreiche Teilnahme freudig überrascht. Der Vortrag war kurzweilig und weckte bei den Teilnehmer/innen viel Interesse und Engagement. Einige Wochen später erhielt ich von der Leiterin der Nachmittagsbetreuung folgende E-Mail:

„Hallo Herr Heyder,

alle Teilnehmerinnen und Teilnehmer waren am 22.06.14 total begeistert von ihrem Vortrag über Gewalt und Gewaltprävention. Wir hätten ihnen noch einige Stunden zuhören können, was wohl auch an ihren vielen praktischen Beispielen lag und ihrer eigenen Begeisterung für ihre Arbeit. Mein Team hat festgestellt, dass wir plötzlich brenzlige Situationen mit ganz anderen Augen wahrnehmen und viel relaxter reagieren. Mein Team ist begeistert und liest jetzt eifrig ihre empfohlenen Bücher. Die Mittagsbetreuung im Nachbarort hat uns bereits angeboten bei ihnen am -Raufen- teilzunehmen, da sie bereits sämtliches Equipment angeschafft haben.

An sie also ein großes Lob und ein herzliches Dankeschön."

b. Cool at School

Immer wieder klagen speziell die Brennpunktschulen mit hohem Migrationsanteil ihr Leid über die zunehmende Gewaltbereitschaft ihrer Schüler. Ich habe auf der Basis der KGA das Projekt Cool at School entwickelt. „CaS" ist ein Programm der primären Gewaltprävention für problematische Schulklassen, das sich speziell an den menschlichen Grundmotivationen soziale Akzeptanz, Kooperation und Fairness orientiert.[94] Es wird im gesamten Klassenverband durchgeführt und wendet sich dadurch gleichzeitig an Täter, Opfer, Mitläufer und Zuschauer. Das hat den Vorteil, dass das Verhalten einzelner stets von allen reflektiert und beur-

---

[94] Joachim Bauer (2011): „Schmerzgrenze". S. 27.

teilt werden kann und dass dadurch die emotionale Betroffenheit einzelner von allen gesehen und mitgetragen wird.

Weil wir wissen, dass die Entwicklung misserfolgsorientierter Persönlichkeitsstrukturen genau in diesem Alter beginnt, war es nur schlüssig, ein primäres, gewaltpräventives Programm zu entwickeln, das diese Problematik aufgreift. Deswegen nehmen hier die Themen Leistungsverweigerung und ihre negativen Konsequenzen einen breiten Raum ein. Die Schüler schließen freiwillig Leistungsverträge ab, die sie per Handschlag mit dem Coach besiegeln. Sie verpflichten sich dabei, täglich die Hausaufgaben zu machen, 1/2 Stunde zu lernen und nach einer Woche eine ehrliche Rückmeldung über ihre tatsächlich geleisteten Anstrengungen zu geben.

Natürlich kann man die KGA nicht eins zu eins für problematische Schüler übernehmen. Das wäre mit Kanonen auf Spatzen geschossen. Aber man kann die Elemente übernehmen, die in eindeutiger Weise Gewalt als feige ächten, die die moralische Integrität der einzelnen in den Vordergrund stellen und die misserfolgsorientierten Verhaltensweisen aufzeigen. So habe ich die aggressivsten Schüler der Klasse einfach zu den Bodyguards der Schwachen gemacht. Sie haben sich dann mit ihrem aggressiven Auftreten schützend vor die Schwächeren ihrer Klasse gestellt und so verhindert, dass diese ständig geärgert und gemobbt werden. Damit konnten sie einerseits echte Stärke beweisen und sich andererseits viel Lob, Achtung und Anerkennung verdienen. Schüler verstehen, dass Gewalt feige ist, sie verstehen den Zusammenhang von Gewalt und Mangel an Selbstwert, sie verstehen den Zusammenhang von Leistungsverweigerung und Misserfolg und sie verstehen den Zusammenhang von Misserfolg und Mangel an Selbstwert. Und damit verstehen sie den Kreislauf der Gewalt.

Dieses Projekt ist an etlichen Schulen unserer Region durchgeführt worden und erhielt, von einer Ausnahme abgesehen, auch immer großen Zuspruch, sowohl von den Pädagogen/innen als auch von den Schülern.

Schulen sind Orte, an denen immer wieder unterschiedlichste Welten aufeinander treffen. Das liegt an dem Generationenkonflikt zwischen Lehrer und Schüler, an den sozialen Konflikten der Schüler untereinander, an ethnischen, kulturellen und religiösen Unterschieden, an dem entwicklungsbedingten Testosteronschub pubertierender Jungen, an dem grenzenlosen Informationsbedürfnis sozialer Netzwerke (Facebook, WhatsApp, Twitter, etc.) und zuweilen auch an den persönlichen Problemen und Einstelllungen einzelner Pädagogen. Damit sind Schulen nicht nur Orte, an denen man mit entsprechenden Leistungen seinen Selbstwert stärken kann, sondern auch Orte, an denen Selbstwert massiv verletzt wird. Dementsprechend werden in solchen Schmelztiegeln auch etliche Aggressionen überhaupt erst produziert, aufgeladen oder ausgelöst.

Ich habe als Schüler, der damals Mitglied einer unbequemen Schülermitverwaltung war, und später als Vater eines Sohnes und einer Tochter, die beide dreizehn Jahre Schule hinter sich gebracht haben, selbst so manche negative Erfahrung machen müssen. Zudem war ich selbst zwei Jahre Mitglied im Lehrerkollegium einer beruflichen Förderschule für Migranten und habe dort diese Problematik aus der Sicht der Pädagogen erlebt.

Ich habe mich immer wieder gefragt, warum so viele Amokläufe ausgerechnet in Schulen stattfinden. Und heute denke ich, dass dies kein Zufall ist. Wir sollten mit dem Thema Aggressionen offensiver umgehen. Anstatt sie zu unterdrücken, sollten wir gezielte und gesteuerte Wege anbieten, damit sie adäquat ausgedrückt werden können. Wenn Sie Aggressionen nicht als etwas Negatives abstempeln, sondern konstruktiv damit umgehen, dann verhindern Sie Gewalt.

Hier einige Grundsätze erfolgreicher Gewaltprävention:
- Geben Sie den Kindern und Jugendlichen die Möglichkeit, ihre Aggressionen auszuleben, ohne zu verletzen und zu zerstören.
- Lassen Sie die Jungen auch miteinander kämpfen, wenn sie das wollen, und geben Sie ihnen ein offizielles Forum, in dem sie sich nach sportlichen (moralischen) Grundsätzen und fairen Regeln messen können. Schließlich gibt es auch etliche olympische Sportarten, in denen gegeneinander gekämpft wird.

- Zeigen Sie, wie eine faire Auseinandersetzung geführt wird.
- Zeigen Sie, dass man nur Respekt bekommt, wenn man auch Respekt gibt.
- Geben Sie den Schülern die Möglichkeit, stolz auf sich zu sein, egal ob sie gewinnen oder verlieren (der Kampf ist das Ziel).

Das stärkt den Selbstwert:
- Durchhalten bis zum Ende.
- Disziplin zeigen und fair bleiben, auch wenn man stärker oder schwächer ist.
- Sich einer schwierigen Situation stellen und Mut beweisen.
- Eine echte Leistung erbringen und dafür Anerkennung erhalten.

Evaluation

1. Ambulante Maßnahmen für jugendliche und heranwachsende Intensivtäter

Bei der Evaluation dieser Maßnahmen konnte ich die wissenschaftliche Kooperation einer Fachhochschule gewinnen. Aus diesem Grund wurden mir von der Polizei für die Teilnehmer der Sozialen Trainingskurse mit dem Schwerpunkt Anti-Gewalt-Maßnahmen alle Informationen über eingegangene Anzeigen zur Verfügung gestellt.

Die Klienten, um die es hier geht, waren allesamt vielfache Wiederholungstäter. Das bedeutet, dass bis zum Zeitpunkt der hier evaluierten Maßnahme die Erziehungsversuche der bisher beteiligten Institutionen, wie z.B. Familie, Schule, Jugendamt, Justiz, gescheitert waren und wir es bei diesen Jugendlichen mit einer Rückfallquote von 100 Prozent zu tun hatten.

- Das Kriterium der Untersuchung sind Strafanzeigen.
- Der überprüfte Zeitraum umfasst die ersten drei Jahre nach Beendigung der Maßnahme.

Dabei ergibt sich folgendes Bild.

Tätergruppe	Anzahl der Täter vor der Maßnahme	Anzahl der Täter mit Rückfall nach der Maßnahme	Erfolgsquote
Gewaltdelikte	195 = 100%	74 = 38%	62%
Eigentumsdelikte	131 = 100%	34 = 26%	74%
Verstoß gegen das BTMG	43 = 100%	13 = 30%	70%
Sonstige Straftaten	98 = 100%	33 = 34%	66%

Berücksichtigt man die Tatsache, dass nicht jede Anzeige zu einer Gerichtsverhandlung geschweige denn zu einer Verurteilung führt, dann verbessert sich die Erfolgsquote mit Sicherheit um etliche Prozentpunkte. Meine Bemühungen, diesbezüglich eine realistischere Rückfallstatistik zu erstellen und bei der Staatsanwaltschaft die dafür notwendigen tatsächlichen Verurteilungen in Erfahrung zu bringen, sind stets am Datenschutz gescheitert.

In Anbetracht dieser Umstände und in Anbetracht der Tatsache, dass jugendliche Straftäter nach ihrer Haftentlassung zu 80% wieder rückfällig werden, sind diese Ergebnisse durchaus ermutigend und als signifikant positiv zu betrachten.

2. Cool at School: Eine gewaltpräventive Maßnahme für Schulklassen

Dieses Projekt wurde von der Stadt Aschaffenburg wegen der positiven Resonanz von Schülern, Lehrern und der Presse finanziert und in den Katalog der gewaltpräventiven Maßnahmen aufgenommen. Nachdem es in elf verschiedenen Hauptschulkassen (ca. 200 Schüler) mit auffälliger Aggressionsproblematik durchgeführt wurde, haben wir die Ergebnisse der Evaluation ausgewertet.

Im ersten Teil konnten die Schüler die verschiedenen Themenbereiche des Projektes bewerten. Im zweiten Teil konnten sie beurteilen, ob sich in ihrem eigenen Verhalten und im Verhalten der übrigen Klasse während des Projektes etwas geändert hatte. Themen waren hierbei aggressives Verhalten und Leistungsverweigerung.

Um es für die Schüler einfach zu machen, haben wir für die Bewertung die gewohnten Schulnoten von 1 = sehr gut bis 6 = ungenügend übernommen.

Teil 1 Evaluation Cool at School

Thema	Durchschnittsnote
Cool at School Das Projekt als Ganzes	1,8
Die Warm-up-Phase Das gegenseitige Kennenlernen und Vertrauen	2,2
Die Info-Phase Informationen; Übungen, Filme zum Thema Aggression und Gewalt	2,0
Das Klassensoziogramm Täter und Opfer werden ermittelt und kommen zu Wort	1,7
Der Besuch Ein ehemaliger jugendlicher Gewalttäter erzählt aus seinem Leben und beantwortet Fragen	1,5
Der Referent Wie hat dir der Leiter des Projektes gefallen?	1,5

Diese Ergebnisse zeigen eindeutig, dass sich die Schüler gerne und interessiert mit dem Thema Aggression und Gewalt auseinandergesetzt haben.

Teil 2 Evaluation Cool at School

Hat sich meine Einstellung zur Gewalt verändert?

Thema	vor CaS	nach CaS	Differenz
Schwächere ärgern, beleidigen, schlagen	3,3	2,7	0,6
Angeben, sich aufspielen	3,4	3,0	0,4
Schwächeren helfen gegen Angriffe anderer	3,6	2,7	0,9

Hat sich meine Einstellung zur Schule verändert?

Thema	vor CaS	nach CaS	Differenz
Die Schule ist wichtig für mein späteres Leben	3,6	2,4	1,2
Für meine Zukunft muss ich zu Hause lernen	3,7	2,6	1,1
Für meine Zukunft muss ich im Unterricht mitmachen	3,5	2,3	1,2

Hat sich die Einstellung der Klasse zur Gewalt verändert?

Thema	vor CaS	nach CaS	Differenz
Schwächere ärgern, beleidigen, schlagen	3,2	2,6	0,6
Angeben, sich aufspielen	3,1	2,6	0,5
Schwächeren helfen gegen Angriffe anderer	2,8	2,4	0,4

Berücksichtigt man bei den Fragen zur persönlichen Einstellung gegenüber Gewalt und Schule, dass diejenigen Schüler, die vor der Maßnahme bereits friedlich und leistungsbereit waren, keine großen Veränderungen anzuzeigen hatten, dann verbessert sich der positive Effekt von CaS mit Sicherheit noch um einige Notenzehntel nach oben.

Die Ergebnisse zeigen eindeutig, dass durch dieses Projekt bei den Schülern ein Umdenken über Gewalt und Leistungsverweigerung eingeleitet wurde und dass sich das bereits in einem veränderten Verhalten niederschlägt.

3. Ambulante und stationäre KGA® für erwachsene Straftäter

Eine Evaluation gestaltete sich bei den erwachsenen Gewalttätern als schwierig. Auf der einen Seite wird verständlicherweise immer wieder nach der Effektivität der angewandten Methoden gefragt, und auf der anderen Seite werden permanent die zu diesem Nachweis notwendigen Informationen verweigert. Obwohl ich stets nur um eindeutig anonymisierte Daten bitte, sind fast alle meiner umfangreichen Bemühungen immer wieder an mir völlig unverständlichen Regeln und Bestimmungen des Datenschutzes gescheitert.

Nachdem mir alle Justizbehörden und die Justizminister von zwei Bundesländern eine freundliche Absage erteilten, wandte ich mich an die Leitungen der Justizvollzugsanstalten, in denen ich tätig war. Ich wollte nachweisen, dass nur vereinzelt Gewalttäter aus meinen Maßnahmen mit einschlägigen Straftaten wieder in der gleichen JVA inhaftiert wurden, denn in meiner subjektiven Wahrnehmung hatte ich genau diese Fälle in den letzten fünfzehn Jahren nur äußerst selten erlebt. Aber auch hier gab es bis auf eine Ausnahme nur freundliche Absagen.

Diese eine JVA bestätigte mir, dass von 19 Teilnehmern vier wieder mit einschlägigen Straftaten inhaftiert wurden. Das entspräche einer Rückfallquote von ungefähr 21 Prozent. Es ist mir klar, dass diese Aussage keine seriösen Rückschlüsse auf eine tatsächliche Legalbewährung bietet. Schließlich könnten die Probanden in einem anderen Zuständigkeitsbereich eine Straftat begangen haben. Wenn man allerdings davon ausgeht, dass über 90 Prozent der Klienten nach der Haftentlassung in ihr altes örtliches Umfeld zurückkehren, dann zeigt das zumindest eine richtungsweisende Tendenz.

Letztendich kann ich aber bezüglich der Legalbewährung meiner Klienten keine eindeutige Aussage machen. Ich kann mich lediglich auf die Aussagen der Teilnehmer selbst und auf die Einschätzung der sozialen und psychologischen Fachdienste stützen. Diese schätzen meine Arbeit und weisen mir aus diesem Grund gerne auch mal einen Teilnehmer zu, der als schwierig, unbelehrbar oder therapieresistent eingestuft wird. Bezüglich ihrer Rückmeldungen über das Verhalten der KGA-Absolventen werden vorwiegend deutliche Veränderungen ins Positive angezeigt.

Die Teilnehmer selbst äußern sich zum Abschluss der Maßnahme schriftlich zu den Inhalten, ihren Erfahrungen und dem Lerneffekt. Zu diesem Zweck werden Abschlussarbeiten über den gesamten Therapieverlauf und Abschiedsbriefe an das alte Leben geschrieben. Um eine ehrliche und ureigene Einschätzung der einzelnen Teilnehmer zu gewährleisten, haben die Inhalte dieser Arbeiten keinen Einfluss mehr auf das erfolgreiche Abschneiden der Maßnahme. Die so gesammelten Aussagen fallen allesamt positiv aus. Tatsächlich hatte ich noch keinen einzigen Teilnehmer, der die KGA als überflüssig oder für sich als unnütz bezeichnet hätte. Im Gegenteil, alle Teilnehmer bedanken sich eindringlich und zum Teil auch sehr emotional für die Erkenntnisse, die sie gewonnen haben, und die meisten wünschen sich auch weiteren Kontakt.

Feedback

Die hohe Motivation und außerordentliche Energie, die frei wird, wenn es um die Wiederherstellung der eigenen moralischen Integrität geht, wird in besonderem Maße in den schriftlichen Reflexionsarbeiten deutlich, die die Teilnehmer der KGA zum Abschuss verfassen.

Zum besseren Verständnis dieser Abschlussarbeiten möchte ich an dieser Stelle einige Beispiele aus den letzten drei Jahren vorstellen. Die Namen wurden aus Datenschutzgründen geändert, alles andere ist originalgetreu wiedergegeben.

1. Stanis verabschiedet sich von seinen alten Verhaltensweisen

Hallo Gewalt und Angeber,

ich will mit euch beiden nichts mehr zu tun haben, denn ihr habt mir nichts als Ärger gebracht. Wegen euch beiden Arschlöchern bin ich im Knast gelandet. Und genau wegen euch zwei Egoisten müssen meine Eltern und mein Bruder leiden. Ich war so labil in meiner Persönlichkeit und das habt ausgerechnet ihr zwei ausgenutzt. Ihr seid bei mir aber sowas von untendurch, dass es nie wieder auch nur einen Funken Hoffnung für eine Versöhnung zwischen uns geben wird.

Angeber, du warst seit meiner jüngsten Kindheit mein Begleiter und schon damals hast du mir nur geschadet, denn wegen dir hatte ich nie Freunde. Und anstatt, dass du etwas dagegen tust und mir hilfst, schaffst du dir noch Gewalt als Gesellen an. Du bist einfach nur feige! Ich bin mir 100% sicher, dass ich ohne euch besser fahren werde und dass ich ohne euch auch ehrliche Anerkennung genießen werde. Auch werde ich ohne euch viel besser meine Eltern unterstützen und beistehen. Ihr habt bestimmt schon in der letzten Zeit gemerkt, dass ich euch absolut meide und jetzt mache ich es mit diesem Brief offiziell. Wir sind getrennt!!! Ich habe Ziele in meinem Leben und da passt und gehört ihr nicht hin. Ihr seid gestorben für mich. Macht euch keine Hoffnungen ich habe schon zwei neue Gesellen: VERSTAND und VERNUNFT.

Stanis

2. Stefan verabschiedet sich von seinem alten Leben

Hallo vergangenes, beschissenes altes Leben,

ich möchte mir erlauben von dir Abschied zu nehmen und dich zu vergessen, dich zu begraben und abzuhaken. Was ich mir mit dir durch eigene Träg- und Faulheit an die Backe geklebt habe, kann ich im Nachhinein nicht verstehen. Um mich von Sorgen zu lösen, kaufte ich bei zwielichtigen Leuten Drogen und vertickerte teilwiese auch selbst. Von euch üblen Menschen will und muss ich mich ebenfalls verabschieden. Mein kriminelles Verhalten ging über zur Gewalt, das jetzige Bedauern und meine Scham darüber verdeutlichen mir, dass mein „Adios" endgültig und un-widerruflich ist.

Verabschieden möchte ich mich von Orten, welche mich an schlimme Zeiten erinnern. An Drogenübergaben und Ärger. In Zukunft meide ich euch, gehe andere Wege, sodass ich keinerlei Berührung mit euren Koordinaten haben werde. Das „Tschüss" an euch tut mir gut und hilft mir, mich auf ein neues anständiges Leben zu konzentrieren.
Meinen alten sogenannten „Kumpels" will ich sagen, dass ihr eurem Namen wahrlich keine Ehre gemacht habt. Wenn ihr wirk-lich Kumpels gewesen wärt, hättet ihr mich aufgeweckt, durchge-rüttelt und auf den richtigen Pfad geführt. So aber muss ich auch euch den Laufpass geben, mich verabschieden und das ohne Trauer.

Altes Leben, hiermit bist du ad acta gelegt, Vergangenheit und Geschichte und das alles ohne dass ich auch nur eine Träne ver-gießen muss. Ich gehe jetzt einen neuen Weg, nehme lediglich eine, gute Sache aus dem alten Leben mit, nämlich meinen Sohn.

Er ist mein zukünftiges Kraftwerk, mein Energiegeber. Mit ihm beginne ich das neue Leben.

Zum Schluss altes Leben sage ich dir, ich bin froh, dass du hiermit verabschiedet bist. Normalerweise beendet man einen Brief mit freundlichen Grüßen, oder hochachtungsvoll, dir aber schreibe ich, ENDLICH HAST DU AUSGELEBT; KOMM NIE; NIE WIEDER ZURÜCK

Stefan

3. Sinar beantwortet Fragen in seiner Abschlussarbeit

Frage: Wie sehe ich heute meine Gewalttaten?
Antwort: Damals dachte ich, dass es richtig war und fand es gerecht und notwendig, um meinen Stolz wieder herzustellen. Heute denke ich, dass es totaler Schwachsinn ist. Es hat weder meine Ehre noch meinen Stolz wieder hergestellt. Im Gegenteil es hat mich noch mehr entehrt. Dadurch, habe ich meine Familie sehr verletzt und vor Wut hätte ich beinahe meinen eigenen Bruder getötet, wegen einer Frau. Weil ich mich in meiner Ehre verletzt gefühlt habe.

Frage: Woher kommt meine Aggression?
Antwort: Heute würde ich es so erklären. Zunächst einmal hatte ich ein sehr geringes Selbstwertgefühl, denn in meiner Kindheit habe ich sehr viel Gewalt von meinem Vater erlebt, gegenüber mir, meiner Mutter und fast täglich gegenüber meinen Geschwistern. Meine Mutter war oft im Krankenhaus. Dadurch dass ich ein Jahr im Heim gelebt habe, keinen Schulabschuss und auch keine Ausbildung gemacht habe ging alles schief. In meinem Freundeskreis gab es sehr viel Gewalt, es war an der Tagesordnung.

Frage: Wie sehen deine negativen Persönlichkeitsanteile aus?
Antwort: Ich war feige, weil ich mit einer Waffe beinahe meinen Bruder umgebracht habe. Er war chancenlos. Ich war brutal, weil ich gegen meine Prinzipien meine Frau geschlagen und

getreten habe und meinen Bruder lebensgefährlich verletzt habe. Ich war ein Versager, weil ich meine Familie im Stich gelassen habe. Beruflich habe ich nichts erreicht und wollte mich auch nicht anstrengen. Ich war ehrlos, weil ich Versprechungen nicht eingehalte habe, zuzüglich kamen auch Lügen dazu. Ich war ein schlechter Vater, weil ich nur an mich gedacht habe.

Frage: Wie kann ich zukünftig meine Gewaltbereitschaft kontrollieren?

Antwort: Ich werde Aggressionen rechtzeitig erkennen und Eskalationen vermeiden. Kriminelle und gewaltbereite Freunde meiden. Mein Denken und Handeln hat sich sehr geändert, bezüglich Ehre, Stolz und Selbstwert. Ich werde meine Ziele erreichen und möchte durchhalten, damit ich echte Leistungen bringen kann. Definitiv werde ich an meine Familie denken, Verantwortung übernehmen und sie auf keinen Fall im Stich lassen. Ich bin froh, dass ich ein Anti-Aggressivitäts-Training machen durfte. Es hat mir die Augen geöffnet. In Zukunft möchte ich Aggressionen nur im Sport ausleben.

4. Erhan beantwortet Fragen in seiner Abschlussarbeit

Frage: Wie sehe ich heute meine Gewalttaten?

Antwort: Unbedacht, leichtsinnig und dumm. Alkohol und Drogen spielten dabei eine große Rolle. Ich übernehme aber die volle Verantwortung für all meine Taten, weil ich konsumiert habe und nicht an die Konsequenzen gedacht habe.

Frage: Was hat bei mir die Gewaltbereitschaft ausgelöst?

Antwort: Selbstwertverletzung durch Erfolglosigkeit. Das Gefühl ein Versager zu sein, wegen meinem Rückfall. Immer weiter gesoffen, daraus entstand erhöhte Aggression und Kontrollverlust. Das Sexualdelikt war das schlimmste, was in meinem Leben passiert ist. Moralisch total entsetzt, weil das in normalem Zustand unvorstellbar ist. Das ständige Versagen in gewissen Lebensabschnitten hat viel dazu beigetragen.

Frage: Wie sehen deine negativen Persönlichkeitsanteile aus?

Antwort: Ich war feige, weil ich mich ständig abgeschossen habe. Ein Weichei, weil ich mich den Aufgaben im Leben nicht gestellt habe. Ich war ein Lügner, weil ich mich selbst belogen habe. Ich habe mich nicht an meine Richtlinien gehalten. Ich bin ein Alkoholiker, weil ich mit Alkohol nicht umgehen kann, in keiner Art und Weise. Heute bin ich seit 2 Jahren trocken. Ich war ein schlechter Vater, weil ich nicht da war für meinen Sohn 14J. und meine Tochter 9J. Ich hatte absolut keine Ehre, Courage und Stolz. Hinzu kommt noch, dass ich der älteste Sohn meiner Eltern bin und drei jüngere Brüder habe. Diesbezüglich war ich immer ein schlechtes Vorbild.

5. Robert, der Sicherheitsverwahrte, verabschiedet sich von seiner massiven Gewaltbereitschaft

Ich habe mir endlos viele Gedanken gemacht, wie ich Dich loswerden kann oder wie ich von Dir wegkomme. Nach all den Versuchen ist mir letztendlich klar geworden, dass ich Dich niemals ganz los werde und Du ein Teil meines Lebens bist mit dem ich leben muss. Doch mir ist bewusst geworden, dass ich Dich kontrollieren kann und muss. Nicht Du hast mein Leben oder meine Zukunft in der Hand, sondern ich. Ich sage Dir heute ganz deutlich, ich gebe Dir keinen Nährboden und Du wirst nie mehr mein Leben kontrollieren. Das tue ich ganz alleine.

Robert

6. Hassan verabschiedet sich von seinem alten Ich

Hey du Arsch,

wegen dir und deinem Geltungsbedürfnis sind meine Ehen missglückt und ich stehe alleine da. Mein Sohn kennt mich kaum und ich bin Anti-Vorbild. Super gemacht, alles gewollt, kaum etwas gekonnt und im Ergebnis alles verloren. Nur wegen dem Status- und Konsumdenken von Dir, altes Ego, habe ich meine Familie entehrt und mich selbst. Diese Akte ist eine mahnende Erinnerung, die mich viele Jahre verfolgen und behindern wird. Messi, du falscher Freund, du hast mich verführt nur um nicht selbst aufzufallen. Mein altes ich hat sich von dir einlullen lassen. In Wirklichkeit ging's dir nur darum nicht aufzufliegen. Verpiss Dich! Ja und die Daniela, ein Moulin Rouge, du hast mir nur das scheinbare Gefühl von Wichtigkeit gegeben. Aber nur weil du auch nicht auf den Luxus und die Bequemlichkeit verzichten wolltest. Ich brauche jemanden der nicht nur wegen des Geldes mit mir sein möchte. Ciao leb wohl. Es war zu schön um wahr zu sein. Und an den Aggro-Mann in mir, ich pump dich raus und werde mich mit Selbstfindungsliteratur beschäftigen. Ich will wieder stolz auf mich sein können. Deshalb musst du gehen und ich die Konfliktplätze meiden. Ich will wieder ruhig schlafen und die Zeit mit vielleicht neuer Familie verbringen. Wichtiger als Luxus ist frische Luft in Freiheit.

Teil 4: Übergeordnete Betrachtungsweisen

Manchmal beschleicht mich ein ungutes Gefühl, so als wäre ich ein Blender, wenn ich auf der einen Seite von meinen Klienten moralisch integres Verhalten erwarte und auch einfordere und auf der anderen Seite werden mir in den Medien immer wieder alle möglichen und unmöglichen Skandale von wirtschaftlichen, politischen, kulturellen und sportlichen Führungspersönlichkeiten vor Augen geführt. Unsere Klienten, die auch an dem großen Spiel teilhaben wollen, gehen für jeden Euro, den sie ergaunern, erpressen oder rauben, für Jahre hinter Gitter. Die Mächtigen auf dieser Welt können ganz legal Millionen und Milliarden auf Kosten anderer hin und her schieben und sich dabei bereichern. Dass dabei nicht nur Sparer, Häuslebauer oder Steuerzahler in Existenznöte geraten können, sondern auch ganze Bevölkerungsschichten oder gar Nationen, spielt nur eine untergeordnete Rolle.

Es ist beileibe nicht so, dass mir angesichts dieser Ungerechtigkeit die kriminellen Straftäter leidtun. Nein, sie haben sich ihre Strafe ‚redlich' verdient. Und wenn wir genauer hinschauen, dann unterscheiden sie sich nicht groß von den Mächtigen, denn die meisten ihrer Straftaten waren auch nur der vergebliche Versuch, dahin zu kommen, wo die schon sind, nämlich zu Geld, Macht und Ansehen.

Es ist vielmehr so, dass die noblen Anzug- und Krawattentäter auch im Knast sitzen müssten. In einer kleinen Zelle, deren Türe innen keinen Griff hat und in der das Fenster nicht zu öffnen ist. Wo der Esstisch gleich neben der Toilette steht und das Essen mit Gourmetniveau nichts mehr zu tun hat. Wo man mit ausgestreckten Armen fast die gegenüberliegenden Wände berühren kann und wo man 22 Stunden am Tag eingesperrt ist.

Vom Gesetz her sind diese Verhaltensweisen klar geregelt, das eine Verhalten ist strafbar und das andere nicht. Deswegen landen unsere Klienten im Knast und die anderen mit dem Privathubschrauber auf der Landeplattform ihrer Luxusjacht. Moralisch gesehen ist das eine Verhalten so schlecht wie das andere, denn sie spielen beide das gleiche Spiel, nur auf verschiedenen

Ebenen. In beiden Fällen wird egoistisch und skrupellos über menschliche Schicksale entschieden.

Geld ist eine stellvertretende Währung für Güter und Dienstleistungen. Deswegen hat jeder einzelne Euro auch nur dann einen entsprechenden Wert, wenn durch Anstrengung und Leistung (körperliche Arbeit) vieler Menschen dieser Gegenwert geschaffen wird. Das sollten die Spitzenverdiener in Wirtschaft, Politik, Sport, Kunst und Kultur nicht vergessen. Ein wenig mehr Dankbarkeit und Demut wäre hier auch nicht unangebracht. Wenn allerdings, wie wir das fast täglich aus den Medien erfahren, immer mehr von ihnen immer noch nicht genug haben und zusätzlich zu ihren extraordinären Einkommen über zwielichtige Machenschaften (Korruption, Steuerhinterziehung etc.) ohne einen Finger zu rühren weitere Millionen anhäufen müssen, dann ist das auch immer ein Betrug an den Menschen, die den Gegenwert dieses Geldes mit ihrer Hände Arbeit geschaffen haben und nicht in diesem Maße daran partizipieren können.

Wenn angesichts dieser Ungerechtigkeiten die Armut in unserem Land zunimmt, weil unter anderem gerade diese Menschen, die ein Leben lang hart gearbeitet haben, sich als Rentner am Existenzminimum wiederfinden, dann müssen wir uns nicht wundern, wenn die moralischen Grundwerte nur noch als hohles Geschwätz empfunden werden und der Zusammenhalt dieser Gesellschaft bedroht ist.

„Die Erniedrigung durch Armut im Angesicht von Reichtum macht Menschen verwundbar und in besonderer Weise empfindlich gegenüber dem Gefühl, nicht geachtet zu sein. Solche Menschen reagieren empfindlicher auf Vorfälle, die mit einem Gesichtsverlust verbunden sind."[95]

„Eine Situation jedoch, in der die einen Not leiden, während sich andere reichhaltiger Lebenschancen und guter materieller Ressourcen erfreuen, bedeutet Ausgrenzung und tangiert die Schmerzgrenze. Hier ist über kurz oder lang zwingend mit Gewalt zu rechnen."[96]

1. Eine philosophische Betrachtung

Angesichts dieser Tatsachen stellen sich mir einige Fragen: Warum ist das so? Was bringt einen Menschen dazu, gewalttätig zu

---

[95] Ebd.: S. 116.
[96] Ebd.: S. 66.

werden? Warum will ein Mensch, der schon alles doppelt und dreifach hat, immer noch mehr haben? Und die alles entscheidende Frage: Was treibt diese Menschen an und wo wollen sie hin?

Ich werde an dieser Stelle keine klassischen philosophischen Definitionen bemühen, den Aussagewert dieses Buches zu bestätigen. Stattdessen möchte ich meine ganz persönlichen Gedanken, Gefühle und Schlussfolgerungen zu diesem Thema beschreiben, die sich im Laufe meines Lebens im intensiven Kontakt mit so vielen Menschen verschiedenster Couleur herauskristallisiert haben.

Wenn ich mich umhöre und die verschiedensten Menschen nach ihren Zielen und Sehnsüchten frage, bekomme ich auch die unterschiedlichsten Antworten. Für den einen sind es materielle Dinge, wie Geld, teure Kleidung, großzügiges Haus, auffälliges Auto etc., für den anderen sind es Erfolg und Anerkennung, für wieder andere ist es der Partner für's Leben oder es sind Zufriedenheit und Gesundheit. Manche suchen gar die spirituelle Erleuchtung. Wenn ich dann nachhake und immer weiterfrage, warum sie genau das anstreben, erhalte ich am Ende meiner Fragentirade immer die gleiche Antwort. Sie alle sehnen sich nach Glück und dieses Ziel glauben sie zu erreichen, wenn sie eine Verbesserung ihres Status oder ihres Wertes auf der individuellen Plattform ihrer Sehnsüchte geschafft haben.

Hinterfragen Sie Ihr eigenes Verhalten oder das Ihrer Familienmitglieder, Freunde oder Bekannten immer wieder mit „Warum". Ich denke, irgendwann kommen auch Sie zum gleichen Ergebnis und Sie werden mir zustimmen, wenn ich folgende Behauptung meinen Ausführungen als Axiom zu Grunde lege.

Der Mensch als Individuum strebt grundsätzlich nach Glück
(= Mehrwert)

Diese Aussage gilt für sein materielles, körperliches und seelisches Befinden gleichermaßen. Damit bekommt die Bedeutung von Selbstwert für das Dasein jedes einzelnen Menschen eine neue Dimension.

Wenn das so ist, stellt sich auch hier wieder die Frage nach dem Warum. Also: Warum strebt der Mensch nach Glück? Er strebt nach Glück, weil er nicht glücklich ist, denn wäre er glücklich, dann müsste er nicht mehr danach streben. Das ist das grundsätzliche Dilemma des Menschen, denn es macht ihn permanent unzufrieden. Gleichzeitig ist es aber auch der einzige Grund dafür, dass sich der Mensch durch sein ständiges Streben nach Mehrwert stetig weiterentwickelt.

Jetzt hat die Sache allerdings einen Haken. Wenn er nicht glücklich ist, wie kann er dann wissen, was Glück ist? Und wenn er nicht weiß, was Glück ist, wie kann er dann so grundsätzlich danach streben? Dieser scheinbare Widerspruch lässt sich dahingehend auflösen, dass ich davon ausgehe, dass jeder Mensch euphorische Momente erlebt hat, die er im Nachhinein als Glücksmomente bezeichnet und auf die er sich dann in seinem Streben nach Glück beziehen kann. Sei es, dass er unsterblich verliebt war, dass er im Lotto gewonnen hat, dass er Olympiasieger wurde, ein Geschenk erhalten hat, das er sich schon lange und sehnlich wünschte, oder, wie bei unserem Thema, einen Gegner niederschlagen und als Sieger die Anerkennung seiner Freunde genießen konnte.

Stellt sich nun die Frage: Ist das Glück? Was ist Glück? Empfinde ich Glück, wenn ich wie eben beschrieben verliebt bin oder im Lotto gewinne, eine außergewöhnliche Leistung vollbringe, ein lang ersehntes Geschenk erhalte oder einen Gegner besiege? Ja, ich empfinde in diesen Momenten Glück. Aber nicht, weil ich verliebt bin, im Lotto gewinne, einen Olympiasieg erringe, ein lang ersehntes Geschenk erhalte oder einen Gegner besiege, sondern einzig und allein wegen der Seltenheit dieses Momentes, denn nur das macht ihn einzigartig und außergewöhnlich. Stellen Sie sich doch einmal vor, Sie würden sich jede Woche verlieben, genauso oft im Lotto gewinnen, aus jedem Wettkampf als Sieger hervorgehen oder alles, was sie sich wünschen, immer sofort erhalten. Das euphorische Hochgefühl, das sie zu anfangs empfanden, würde von Mal zu Mal weniger und schon bald würde sich in diesen, sich ständig wiederholenden Momenten gähnende Langeweile breit machen.

Das bedeutet also, dass das euphorische Hochgefühl, das wir als Glück bezeichnen, nicht durch die ständige Wiederholung ein und desselben Vorgangs zu einem Dauerzustand gemacht werden kann, sondern nur durch eine einzigartige und außergewöhnliche Veränderung im Leben. Somit ist und bleibt das Glück ein äußerst seltener Moment, egal wie entschlossen danach gestrebt wird und egal wie viel Geld, Macht, Wissen oder Ruhm ein Mensch besitzt.

Jetzt stellt sich die Frage: Wie kann ich in meinem Streben nach Glück möglichst oft diesen Zustand erreichen, ohne dass er sich zu schnell abnutzt und somit wirkungslos wird? Die Antwort haben wir schon gegeben. Es geht um eine einzigartige und außergewöhnliche Veränderung im Leben, das Streben nach dem, was ich noch nicht kenne, was ich noch nicht bin oder was ich noch nicht habe.

Somit ist das Streben nach Glück immer das Streben nach mehr ‚Haben' und mehr ‚Sein', also nach mehr Selbstwert. Es ist die Sehnsucht, einer höheren Hierarchiestufe anzugehören, wo die Besseren, Stärkeren, Reicheren, Intelligenteren, Mächtigeren, Schöneren, Erleuchteten zu Hause sind. So wird das Streben nach Glück und Zufriedenheit zur Karotte, die immer unerreichbar vor der Nase des Esels baumelt, egal wie hartnäckig er versucht, sie zu erreichen. Warum wir es trotzdem immer wieder versuchen, veranlasst mich zu einer weiteren Behauptung, die auch die Frage nach dem ursächlichen „Warum" beantwortet:

Das Streben des Menschen ist einer hierarchischen Gesetzmäßigkeit unterworfen.

In seinem Streben nach Mehrwert bedient der Mensch seine Sehnsucht nach Glück. Das Gefühl, mehr wert zu sein, kann nur im Vergleich mit etwas, das weniger wert ist, empfunden werden. Demnach muss man, wenn man Glück empfinden will, in einer Wertehierarchie immer von unten nach oben streben.

Hier einige Beispiele:
Kinder schauen sich ihr Verhalten bei den Eltern ab, weil die Eltern die Überlegenen und die Kinder die Unterlegenen sind. Unterlegen sein ist das Abhängigkeitsverhältnis, das sie aus eigener Erfahrung kennen. Es ist deswegen nichts Besonderes. Überlegen sein hingegen kennen sie noch nicht aus eigener Erfahrung. In ihrem Spiel übernehmen Kinder daher gerne die Elternrolle, weil

sie dann zumindest kurzzeitig aus der unterlegenen Kinderrolle (Befehlsempfänger) in die überlegene Elternrolle (Befehlsgeber) wechseln können. In diesem Moment fühlen sie sich glücklicher (wertvoller), weil sie dann etwas Besonderes sind.

Sind die Kinder im Kindergarten, schauen sie hoch zu den Kindern, die schon in der Schule sind. Denn diese sind ihnen überlegen, weil sie älter und damit größer und stärker sind und schon lesen und schreiben können.

In der Schule orientieren sich die Schüler aus der ersten Klasse an den Schülern der zweiten Klasse und die der zweiten Klasse an denen der dritten Klasse usw., weil mit jedem Aufstieg in die nächste Klasse die körperliche und geistige Überlegenheit und das Ansehen weiter wächst und man somit in unbekannte Regionen vorrückt. Sie kennen das, denn das haben Sie als Kind selbst erfahren.

Dieses Streben ist aber nicht begrenzt auf die Entwicklung von Kindern. Es setzt sich auch im Erwachsenenalter fort. Im Beruf, im Sport, in Kunst und Kultur, unter Freunden und Feinden und selbst in der Religion.

Der Verkäufer wäre gerne Abteilungsleiter und dieser würde gerne eine eigene Filiale leiten. Der Fußballer aus der Bezirksliga bewundert den Fußballer der Regionalliga, dieser möchte sein wie der Bundesligaspieler. Sogar der selbstlose, meditierende, spirituelle Sucher schielt auf das Verhalten seines Kollegen, der schließlich schon etliche Jahre mehr Meditationserfahrung hat und deshalb der erste Schüler des Meisters ist. Dieser wiederum wäre gerne wie sein Meister, der die Erleuchtung für sich beansprucht ...

Eine Gesellschaft ist demnach immer hierarchisch gegliedert. Die Mitglieder dieser Gesellschaft streben innerhalb ihres Werte- und Normensystems stets von unten nach oben in eine höhere Hierarchiestufe, weil diese immer ein Mehr an Anerkennung und Aufmerksamkeit mit sich bringt. Im Vergleich zur vorherigen Stufe wird dadurch das Gefühl, etwas Besonderes zu sein, vermittelt. Glück wird demnach als ein Mehr an Selbstwert empfunden. Diesen Vorgang nenne ich die hierarchische Gesetzmäßigkeit des Strebens.

Die Leistungen, die man auf dem Weg zu mehr Anerkennung und Aufmerksamkeit erbringen muss, sind je nach Art der Gemeinschaft sehr unterschiedlich. Der Sportler strebt die Steigerung seiner sportlichen Leistungsfähigkeiten an, der Geschäftsmann die Gewinnmaximierung, der Politiker ein Mehr an Wählerstimmen, der Showmaster eine höhere Einschaltquote, der Musiker ein Mehr an Fans und verkauften CDs, der Mönch die Glückseligkeit der Erleuchtung und der Kriminelle lohnendere Straftaten. Aber alle haben sie eins gemeinsam, das Streben innerhalb ihres Systems nach mehr Anerkennung und Aufmerksamkeit. Und das geht nur, wenn sich der Mensch innerhalb seiner gesellschaftlichen Hierarchie von unten nach oben orientiert und dort die entsprechenden Leistungen abliefert.

Fazit:
Der Mensch an sich strebt nach Glück. Dieses Glück empfindet er in einer Steigerung seines Selbstwertes. Das Streben nach mehr Selbstwert ist einer hierarchischen Gesetzmäßigkeit unterworfen, die sich von weniger nach mehr oder von unten nach oben orientiert.

2. Eine gesellschaftskritische Betrachtung

Um diesen Aufstieg zu ermöglichen, orientieren sich die Menschen in ihrem Verhalten an denen, die bereits auf der angestrebten Hierarchiestufe leben. Sie wollen so sein wie sie, sie wollen auch das schaffen, was sie geschafft haben. Der Verhaltenskodex eines sozialen Systems – was ist erstrebenswert und was nicht – wird demnach immer von oben nach unten weitergegeben. Das bedeutet letztendlich, dass auch der Verhaltenskodex, also die Bedeutung von Moral innerhalb eines Systems von dessen Führungsschicht mitbestimmt wird.

Wenn die Topmanager der wichtigsten Banken großer Wirtschaftsnationen zwielichtige Finanzgeschäfte tätigen und so extraordinäre Gewinne erzielen, dann wollen oder müssen die Manager anderer Banken, wenn sie mithalten wollen, auch so agieren. Wenn namhafte Unternehmen ihre Produkte in der dritten Welt unter unmenschlichen Arbeitsbedingungen herstellen lassen und damit ihre Gewinnaussichten maximieren, dann wollen oder müssen andere Unternehmen auch so agieren, weil sie sonst ihre Konkurrenzfähigkeit verlieren. Wenn Politiker einer Partei durch Taktieren, Diffamieren und Intrigieren Wahlen gewinnen können, dann wollen oder müssen Politiker anderer Parteien auch so agieren, sonst verlieren sie die Wahl und damit Macht und Einfluss und letzten Endes ihre Existenzberechtigung. Wenn nur noch der Erfolg zählt und der Weg, der dorthin führt, keine Rolle mehr spielt, dann verabschieden wir uns von unserer moralischen Integrität. Wenn nicht mehr die eigentliche Leistung, sondern nur noch Ergebnisse wichtig sind, dann zählt nicht Selbstwert, sondern nur noch Selbstnutzen. Innere Werte, also moralische Integrität, sind dann nicht mehr relevant und werden ausschließlich durch äußere Werte ersetzt.

Die Gesellschaft hat damit allerdings das gleiche Problem wie unsere Klienten. Sie tragen die moralischen Grundwerte auf ihren Fahnen (Religionen, demokratische Grundgesetze, Präambeln, persönliche Integrität etc.) vor sich her, aber sie handeln nicht danach, weil sie Angst haben, sie könnten sonst ihre äußeren Ziele nicht mehr erreichen.

Wenn man sich mit unmoralischen Mitteln einen privilegierten und ehrenwerten Platz in der Hierarchie einer Gesellschaft sichern kann, wenn deswegen Ehrlichkeit und Verlässlichkeit im öffentlichen Leben als überholte, weil wenig Gewinn bringende Verhaltensweisen belächelt werden, wenn die so entstehenden Einkommensunterschiede immer mehr Armut produzieren, dann entsteht immer mehr Unzufriedenheit, die sich auch auf das private Leben und auf die Ebene der zwischenmenschlichen Beziehungen überträgt.

> „Im Angesicht anderer, die keine Not leiden, in Armut zu leben, ist eine Ausgrenzungs- und Demütigungserfahrung mit massiver Einwirkung auf die Schmerzgrenze. In einem solchen Falle sollte daher mit einer Zunahme von Aggression und Gewalt zu rechnen sein."[97]

Nimmt ein unmoralischer Egoismus zu, dann nehmen auch die Kriminalität und mit ihr die Gewalt zu, und dann hat diese Gesellschaft ein ernsthaftes Problem. Sie hat eine moralische Krise, die letztendlich ihre Führungsschicht zu verantworten hat. An

---

[97] Ebd.: S. 113.

diesem Problem wird auf Dauer jede Gesellschaft zerbrechen, denn Moral ist der Kitt, der sie zusammenhält.

Dem Gesetz der Schmerzgrenze folgt nicht nur das Verhalten einzelner Personen, sondern auch das Verhalten einer Gesellschaft als Ganzes. Vor allem korreliert die Ungleichverteilung von Vermögen und Einkommen innerhalb eines Landes mit der Gewaltbereitschaft seiner Bevölkerung. Gerechtigkeit ist für eine Gesellschaft die beste Gewaltprävention.[98]

Ich möchte diesen Sachverhalt an dem zurzeit viel diskutierten und hochaktuellen Beispiel des Islamischen Staates noch einmal konkreter erläutern. Die Faszination, die der IS, trotz menschenverachtender Brutalität, auf viele junge Menschen auch in der westlichen Welt ausübt, ist kein religiöses Phänomen, sondern ein gesamtgesellschaftliches Werteproblem. In Zeiten der weltweiten digitalen Vernetzung sind speziell junge Menschen auf der ganzen Welt ständig miteinander verbunden und nutzen den Zugang zu den Informationen der Medien, die uns stündlich auf den neuesten Stand bringen. Und speziell junge Menschen wollen gerne an Ideale glauben und sie verteidigen, weil sie damit ihren Selbstwert steigern. Aber was sollen junge Menschen, die sich an echten Werten orientieren wollen, von unseren Führungspersönlichkeiten (Politiker, Wirtschaftsbosse, Sportler, Manager, Banker usw.) denken, wenn durch die Medien, beinahe täglich, immer neue unmoralische Skandale über sie aufgedeckt werden? Machenschaften, bei denen Millionen- und Milliardenbeträge auf egoistische und betrügerische Weise auf die Seite geschafft werden. Was sollen sie von diesen Führungspersönlichkeiten denken, wenn diese dann selbstbewusst in die Kameras unserer Medienvertreter lächeln, alle Vorwürfe von sich weisen und ihre Unschuld beteuern? Was sollen sie von ihnen denken, wenn sie trotz medienwirksamer Unschuldsbeteuerung überführt werden und dann häppchenweise immer nur das zugeben, was sowieso schon aufgedeckt ist, bis sie sich letztendlich allesamt als gemeine Lügner und Betrüger entlarven? Was sollen sie von dieser Gesellschaft denken, wenn die meisten dieser Lügner und Betrüger nicht verurteilt, sondern mit unmoralisch hohen Geldsummen abgefunden werden und schließlich auf Grund ihrer

---

[98] Ebd.: S. 196.

einschlägigen Erfahrungen anderswo gleich wieder in Spitzenpositionen willkommen sind, um ähnlich unmoralisch weiterzumachen wie bisher?

Ich nenne hier einige Beispiele aus der jüngsten Vergangenheit.

- Die künstlich und betrügerisch aufgeblähte US-amerikanische Immobilienblase, die unzähligen Finanzjongleuren extraordinäre Gewinne einbrachte und, als sie 2007 platzen musste, eine weltweite Finanz- und Bankenkrise auslöste. Dadurch wurden nicht nur unzählige Kleinanleger und Rentner ruiniert, sondern auch ganze Nationen in eine tiefe Existenzkrise gestürzt. Bis heute haben sich einige Länder davon nicht erholt, wobei durch die hohe Arbeitslosigkeit gerade vielen Jugendlichen eine positive Zukunftsperspektive genommen wurde. Bezahlt haben die Zeche nicht die schuldigen Finanzinstitute und deren Führungspersönlichkeiten, sondern die Steuerzahler. Bis heute warten wir auf das eilig vorgetragene Versprechen der Politik, diesem egoistischen und unmoralischen Finanzgebaren das Handwerk zu legen.

- Die 30 Millionen teure Heimstatt des Limburger Bischofs, die aus Steuergeldern bezahlt wurde.

- Die durch namhafte Schweizer Banken groß angelegte und gut durchorganisierte Steuerhinterziehung für unzählige deutsche Großverdiener, die dem Steuerzahler Verluste in Milliardenhöhe einbrachte.

- Die Dopingskandale im Sport (z.B. Tour de France, Olympiaden, Leichtathletikverband Russland etc.), mit denen einzelne Sportler und ganze Nationen auf betrügerische Weise Erfolge erzielen, um sich auf Kosten ehrlich kämpfender Sportler Achtung, Anerkennung und finanzielle Vorteile zu verschaffen.

- Der Korruptionsskandal der FIFA, mit dem sich Jahrzehnte lang die komplette Führungsriege hemmungslos bereicherte, weil sie ihre Stimmen zur Vergabe von Ämtern und WM meistbietend verkauften.

- Der Schmiergeldskandal des DFB, der sich mit Millionen bei diesen FIFA-Funktionären eine Weltmeisterschaft kaufte.

- Der Abgasskandal in der deutschen Autoindustrie, bei dem eine betrügerische Software aus umweltschädlichen Motoren umweltfreundliche machte. Der angerichtete Schaden geht gegen unsere Gesundheit, gegen die Umwelt und ist milliardenschwer.

Und das ist nur die Spitze eines Eisberges, denn wie die Straftaten unserer Klientel bleiben auch die meisten zwielichtigen Geschäfte der Geldelite unentdeckt und ungesühnt.

Was sollen unsere jungen Leute, die sich soziale Akzeptanz wünschen, die an Kooperation und Fairness glauben, von einer Gesellschaft denken, die so funktioniert? Eine Gesellschaft, deren Führungsschicht die moralischen Grundwerte propagiert und von der Bevölkerung einfordert, aber, wenn es um ihren eigenen Vorteil geht, sich nicht mehr daran gebunden fühlt. Wie werden sich unsere jungen Leute verhalten, angesichts dieser Ungerechtigkeiten? Sie werden es entweder genauso machen oder sie werden es verurteilen und sich abwenden. Für all die Unzufriedenen, Ausgegrenzten und Leichtgläubigen, die entweder keine Zukunftsperspektive mehr haben oder in so einer Gesellschaft keine haben wollen, braucht es nur noch einen Verführer, der mit dem Finger auf diese verlogene Gesellschaft deutet und gleichzeitig eine neue Moral präsentiert, die absolute moralische Integrität (= Grundbedürfnis des Menschen) verspricht.

Ich bin kein Moralapostel und es liegt mir fern, mich als solcher zu fühlen oder gar aufzuspielen. Aber die moralischen Grundregeln, die wir alle so gerne für uns selbst in Anspruch nehmen, sind es wert, auch außerhalb unserer persönlichen Bedürfnisse beachtet zu werden, damit wir selbst nicht als charakterschwache Mitläufer enden und unsere Gesellschaft nicht im egoistischen Raubtierkapitalismus versinkt.

An dieser Stelle möchte ich noch einmal an unsere Definition von Moral erinnern.

Moralisches Verhalten =
- dem Menschen gegenüber fair, also wohlwollend, gerecht, seine Würde und seine Selbstbestimmung achtend.

Unmoralisches Verhalten =
- dem Menschen gegenüber unfair, also schädigend, ungerecht, seine Würde und seine Selbstbestimmung missachtend.

Moral =
- ein grundsätzlicher Anspruch, der für alle Menschen (ungeachtet ihrer Herkunft, ihres Glaubens, ihrer Ideologie, ihrer Hautfarbe, ihres Besitzstandes etc.) gleichermaßen gültig ist.

Das gilt für uns alle und im Besonderen für die Führungsschicht unserer Gesellschaft. Wenn wir es nicht schaffen, diesem grundsätzlichen Anspruch des Menschen in allen gesellschaftlichen Bereichen wieder mehr Bedeutung zu verleihen, dann sind unsere freiheitlichen Errungenschaften das Papier nicht wert, auf dem sie geschrieben stehen.

Fazit:
Die Individuen einer Gesellschaft orientieren sich in ihrem Streben nach Mehrwert von unten nach oben. Die Maßstäbe für Erstrebenswertes werden damit von oben vorgegeben. Die Führungsschicht einer Gesellschaft hat somit nicht nur mehr Geld, mehr Einfluss und mehr Macht als die große Masse der Bevölkerung, sie hat auch mehr Verantwortung als der einzelne, denn sie hat wie beschrieben auch eine moralische Vorbildfunktion. Können oder wollen die Mitglieder dieser Führungsschicht diese Aufgabe nur noch unzureichend oder gar nicht mehr erfüllen, dann entsteht hier ein moralisches Vakuum, das diese Gesellschaft von innen untergräbt. Wenn wir dieses Vakuum fremden Einflüssen überlassen, dann müssen wir uns nicht wundern, wenn enttäuschte junge Menschen dieser Gesellschaft den Rücken kehren.

Wenn die moralische Integrität an der Spitze einer Gesellschaft immer mehr an Bedeutung verliert, dann muss sich niemand wundern, wenn sie an der Basis auch nicht mehr beachtet wird.

3. Schlusswort

Wenn ich einen Schritt zurücktrete und diese Problematik aus übergeordneter Position betrachte, kommen mir manchmal Zweifel an meiner Arbeit. Dann frage ich mich, ob ich in dem engen Rahmen, in dem ich tätig bin, die ganze Tragweite dieser Problematik überhaupt noch richtig erfassen kann. Ob ich nicht zu viel von den Klienten erwarte, ob ich mit diesem Anspruch überhaupt noch zeitgemäß bin, und ob ich nicht, wie Sisyphos, immer wieder den schweren Stein nach oben schleppe, nur damit er anschließend mit lautem Getöse und alles mit sich reißend wieder herunterpoltern kann.

Wenn ich das Ganze Für und Wider betrachte, komme ich aber letzten Endes doch zu dem Ergebnis, dass es sich auf jeden Fall lohnt, im Kleinen zu arbeiten, ganz individuell, sozusagen Auge in Auge mit den Klienten. Große Veränderungen haben ihren Anfang immer im Kleinen, und so ist jeder einzelne Teilnehmer, der verstanden hat, ein weiteres Stück Wegstrecke.

Wie wir wissen, ist moralische Integrität ein hohes Gut und kostet außer Mut und Ehrlichkeit gar nichts. Das ist ein großer Vorteil, denn dadurch ist sie für jeden einzelnen Menschen gleichermaßen zugänglich, unabhängig von seinem äußeren Wert. Allerdings hat sie auch einen großen Nachteil, denn man kann sich dafür nichts kaufen, was in Zeiten des hemmungslosen Materialismus und des totalen Strebens nach äußeren Werten ihren eigentlichen Wert erheblich mindert.

Allerdings ist die Sehnsucht nach äußeren Werten letztendlich nicht zu befriedigen, denn mit dem Erreichen einer höheren Hierarchiestufe erscheint bereits die nächste. Das ist der Grund, aus dem Menschen, die alles haben, trotzdem immer mehr wollen. Der äußere Wert ist die Karotte und man selbst ist der Esel, der sie nie zu fassen kriegt.

Innere Werte, also moralische und persönliche Integrität, hingegen, sind erreichbare Werte, die in hohem Maße den inneren Selbstwert festigen. Gleichzeitig beeindrucken sie andere Menschen positiv, denn sie stehen für ein Verhalten, das sich im Grunde alle Menschen wünschen. Ich bin schon einige Jahrzehnte auf dieser Welt unterwegs und habe auf der einen wie auf der anderen Seite meine Erfahrungen gesammelt. Dabei habe ich auch etliche Menschen kennenlernen dürfen, die nicht nur moralisch integer denken, sondern auch weitgehend so fühlen und handeln. Einige von ihnen sind über die Jahre meine Freunde geworden. Sie bereichern mein Leben, denn ich kann ihnen vertrauen und ich kann mich auf sie verlassen, auch wenn die Zeiten mal schlechter sind. Und das sind Werte, die man nicht kaufen kann.

Deshalb mache ich meine Arbeit gerne. Ich empfinde Stolz, Hochachtung und Zuneigung für jeden ehemaligen Gewalttäter, der seine Fehler erkannt hat und sich entschlossen auf diesen sicherlich nicht einfachen, aber sinnvollen und letztendlich auch lohnenden Weg der Veränderung begibt.

ibidem-Verlag

Melchiorstr. 15

D-70439 Stuttgart

info@ibidem-verlag.de

www.ibidem-verlag.de
www.ibidem.eu
www.edition-noema.de
www.autorenbetreuung.de

www.ingramcontent.com/pod-product-compliance
Lightning Source LLC
Chambersburg PA
CBHW070241290326
41929CB00046B/2309